나는 스물여섯,
덕진양행 노조위원장입니다

김윤기기념사업회 기획 · 이계형 지음

나는 스물여섯, 덕진양행 노조위원장 입니다

청년 노동운동가 김윤기 평전

ㅐ

- **일러두기**

- 2023년 6월 28일 '만 나이 통일법'이 시행되었으나 이 책에서는 당시 일상생활에서 쓰던 '세는 나이' 기준으로 표기했습니다. 단, 연 나이 기준으로 기재된 신문 보도는 그대로 두었습니다.

- 이 책에 실린 김윤기의 편지와 각종 성명서, 선언문 등은 그 사료적 가치를 감안하여 다소 길더라도 전문을 실었습니다. 사료적 성격을 고려해 명백한 오기와 띄어쓰기만 가다듬어 원문 그대로 실었음을 밝힙니다.

- 인물의 이름 뒤 괄호 속에 학과명과 함께 쓴 숫자는 학년 혹은 학번입니다. 김윤기(무역 4), 김윤기(무역 83)의 예처럼 한 자리 숫자는 학년, 두 자리 숫자는 학번입니다.

가난한 그가 더 가난한 이들에게 갔다

참으로 이상하게도 죽어서 더 살아나는 인물들이 있다. 전태일이 그랬고 노무현이 그랬고 어쩌면 예수가 그랬는데, 내게는 윤기도 그중 한 명이었다.

그와 나는 한 집에 산 적이 있다. 내 나이 스물 몇 살에 우리집을 비워 당시 운동팀들에게 내어주고 나는 문간방에 살던 때였다. "수도를 틀면 뜨거운 물이 나오는데 물은 왜 끓여먹어요?" 하고 어느 날 그가 물었다. 나는 좀 충격을 받았다. 수도에서 뜨거운 물이 나오는 것을 처음 보는 사람도 있음을 그때 처음 알았다. 그렇게 가난했던 그가 겨우 대학에 들어왔으니 취직도 하고 효도도 해야 하는 것이 맞았을 테지만, 그는 그러지 않고 더 가난한 이들에게 갔다.

그때 나도 처참한 젊은 날을 보내고 있었다. 제일 괴로웠던 것은 무엇이었을까. 나는 내가 사랑하던 한강이 아름답다고 노래하고 싶었으나 그럴 수 없었다. 그냥 한 남자를 그 남자가 사랑스러우니 사랑하고 싶다고 말하고 싶었으나 그럴 수도 없었다. 우리는 서로의 이념을 물어야 했고, 우리는 수배당했고, 도망 다녔고, 끌려갔다. 그러지도 못해 남은 이들은 아침 햇살에 반짝이는 한강을 보면서도 아름답다고 말할 수 없었다. 미안해서였다.

겨우 몇 년 후 그의 사망 소식을 들었다. 마음 깊은 곳에서 찔리는 듯한 아픔이 일었고, 그건 지금도 그렇다. 누가 그 젊은이에게 시너를 들라고 가르쳤을까. 누가 그 젊은이에게 목숨을 걸지 않으면 인간으로서의 기본적인 권리마저 찾지 못할 거라고 가르쳤을까. 얼마나 무서웠고 얼마나 아팠을까. 겨우 스물 몇 해를 살았을 뿐인데. 꼭 그래야만 했을까.

그 무렵 나는 일기에 이런 말을 썼던 것 같다.

"나의 아이들이 훗날 물으면 좋겠다. '그게 무슨 소리야, 대체 왜 그런 짓을 해야 한 거지?'라고."

이제 나의 아이들은 그것도 묻지 않는다. 나의 아이들이 그 모진 세월을 이해하지 못해서 감사해야 할까? 그리고 우리는 정말 젊은이들을 그렇게 몰아대는 늙은이들이 된 것은 아닐까, 정말?

베토벤 현악사중주 중 135번 악보에는 이런 낙서가 있다고 한다.

"꼭 그래야만 했을까?(Muss es sein?)"

"꼭 그래야만 했다!(Es muss sein!)"

언제나 선한 이가 이 세상을 떠나면 그러하듯, 나는 떠난 이보다 남은 이들을 위해 기도한다. 살아남아 더 죄짓고 더 타락하고 더 더럽혀질 남은 이들 말이다. 젊어 순결했던 그의 영혼은 신께서 어여삐 여기시어 귀하게 거두실 것이기에. 윤기, 잘 지내! 남은 인생도 바람처럼 덧없으니 곧 보자!

소설가 공지영

우리 마음의 김윤기를 다시 불러내며

김윤기를 다시 불러내며

영어 단어의 기억하기(Re-member)란 "다시-멤버(동지)"가 된
다는 뜻입니다. 또한 기념하기(Co-memorate)란 "함께-기억하다"
라는 뜻입니다. 김윤기를 기억한다는 것은 우리가 그의 생각과
행동을 "다시 결의하는 멤버(동지)"가 되는 것입니다. 또한 그를
기념한다는 것은 그와 공유했던 시간과 공간의 "경험을 함께 기
억한다"는 것입니다. 애도는 죽은 자를 기억하는 것이고, 죽은
자의 존재를 지금 여기로 불러오는 것이며, 우리의 삶 속에서 그
의 존재가 삭제되지 않도록 되새기는 일입니다. 그래서 그 죽음
이 우리의 일부가 되는 것입니다. 그리하여 죽은 자들과 함께했
던 일과 삶, 즐거움과 괴로움, 의지와 결의를 다시 환기하는 것

입니다. 애도는 상실을 슬퍼하는 것이지만, 한편으로 살아 있는 우리가 죽은 자들의 존재에 빚지고 있음을 깨닫는 것입니다. 그래서 그가 우리의 삶과 함께 있음을 기억하는 것입니다.

김윤기를 보낸 지 벌써 36년이 되었습니다. 수줍은 듯 착해 보이는 그의 웃음을 지금도 잊지 못합니다. 그가 살았으면 이제 환갑의 나이일 테지만, 한때 시공간을 함께한 윤기는 나에게 아직도 스물여섯 살로 멈춰 마음 깊은 곳의 불씨로 남아 있습니다. 그는 그 시절의 내 의지와 열정, 변혁에 대한 원석이었고, 가슴 속 순수한 열정을 끊임없이 퍼 올리는 동력이 되고 있습니다.

그래서 윤기는 36년여 지난 지금 우리에게 말합니다. 동아리 방에서, 술집에서, 공장 근처 셋방에서, 가난하고 약하고 소외받은 민중이 주인이라고 말해 왔고, 밑으로 밑으로 내려가 그들과 함께하는 삶이어야 한다고 결심하게 만든 것은 바로 당신들 아니냐고, 소시민의 기득권을 내려놓고 그들과 함께 온몸을 불살랐는데, 당신들은 자기의 말과 주장에 책임지고 있느냐고 묻습니다.

그 시절의 열정을 젊은 날의 치기 어린 까마득한 기억으로 흘려보내고, 일상에 파묻혀 먹고사는 일에서 헤어나지 못하거나, 과거 경력을 기반으로 밑으로 내려가기보다는 더 높이 더 많이 가지려는 허황된 열망을 돌아보고, 젊은 날의 당신을 배신하지 말라고 스물여섯 살의 김윤기가 말합니다.

　　　　　　　　　　　　　　　　　　　　　　발간사

노동자와 민중이 주인인 세상을 위해, 남북평화를 위해, 모두가 평등한 세상을 위해, 환경과 생명, 기후 위기와 미래 세대를 위해, 차별 받는 성소수자와 외국인 노동자와 난민을 위해, 파괴적인 전쟁을 반대하며 더 나은 공동체를 위한 일에 당신은 지금 무엇을 하고 있느냐고 스물여섯 살의 윤기가 묻습니다.

그를 보내고 36년이 지난 지금 우리는 이미 50~60세의 기성세대가 되었습니다. 어쩌면 자신의 생애에서 가장 돈이 많고, 정보도 많고, 경험도 권력도 지위도 가장 높은 나이가 되었습니다. 그러나 그렇게 소유하고 누리는 것을 무엇에 사용하고 있는지를 돌아보라고 말합니다.

그래서 윤기는 "나를 이렇게 만든 것은 당신들이잖아? 그러니 당신들도 그 삶을 살아."라고 말합니다. 그래서 윤기는 우리의 첫 마음입니다. 첫 마음을 환기하는 거울입니다. 아니, 사실은 그를 만든 젊은 시절의 내가 36년 지나 나에게 묻고 있는 것입니다. 삶을 던져 죽기까지 했는데 그저 일상을 이어가는 데 전전긍긍해서야 되겠냐고 묻는 우리의 거울입니다. 그래서 우리는 그와 '다시 결의하는 멤버(동지)'가 되려고 합니다. 이것이 36년이 지나 우리가 윤기를 기억하는 이 책을 새삼 만드는 이유입니다.

화자 김윤기의 일인칭 시점으로 쓰인 추모집

이 책을 읽으면서 좀 색다른 느낌을 받게 될 것입니다. 김윤기의 일생을 담은 1부에서는 지금은 없는 그가 독백이라도 하듯 일인칭 시점으로 김윤기의 활동과 과거를 이야기하고 있습니다. 일반 추모집에는 없는 독특한 서술 방법입니다. 또한 당시의 상황을 알 수 있는 1차 사료들이 원문대로 상세히 소개되어 있습니다.

이 글은 김윤기와 인연이 있던 국민대학교의 선후배, 친구들, 성남에서 함께 노동운동을 했던 덕진양행 동지들, 함께 구속되었던 5·3동지회 여러분, 가족들에게 김윤기와 관계된 일화를 써 달라고 부탁하여 모은 30여 편의 글을 토대로 쓰였습니다. 여기에 이계형 교수가 당시의 신문보도와 민주화운동 사료, 국민대학교 학보를 샅샅이 뒤져 이들을 연결하여 일인칭 시점 이야기로 재구성한 것입니다. 그래서 역사적이기도 하지만 소설 같기도 합니다.

30여 년이 지난 뒤에 한 인물의 평전을 쓴다는 것은 무엇이어야 할지 참으로 많은 고민이 들었을 것입니다. 사료들 대부분은 30여 년 전의 언어이지만, 읽는 사람은 현재에 사는 사람입니다. 당시에는 익숙한 일상적인 표현이었지만, 지금 읽어보니 언어와 용어들이 생경하고 지나치게 거칠고 낯설어 마음이 불편한

부분도 있습니다. 우리는 김윤기를 지나치게 미화하거나 요란하지 않게 표현하려고 했고, 윤기를 통해 당시의 학생운동과 학생 출신 젊은 노동운동가들의 고뇌와 결의 등을 담담히 드러내려고 했습니다. 1987~1990년 한국 사회의 민주화 열기가 최고점에 달할 때 역사와 사회와 민주주의를 고민하면서, 자기의 삶과 가족을 위해 고뇌하는 한 청년 노동운동가의 전형을 느끼고, 당대를 경험했던 이들은 그때를 회상하며 자신들의 첫 마음을 되살릴 수 있기를 기대합니다.

김윤기 추모집을 발간하게 되기까지

이 책을 만들기 위해 20여 회 가까운 모임과 회의를 거쳤습니다. 무엇보다 윤기의 성남노동운동 동지이자 출판팀을 책임진 김영준 선생의 높은 의지가 결국 일을 완성하는 중심 엔진이었습니다. 그리고 출판에서 전문적인 자문을 해주신 5·3동지회의 김수영 선생이 든든한 역할을 해주셨습니다. 또 오빠 김윤기에 관한 자료를 놀랍도록 꼼꼼히 소장하고 정리한, 윤기가 그토록 아끼던 동생 김선미 선생의 섬세한 지원이 없었다면 불가능했습니다. 더욱이 윤기의 막역한 동기로서 대학 선후배의 글을 일일이 모아 끝까지 검토해 준 이선화 선생의 노고가 이 책의 실제 내용을 채워 주었습니다. 국민대 민주동문회 회장이자 이 모든 일의 기획자 역할을 한 기념사업회 사무총장인 김창덕 선생의 협력과 지원도 큰 역할을 했지요.

추모도서를 만드는 데 두 가지가 가장 큰 고민이었습니다. 집필자를 찾는 일과 출판 제작비를 마련하는 것입니다. 그런데 이 책을 집필해 준 이계형 교수라는 놀라운 인물의 출현이 우리에게 감동을 주었습니다. 그가 모든 글을 일인칭 시점으로 통합해서 집필하고, 대학신문과 일간신문, 인터넷의 김윤기 관련 자료를 샅샅이 검토하고 적절히 삽입하며 불과 3~4개월 만에 그 방대한 초고를 완성해 줄 줄은 상상도 못 했습니다. 사실 2024년 5월의 첫 회의 때, 12월 김윤기의 환갑생일에 맞춰 발행해야 한다고 오히려 우리를 다그친 게 자신이니 누굴 원망하겠습니까마는, 그의 기동력과 성실함과 뚝심이 아니었다면 이 책은 불가능했을 것입니다.

두 번째는 출판 제작비 부담이었습니다. 제작비와 출판기념행사와 기타 비용을 마련해야 하는 무거운 부담을 느끼고 있을 때, 휴머니스트 출판사의 대표 김학원 선생께서 책의 편집과 출판을 모두 책임지겠다고 하셔서 우리는 모두 충격적일만큼 감동을 받았습니다. 김윤기를 오늘에 생생하게 불러내는 데 공헌해 주신 두 분에게 정말 감사드립니다. 좋은 일을 하려니 고마운 인연들이 나타나 기어코 가능하게 해주는 상황을 보면서 김윤기의 영령이 보이지 않는 에너지로 화현하여 이 일을 주도하는 게 아닌가 하는 생각이 들 정도입니다.

우리가 해야 할 일과 할 수 있는 일

김윤기와 같은 연배인 우리는 역사의 큰 이정표인 1986~1987년의 민주주의를 성취했습니다. 그리고 30여 년이 지난 지금 각자 나름대로 웬만한 사회적 위치에 서게 되었습니다. 그러나 다양한 사회적 과제에 뒷짐 지고 있기에는 아직 젊고, 해야 할 일과 할 수 있는 일이 있습니다. 더구나 우리는 이 책을 만드는 중에 2024년 12월 3일 비상계엄이라는 충격적인 사건을 체험했습니다. 우리는 광기에 가득 찬 지도자를 탄핵하며 추운 광장에서 내내 도도한 민중의 새로운 역사적 시간을 만들고 있습니다.

우리가 김윤기 추모도서를 만들고 주변 사람들의 힘을 모으는 것은 지난날 함께했던 그들과 '다시 동지(Re-member)'가 되어 에너지를 모으는 과정입니다. 그렇게 모은 우리의 결합이 앞으로 한국 사회와 미래 세대를 위한 에너지가 되도록 하려는 것입니다.

김윤기가 추모할 과거의 인물이 아니라 되살려야 할 미래 동력이 되길 원합니다. 그래서 김윤기를 다시 생각하며 정기적인 모색포럼을 통해 다시 한번 옷깃을 여미고 풀어진 매듭을 조이며 가능성을 현실성으로 만들어 보려는 것입니다. 김윤기기념사업회는 한때 찬란했던 시절을 술안주 삼아 회상하는 어제의 용사들이 모인 출옥자 동지회가 아니라 함께해야 할 미래를 모색하고 새로운 힘과 기운을 주고받아 행동하는 모임이 되길 바랍니다. 김윤기를 추억하는 것이 아니라 김윤기를 되살리고, 우리가 다시 김윤기로 살아가려는 것이 목적이니까요.

각자 마음속의 김윤기를 글로 써준 성남노동운동 동지들, 인천5·3민주항쟁 동지들, 국민대 민주동문회 동지들의 모든 글이 결국 책으로 빛을 보게 되었습니다. 한 분 한 분 너무도 고맙고, 머리 숙여 깊이 감사의 마음을 전합니다. 정말 고맙습니다.

2025년 3월
김윤기기념사업회 회장 유길용(정길)

발간사

차례

나는
스물여섯,
덕진양행
노조위원장
입니다

2부 김윤기 열사 장례 투쟁과 기념 사업

3부 어머니 정정원 여사의 투쟁기

나는
스물여섯,
덕진양행
노조위원장
입니다

청년 노동운동가
김윤기의 삶과 투쟁

1. 출생과 학창 생활

창신동에서의 유년 시절

나는 1964년 12월 18일(음력 11월 15일)에 아버지 김진행과 어머니 정정원 사이에서 큰아들로 태어났다. 내가 처음으로 세상을 본 것은 외갓집이었던 연천에서였다. 아버지의 고향은 서울 동대문구 창신동이었고, 어머니의 고향은 경기도 연천군 백학면(현 왕징면) 두일리이다.

아버지와 어머니는 중매로 만나셨다. 어머니의 작은어머니 지인께서 양주 신산리에 사셨는데, 그 마을에 나의 둘째 고모가 될 분이 시집와서 살고 계셨다 한다. 고모부는 양주고등학교 교감으로 재직하고 계셨다. 그 지인이 둘째 고모를 잘 보신 모양이다. 예쁘고 마음씨도 좋은 둘째 고모 밑으로 남동생이 있다는 말을 들은 작은어머니께서 우리 어머니와 중매한 것이라 한다. 이것이 인연이 돼서 두 분이 만나 1963년에 결혼하셨다. 당시 아버

백일 사진

지는 27세, 어머니는 25세였다. 그 당시에는 보통 10대 후반이나 20대 초반에 시집을 갔는데, 어머니로서는 좀 늦은 결혼이었다. 아버지도 늦기는 매한가지였다.

아버지는 5남매 중에 넷째였고, 어머니는 5남매 중에 둘째로 태어나셨다. 아버지 집안은 대대로 서울 창신동에서 세거하셨는데, 할아버지는 목수 일을 하셨고, 아버지는 고등학교까지 마친 뒤 삼화인쇄소에서 일하셨다. 외갓집은 큰 부자는 아니지만 정미소를 운영했기에 형편이 좀 괜찮았다고 한다. 어머니는 1950년 한국전쟁이 터지는 바람에 국민학교 3학년까지 다니다가 그만두셨다.

1970~1980년대 창신동 봉제공장

　신혼살림은 창신동 본가에서 시작하셨다. 그곳에서 1년 정도 살다가 나를 임신해서는 할아버지가 아시는 분의 소개로 미아리로 나가 사셨다. 그런데 그 집은 매우 열악하여 부엌도 없는 한 칸짜리 반지하방이었다. 어머니는 산달이 가까워지자, 친정인 연천으로 가셔서 그곳에서 나를 낳으셨다. 그 무렵 아버지는 인쇄소를 그만두시고 미아리에서 장사를 시작하셨다. 무뚝뚝한 아버지가 왜 그리 결정하셨는지 의문이다.

　내가 세 살 때에 창신동 산 6번지 채석장 근처로 이사했다. 당시 어머니는 남동생을 임신하고 계셨다. 1967년에 그곳에서 동생 영기가 태어났다. 창신동은 한양도성 성곽길과 맞닿아 있고, 근처에는 낙타의 등처럼 생겨 낙타산이라고도 불렸던 나지막한

1부 청년 노동운동가 김윤기의 삶과 투쟁

동생 영기(오른쪽)와 함께

낙산이 있다. 동대문시장이 근처에 있어 자그마한 봉제공장이 많았는데, 밤늦게까지 좁은 골목에는 재봉기 돌아가는 소리가 가득했고 일하는 누나들을 쉽게 볼 수 있었다. 그러고 보면 내가 훗날 봉제공장에 들어간 것도 우연이 아니었던 모양이다.

생각해 보면 창신동 골목골목은 내 또래의 놀이터였다. 친구들과 골목에서 놀다가 해 질 녘이 되어 엄마가 밥 먹으라고 소리 높여 부르시면 다들 하던 동작을 멈추고 집으로 달려 들어갔다. 누구라고 할 것 없이 삽시간에 흩어졌고, 떠들썩하던 골목은 이내 조용해졌다.

내가 여섯 살이던 무렵 외할아버지가 서울에서 각각 고등학교와 중학교에 다니는 외삼촌과 이모를 위해 이문동에 거처할 집을 마련해 주셨는데, 우리도 잠시 그곳으로 이사했다. 아버지는 이문시장에서 장사를 하셨는데, 이 무렵인 1971년 막내 선미가 태어났다.

창신국민학교 입학

이문동에서 얼마 동안 살다가 외할아버지가 연천에서 서울 수유동으로 이사하시면서 우리는 그곳을 떠나 다시 창신동으로 옮겨갔다. 그때 나는 여덟 살이 돼서 집 근처에 있는 창신국민학교에 들어갔다. 내가 창신국민학교에 다닐 적에는 122개 학급에 학생 수만 해도 1만여 명이 넘었고, 한 반의 학생 수는 80여 명이나 되었다. 1학년 때는 오전반, 점심반, 오후반으로 나뉘어 수업을 듣곤 했다. 어느 날은 아침에 등교하는 아침반, 어느 날은 점심을 조금 일찍 먹고 등교하는 점심반, 어느 날은 아주 오후에 등교하는 오후반이 되었다. 더러는 내가 어느 때 등교해야 하는지 몰라 헤맨 적도 있다. 그럴 때면 친구들과 같이 구슬치기, 딱지치기 등을 하며 놀곤 했다.

아버지는 별다른 직업이 없으셨기에 처가가 있는 수유동으로 이사하여서는 그곳에서 채소·식료품 장사를 하셨다. 당시만 해도 이사를 했다고 하여 반드시 주소 이전 신고를 하던 때가 아니었다. 그래서 나는 전학하지 않고 수유동에서 버스를 타고 창신국민학교까지 통학해야만 했다. 아침마다 늘 만원 버스에 시달려 곤죽이 되곤 했는데도 6년간 결석은 서너 번 정도에 지나지 않았다.

내 기억으로 1, 2학년 때에는 체격이 좋아 다른 아이들에 뒤처지지 않았다. 운동장에서 친구들과 마냥 뛰어노는 것이 좋았다. 간혹 장난이 심하여 선생님께 꾸중을 듣곤 했다. 그런데 3학년 때부터 예전과 달리 말이 없고 무뚝뚝해졌다. 내가 다 자란 뒤에도 키가 167cm에 머물렀는데, 이때 제대로 크지 않아서 그런 것이 아닌가 하는 우스운 생각도 해본다.

창신국민학교 졸업식에서
꽃다발을 들고 있는 김윤기

보성고등학교 재학 중 서예 작품 수상

그때를 회상해 보면, 나에게 주어진 일은 끝까지 책임졌던 것 같다. 그래서였는지 6학년 때는 통솔력도 생겨 친구들로부터 신망을 얻기도 했다. 다만 학교 성적은 그리 좋지 않아 중간 정도를 유지했다. 특별활동으로 4학년 때 과학부, 5학년 때에는 국어에 관심이 많아 문예부에 들어갔고, 6학년 때는 서예부에 들어갔다. 붓글씨에 나름대로 재능이 있었는지, 고등학교 때에 서예로 상을 받기도 했다.

1부 청년 노동운동가 김윤기의 삶과 투쟁

대광중학교·보성고등학교 입학

나는 창신국민학교를 졸업한 뒤에 1977년 대광중학교로 진학
했다. 이때 도봉구 번동 463-9번지에 살았지만, 주소지를 옮기
지 않아 동대문구 신설동에 있는 대광중학교에 입학한 것이다.
이때 나의 성격은 국민학교 때와 별반 다르지 않았는데, 말이 없
었고 묵묵히 나의 일을 책임감 있게 해냈다. 그러다 보니 친구가
별로 없었다. 집에서 중학교까지 약 8km가 떨어져 있어 버스로
1시간 넘게 걸렸지만, 3년 동안 개근했다. 어머니께서는 내가 첫
째여서 그랬는지, 학교에서 받은 상장 하나하나 버리지 않고 보
관하셨다.

그때 우리 집은 채소·식료품 장사가 잘돼서 1977년 7월 창신
동 낙산 위에 지어진 11평짜리 아파트 한 채를 샀다. 이때 처음
으로 우리 집을 갖게 되었다. 하지만 그것은 잠시였다. 생활이
여의찮아 아파트를 팔고 이를 밑천으로 쌀가게를 할 요량으로
삼선교로 이사했다. 방 두 개에 부엌이 딸린 자그마한 전셋집이
었다. 이 집에서 부모님과 나, 두 동생이 함께 살았다. 막냇동생
선미와는 일곱 살 차이가 난다. 너무 사랑스럽고 예뻤다. 항상
뭐라도 챙겨주고 싶었지만, 그리하지 못했다. 가장 가슴 아프게
생각하는 것은 방 2개 딸린 전셋집을 전전하다 보니 숙녀가 다
된 선미에게 자기 방을 마련해 주지 못한 것이다. 두고두고 안타

벼랑 위에 세워진 1970년대 창신동 아파트 모습

1980년 대광중학교 졸업 당시 모습　　　　　졸업식에서 어머니와 함께

깝고 미안할 뿐이었다.

　나와 동생은 틈날 때마다 쌀 배달을 거들었다. 나는 학교가 쉬
는 날 돕곤 했는데 많이 하지는 못했다. 동네 사람들이 어머니께
"아저씨가 속 썩여도 큰아들이 착실해서 나중에 괜찮을 거야."라
고 말씀하시곤 했다고 한다. 이런 날을 빼놓고는 대개 어머니께
서 혼자 쌀을 이고 배달을 가셨다. 이때 어머니께서는 쌀가게 한
쪽에 솜 트는 기계를 놓고 부업도 하셨다. 어머니께서 솜 다듬는
작업을 하실 때마다 솜 먼지가 마스크 안까지 비집고 들어와 기
침으로 고생이 많으셨다.

내가 대광중학교 3학년이었던 1979년 10월 박정희가 김재규에 의해 죽임을 당했다. 당시 분위기는 나라가 망했다고 해도 과언이 아닐 정도로 모든 국민이 애도했다. 나도 그가 누구인지, 어떻게 국가를 통치했는지에 대해 잘 알지 못했기에 그런 분위기에 사로잡혀 슬퍼했던 기억이 난다.

나는 대광중학교를 졸업한 뒤, 1980년 3월 종로구 혜화동의 보성고등학교에 입학했다. 우리 집 처지로 보면 상업고등학교나 공업고등학교로 진학하여 집에 보탬이 되어야 했지만, 어머니께서는 대학에 들어가야 한다며 굳이 인문계 고등학교 진학을 고집하셨다. 나는 어머니의 소원(?)을 저버릴 수 없어 그리 따르기로 했다.

그해에 광주에서 많은 사람이 민주주의를 외치다 전두환에 의해 희생되었지만, 신문이나 TV를 통해 거짓 뉴스를 접했기에 진실을 알지 못했다. 진실을 알기까지는 몇 년을 더 기다려야 했다. 나는 대학에 들어가기 전까지 북한 공산당이 머리에 뿔 달린 괴물인 줄 알았다.

당시 아버지께서는 쌀장사는 내팽개치고 술을 즐겨 드셨다. 집안일은 뒷전이었다. 그래서였는지 아버지께서는 내가 고등학교에 다닐 때 간경변 증상이 나타났고, 그렇게 몇 년 동안 고생하시다가 내가 훗날 덕진양행에 입사한 직후에 돌아가셨다. 아버지께서 몸져누우시면서 어머니 혼자 집안을 끌고 나가셔야 했

1983년 보성고등학교 졸업 당시

다. 그런 형편에 나는 집에 조금이라도 보탬이 되고자 신문 배달
을 하기도 했다.

어머니께서는 아버지가 간경변증으로 제대로 활동을 못 하시
게 되자 쌀장사를 그만두셨다. 당시 아버지 병세는 더욱 나빠져
배에 복수가 차고 얼굴빛도 색을 잃어가셨다. 그 뒤 어머니께서
는 쌀가게 건물에 있던 봉제공장 기숙사에서 밥해주는 일을 하
셨다. 이때 우리는 예전에 살던 곳에서 멀지 않은 곳으로 이사했
다. 이전과 마찬가지로 방 2칸짜리였다.

어느덧 나는 3학년이 되었다. 당시 대학 진학률은 20%에 그쳤다. 적당히 공부해서는 대학에 갈 수 없었다. 그때는 중등교육 재학생의 과외 수강 및 학원 수강이 전면 금지됐었다. 그런 만큼 학교 공부가 전부였는데, 그와 함께 야간자율학습이 매우 활성화되어 있었다. 학교 측은 대학입학시험이 존재하는 한 정규수업만으로 입시 공부에 대비할 수 없다고 판단해서 보충수업의 변형으로 방과 후 밤 10시까지 교실이나 도서관에서 자율학습이란 이름으로 학생들의 자습을 도왔다.

우리 집에는 내가 공부할 공간이 따로 없었기에 밤늦도록 학교에서 열심히 공부했다. 고생하시는 어머니가 실망하지 않으시게 해야 한다는 마음이 컸다. 1982년 12월 2일 입학시험을 치렀는데, 점수가 그리 나쁘지 않게 나왔다.

2. 국민대학교 청문회 활동과 학생운동

국민대 무역학과 입학

나는 1983년에 집과 가까운 국민대학교 경상대학 무역학과에 지원했다. 당시 전체 모집 인원은 1,900여 명이었다. 경쟁률은 4.54대 1이었다. 내가 굳이 무역학과를 선택한 것은 고등학교 때 내 장래 희망이 막연하게나마 사업가였던 것과 무관치 않았다. 그 또한 순전히 가난한 집안 형편 때문이었다. 그런데도 내가 대학에 입학한 것은 오로지 어머니의 바람 때문이었다. 아버지께서는 고등학교를 마치고 사회에 나가 집안에 보탬이 되길 원하셨지만, 어머니의 생각은 달랐다. 어머니께서는 본인이 못 배우신 게 한이 되셨는지, 내가 대학을 나와 번듯한 직장에 취직하여 장남으로서 집안을 일으키길 바라셨다.

내가 국민대를 지원한 이유는 장학금 제도가 다른 대학보다 좋은 조건이었기 때문이다. 당시 학교는 우수 학생을 적극적으

慶 1983 學年度 入學式 祝

1980년대 국민대학교 전경(위)과
교내 체육관에서 거행된 1983학년도 입학식

로 유치하고자 장학 혜택을 대폭 늘렸다. 그 때문이었는지 실력 있는 학생이 많이 지원했다. 나는 비록 장학금 혜택은 받지 못했지만, 무난히 합격했다. 뛸 듯이 기뻤다. 어머니께서 좋아하시던 모습이 지금도 생생하다.

막상 합격은 했지만, 등록금을 마련하는 게 문제였다. 이때 어머니께서는 대출받고자 친척에게 보증을 서달라고 부탁했지만, 거절당하셨다. 이에 실망한 어머니께서는 다시 외할아버지께 손을 내미셨고, 20만 원을 받아 등록금을 해결하셨다. 이후에는 어머니께서 장사하셔서 번 돈으로 등록금을 냈다. 형편이 여의찮을 때는 대출도 받았다. 그런데 언젠가 어머니께서 등록금을 안 주셨다. 군대에 가라는 무언의 압박이었다. 하지만 나는 당시 입대를 심각하게 고려한 적이 없었기에 선배에게 부탁하여 대출받아 등록금을 냈다. 나중에 그 빚 갚는 것은 결국 어머니 몫이 되어버렸다.

내가 대학에 입학할 무렵 살던 집에서 조금 떨어진 곳으로 다시 이사했다. 슬레이트 지붕을 매우 낮게 얹은 집이었는데, 마루가 딸려 있었다. 마루를 방으로 꾸며 나와 동생이 잤고, 다른 한 방에서는 부모님과 선미가 기거했다. 그런데 대학에 들어간 뒤로는 집에 가기보다 학교나 자취하는 친구 집에서 지내는 날이 많았다. 간혹 후배들과 술을 마시다가 우리 집에 데리고 와서 자기도 했다. 버스비가 없을 때는 6km 정도 되는 거리를 1시간

30분쯤 걷곤 했다.

선배나 후배가 기억하는 당시의 내 옷차림은 촌스러웠을 것이다. 가난한 형편에 당시 유행하던 대학생 패션을 따라 할 수 없었으니 더욱 그랬을 것이다. 나는 교련복 바지를 일상복으로 입거나, 외삼촌이 입으셨던 하얀 와이셔츠와 연갈색 바지를, 겨울철에는 팥죽색 점퍼를 즐겨 입었다.

1학년 초쯤 용돈을 벌어보고자 사극 영화에 엑스트라로 출연한 적이 있다. 경제적 어려움에 아르바이트를 찾던 중 우리가 세를 살았던 주인집 아주머니에게서 엑스트라를 모집한다는 말을 전해 들었다. 하루 수당이 3만 원 정도로 꽤 괜찮았다. 나는 82학번 선배 권재형 형에게 그 말을 전했고, 그리하여 같이 영화 엑스트라 아르바이트를 하게 되었다. 대원군에 관한 영화였다. 재형 형과 나는 내시 역할을 맡아서 수염 붙일 일도 없고 분장도 의상도 간단했다. 그저 임금 옆에 서서 고개만 숙이고 있으면 되었기에 누워 떡 먹기였다.

청문회 가입과 학습 활동

국민대에 입학한 뒤 나를 변화시킨 것은 청문회였다. 당시 우리 학교 서클(동아리)은 40개 정도였다. 1960년대에 만들어진 백운회, 청맥회, 목석회, 산악반, 기독학생회, 학촌문학동인회, 청문회, KUSA(한국유네스코학생협회), 불교학생회 등과 1970년대 이후 조직된 국제민간외교협회(P.T.P), RCY, 가톨릭학생회, 서도회, ALA, 합창반, 탁구반, 농촌문제연구회, E.S.S, 유스호스텔, 바둑반, 향토문화, Modern-Science, 문예창작, 호우회, UNSA, Phill-Muse, C.C.C, 북악극회, LEO, 아마무선, 민속굿예술연구회, MRA, 해바라기, 북악사진반, 마젠타, 원리연구 등이 있었고, 1983년에는 새롭게 PEN반, 컴퓨터 연구반 등이 생겨났다.

청문회는 1969년 3선개헌 반대 투쟁 이후 학생운동을 주도했던 선배들이 중심이 되어 만든 서클이었다. 청문회는 학생회관 4층에 자리하고 있었다. 나는 제15기로 가입했다. 나와 같이 청문회에 들어간 동기는 남자 10명, 여자 10명으로 모두 20명이었다. 하지만 2학년이 되면서 다들 학과 공부를 열심히 할 것인지, 서클 활동을 계속할 것인지를 두고 고민이 많았다. 그러면서 동기들은 이래저래 빠져나갔다. 결국 4학년까지 활동했던 것은 나와 의상학과 이선화 둘뿐이었다. 그런 만큼 선화에게 많이 의지했고, 선화는 그런 나를 이해해서 큰 버팀목이 되어주었다.

청문회는 '사고하는 젊음, 행동하는 지성'을 신념으로 내세우는 사회과학 학습 서클이었다. 서클 성격 때문인지, 아니면 우리 세대의 경제 수준 때문인지 몰라도 서클 친구들은 사회에 대한 고민이 많았다. 그만큼 서클은 활기가 넘쳤다. 청문회에서는 1주일에 한 번 학습토론회를 했고, 여름방학에는 농촌활동과 학술 발표회를 개최했으며, 이후 없어지긴 했지만 가을에는 낙엽제를 열었고 졸업한 선후배가 모이는 체육대회도 있었다.

내 기억에 1학년 여름방학을 이용해 동기들끼리 1박 2일로 농촌봉사활동을 간 적이 있다. 정확히 어느 곳으로 갔는지는 가물가물하지만, 반딧불이 보이는 꽤 깊숙한 시골 마을이었다. 우리는 동네 논두렁길에 무성한 잡초를 제거했는데, 그게 고마웠는지 동네 어르신들이 된장을 푼 감자수제비를 큰 양동이에 가득 해주셔서 맛있게 먹었던 기억이 난다. 밤에는 큰 천막 아래에서 밤새도록 술을 마시며 동기들끼리 진지하게 사회 부조리를 논하고 전두환 독재정권의 실상을 비판하며 서로의 결속을 다졌다.

청문회에 가입한 뒤 주기적으로 선배들과 함께 독서토론을 하면서 새로운 세상과 만났다. 당시 행정학과 82학번 박덕순 선배가 우리를 지도했다. 1년 동안의 학습 커리큘럼을 가지고 계획대로 진행했는데, 리영희 선생이 쓴 《전환시대의 논리》가 가장 먼저 기억이 난다. 이 책은 박정희 군부정권이 영구집권을 위해 유신헌법을 제정하고 국민의 민주적 권리를 본격적으로 박탈하던 1974년 봄에 출간되었다. 오래도록 학생운동권에서는 경전처럼 여겼던 책이다. 1970년대 현대사와 국제정치의 현실을 보는 우리의 시각에 '코페르니쿠스적 전환'을 불러일으킨 현대적 고전으로 평가되었다.

청문회에서 읽고 토론하던 책들

리영희 선생은 당시 사회주의 중국을 바라보는 왜곡된 시각을 바로잡아 주었고, 베트남 전쟁, 일본의 재등장, 한미 관계 등을 새로운 시각에서 분석하여 냉전적 허위의식을 타파하는 데 큰 도움을 줬다. 특히 편협하고 왜곡된 반공주의를 거부하는 넓은 세계적 관점, 냉철한 과학적 정신을 일깨워 주었다. 이는 나에게 신선한 충격을 줬을 뿐만 아니라 내가 민주주의를 위해 더 나은 사회를 만들어야겠다는 의지를 다지게 하는 데 결정적인 역할을 했다.

또 조세희 작가가 쓴《난장이가 쏘아올린 작은 공》도 인상 깊게 읽고 토론했다. 우리는 이를 '난쏘공'이라 불렀다. 이는 1978년에 쓰인 중편 소설인데, 1971년 8월에 일어난 '광주대단지 항쟁(8·10성남민권운동)'을 소재로 했다. 훗날 내가 노동운동을 벌였던 성남이 주무대다. 성남산업단지 조성과 관련되는 내용이므로 이를 잠시 소개하면 다음과 같다.

'광주대단지 항쟁'은 1971년 8월 10일 경기도 광주대단지 (지금의 성남시 수정구·중원구 일대) 주민 수만 명이 박정희 정부의 무계획적인 도시정책과 졸속행정에 반발하며 도시를 점거했던 사건을 말한다. 정치적인 문제가 아니라 빈민의 생존권 문제로 공권력에 적극적으로 저항한 사건으로, 유사 사례가 드물다.

사건의 발단은 1960년대 후반~1970년대 초반 박정희 정부가 서울의 무허가 판자촌을 정리하겠다는 계획을 세우면서 비롯되었다. 계획에 따르면 일부는 무허가 주택을 현지 개량하고, 일부는 새로운 주거지로 이주시킨다는 것이었다. 본래 철거민 이주지로 서울 서남부나 동북부 지역 여러 곳이 검토되었지만, 최종 결정된 것은 농경지가 아닌 경기도 광주군 중부면 일대(지금의 성남시 수정구·중원구, 광주시 남한산

성 방면)였는데, 이곳에 10만 명이 살 수 있는 대단지를 건설하고자 했다.

이때 서울에 사는 6,340여 가구 10만여 명이 넘는 빈민층은 정부가 살 집을 준다는 말만 믿고 다시는 서울로 이사오지 않겠다고 서약한 뒤 성남으로 이사했다. 주로 청계천과 서울역 일대에 살던 빈민들이었다. 정부는 '한 가구당 20평씩 평당 2,000원에 분양한다.', '입주하고 3년 뒤부터 분할 상환하면 된다.', '공장을 세워 일자리를 창출할 수 있다.' 등을 약속하며 이들을 꾀었다.

그런데 정부의 약속은 거짓말이었다. 이주민들이 그곳에 도착했을 때는 10만 명을 구겨 넣을 수 있는 땅만 있었다. 이주민들을 위한 살림집을 지어 놓은 게 아니라 언덕배기에 가구당 약 60~120㎡ 남짓 금을 그어 놓은 땅과 군용 텐트 한 개가 전부였다. 정부가 당초에 약속했던 공장은 꿈도 꾸지 못했다. 도로와 상하수도 시설조차 없어 비가 오면 진창길이 되기 일쑤였고, 땅이 마르면 모래바람 먼지에 시달려야 했으며, 눈이 오면 빙판길로 변했다. 더욱이 화장실뿐만 아니라 교통, 상권, 업무시설 따위는 제대로 갖춰지지 않았다. 무책임한 도시계획에 10만여 명의 이주민이 황무지에다 그냥 버려진 것이었다. 주변에 오일장 모란시장이 있었지만, 그들을 감당하기에는 턱없이 부족했다. 이런 환경

'광주대단지'로 조성된 1970년대 성남시 모습

에 노천 화장실로 인해 이주민촌 전체에 악취가 진동했고, 쓰레기가 썩어가면서 전염병까지 돌았다. 이런 가운데 투기꾼들이 몰려왔고, 견디다 못한 이주민들은 입주권을 팔고 강북의 판자촌으로 돌아가는 일도 다반사였다.

이주민들을 더욱 분노케 한 것은 토지 대금이 처음 약속했던 가격보다 최소 4배에서 최대 8배에 달한 점이다. 처음 토지 대금은 20평에 평당 2,000원이라고 약속했지만, 실제 경기도가 청구한 금액은 평당 8,000원 또는 1만 6,000원이었다. 그것도 일시금이었다. 내지 않으면 6개월 이하 징역 또는 벌금 30만 원을 부과하겠다는 협박성 문구까지 붙었다. 이주민들에게 적게는 20만 원에서 많게는 36만 원의 돈이 있을 리 만무했다.

대책위원회가 꾸려지고 협상에 나섰지만, 투기 열풍에 토지 대금은 되레 최저가격이 평당 8,000원에서 1만 2,000원으로 올랐다. 이주민들의 감정은 서서히 분노로 바뀌기 시작했고, 대책위원회는 투쟁위원회로 바뀌었다. 이들은 서울시장과의 대화를 지속적으로 요구했으나 아무런 답을 받지 못했다. 이주민들은 "배가 고파 못 살겠다! 토지 불하 가격 내려달라!", "백 원에 산 땅 만 원에 파는 폭리를 하지 말아라!"라며 한목소리를 냈고, 정부가 애초 약속했던 공장과 상업시설과 취업센터 설치, 구호사업, 일자리 알선 등을 이행하라고 요구했다. 이에 서울시장은 아무런 응답도 없다가 사태가 심상찮게 돌아가서야 면담에 나섰다.

면담이 약속된 1971년 8월 10일 오전 10시, 비가 오는 와중에도 성남출장소 뒷산(현재 성남시의료원)에는 많은 사람이 모여들기 시작했다. 그들은 제각기 몽둥이, 삽, 피켓 등을 들었고, 가슴에는 "허울 좋은 선전 말고 실업 군중 구제하라."라는 노란색 리본을 달았다. 점차 시간이 지나면서 모인 이주민은 5만 명을 넘어섰다.

서울시장은 약속한 11시를 넘겨 12시에나 나타났다. 그런데 시장이 뒤늦게 나타난 것에 불만을 가진 이주민 300여

광주대단지 항쟁 당시 전복된 채 불타는 관용 지프

명이 성남출장소로 달려가 집기를 모조리 때려 부수고 불
을 질러 연기와 화염이 치솟았다. 이를 지켜보던 이주민들
은 함성을 지르며 성남출장소로 몰려가서는 검은색 관용
지프를 뒤집어 불태우고 공무용 버스와 트럭을 탈취해 광
주대단지 전역을 휘젓고 다녔다.

이런 가운데 서울시장이 도착했고, 장소를 옮겨 면담을 시
작한 지 30분 만에 끝이 났다. 이주민들의 요구를 대부분
수용하기로 했다. 이는 공권력마저 진압하지 못할 정도로
사태가 걷잡을 수 없이 커져서 목숨이 위험할 수도 있다는
판단에 따른 것이었다.

1부 청년 노동운동가 김윤기의 삶과 투쟁

이때 정부는 성남 시민들을 진압한다며 경찰기동대 700여 명을 투입했다. 이에 더욱 격분한 이주민들은 관리사무소, 파출소 등지를 불태웠다. 오후 2시경 경찰기동대가 도착하자 이주민들은 돌을 던져 이들의 접근을 막았고, 곳곳에서 육박전이 벌어졌다. 광주경찰서 성남지서, 남문주유소가 불타올랐다. 차량만 모두 22대가 불탔다. 그리고 대단지 주변을 지나던 승용차, 택시, 버스, 트럭 등을 탈취하여 서울로 올라갔다. 사건을 보고받은 정부는 오후 5시 정성관 내무부 차관과 김태경 경기 도지사를 현장으로 보내 이주민의 요구를 전폭적으로 수용하며 이주민 대표에게 정식 사과하고 이주민의 화를 달랬다.

이틀 뒤인 8월 12일, 서울시장이 방송 담화로 광주대단지를 성남시로 승격하고 이주민의 요구를 무조건 수용하겠다고 약속함으로써 이주민들은 자진 해산했다. 이후 상하수도 시설 및 성남산업단지(상대원공단)가 조성되었다. '광주대단지 항쟁'은 주민들의 승리로 끝났다.

우리나라가 세워진 이후 민중이 공권력에 저항한 사례는 셀 수 없을 정도로 많았지만, '광주대단지 항쟁'은 정치적인 문제가 아닌 빈민의 생존권 문제로 저항한 최초의 사건이 아니었을까 한다. 그런 점에서 《난장이가 쏘아올린 작은 공》은 1970년대 산업화 과정에서 소외된 도시하층민의 고통을 간결한 문체와 환상적 분위기로 잡아낸 '명작'이라는 찬사를 받았다.

내가 1학년 때인 1983년 6월에 인권 변호사 조영래가 쓴《어느 청년노동자의 삶과 죽음－전태일 평전》(돌베개)이 출판되면서 우리에게 또 하나의 필독서가 되었다. 물론 전두환 정권은 이를 '불온 도서'로 규정했다. 1970년 11월 13일, 스물두 살의 나이에 평화시장에서 '근로기준법을 준수하라'고 외치며 자신을 불태웠던 전태일의 삶은 나에게 다른 세계로 통하는 문과 같은 존재로 다가왔다. 나는 이 책을 접하고는 밤새 읽었다. 끈질기게 노동자의 처우를 개선하겠다며 갖은 수모를 마다하지 않고 실천해 가는 모습은 나를 변화시키기에 충분했다.

당시는 서슬 푸른 전두환 독재정권이 권력을 마구 휘두르던 때였기에 저자인 조영래는 자신을 드러내지 못하고 전태일기념관건립위원회의 이름을 내세웠다. 이 책은 국내에서 출간되기 전 1978년 일본에서《불꽃이여, 나를 태워라(炎よ, わたしをつつめ)》라는 제목으로 먼저 세상에 모습을 드러냈다.

조영래 선생은 1970년 11월 서울대 법학대학 주관으로 전태일 장례식을 치를 때 자리를 함께했던 분이다. 이후 선생은 사법연수원 재학 중에 전국민주청년학생총연맹(민청학련) 사건의 관련자로 지목되어 1974년부터 1979년까지 6년간 숨어 지내야만 했다. 이때 선생은 3년 동안 전태일 열사의 어머니 이소선 여사를 만나는가 하면, 청계천 일대를 누비면서 전태일 열사와 생존 당시 함께한 청계천 노동자들을 만나 얘기를 수집했다. 또 결정적으로 장기표 선생이 이소선 여사에게서 받은 전태일 열사의 수기를 전달받게 되면서《전태일 평전》이 완성되었다.

에드워드 핼릿 카가 쓴《역사란 무엇인가》는 역사에 새롭게 접근할 수 있는 역사관을 갖게 해주었다. 이외에도 한길사에서 출판된《1950년대의 인식》,《해방전후사의 인식》이라든가, 백산서당에서 출판된《노동의 역사》,《자본주의 경제의 구조와 발전》,《제3세계와 종속이론》 등도 나의 삶을 변화시키는 자양분이 되었다. 나는 그때 토론에도 매우 학구적으로 참여하여 선배들에게서 많은 사랑을 받기도 했다.

1983년 1학년 청문회 활동과 잔상

1학년 때 가장 먼저 생각나는 것은 주말을 이용해 대성리로 1박 2일 청문회 엠티(MT)를 가서 학술서적을 읽고 토론한 일이다. 당시 우리는 기대 반 설렘 반으로 엠티에 참여해서는 밤새도록 술을 마시며 나름 진지하게, 개똥철학이었지만 하얗게 밤을 새워가며 세상을 논했다. 아침이 되자 뜨는 둥 마는 둥 식사를 하고는 주섬주섬 물건을 챙기고 기차에 몸을 실었다.

그런데 청량리역에 도착하자 개찰구에서 대기하던 성북경찰서 형사들이 밑도 끝도 없이 우리를 버스에 강제로 태우고는 경찰서로 끌고 갔다. 경찰들은 막무가내로 우리에게 엠티 기간 중 활동한 내용을 시간대별로 작성한 진술서를 제출하라며 큰 소리로 윽박질렀다. 당시 경찰들은 청문회가 엠티 가서 의식화 교육을 했을 것으로 판단하고, 불온서적이나 유인물을 찾아내 우리 활동을 탄압하려 했던 것 같다.

그러나 당시 항상 그랬듯이 우리는 미리 입을 맞춘 대로 엠티에서 밥 먹고, 운동하고, 술만 먹었다고 진술했다. 우리가 가져갔던 유인물은 석유풍로나 빈틈에 숨겨 다행히 발각되지 않았다. 경찰들은 별다른 혐의점을 찾지 못하자 새벽녘에 우리를 풀어줬다. 그런데 당시 회장이었던 서갑원(법과대학 82) 선배는 경찰에 끌려간 뒤 취조받았고, 그들이 원하는 답을 하지 않았다고 하여 심한 구타를 당했다. 그가 간신히 집에 도착했을 때는 군대 영장이 기다리고 있었고, 그렇게 하여 군대에 끌려갔다.

1학년 가을 교내 축제 때는 학술발표회에 참가하여 '한국근대 농민운동'이란 주제로 발표한 적이 있다. 결과가 어땠는지는 기억이 없지만, 나름으로 열심히 준비하고 발표했기에 좋은 결과가 있었지 않았을까 한다.

나는 학교에 와서는 청문회 서클룸이 있는 학생회관 4층에 주로 머물렀다. 대학 생활과 나 자신에 관해 생각이 많은 날에는

1부 청년 노동운동가 김윤기의 삶과 투쟁

1980년 5월 민속굿연구회의 시국 풍자 탈춤 공연(위)과
1983년 10월 국민대 가을 축제 당시 잔디광장에서 벌어진 줄타기 장면

수업도 빼먹고 청문회 서클룸에 홀로 남아 먼 산을 바라보곤 했다. 딱히 무엇부터 힘을 내야 할지 가늠하기 어려울 때는 맥없이 시간을 흘려보내기도 했고, 어쩌다 마주친 선배들의 관심에 멋쩍은 웃음으로 인사를 대신하기도 했다.

청문회와 어긋나게 마주 보이는 곳에 운동권 서클 중의 하나였던 민속굿연구회가 자리했다. 우리는 통상 '탈반'으로 부르곤 했다. 나는 청문회 서클룸을 오가면서 그쪽 사람들과 자주 마주치곤 했다. 하지만 당시 운동권 내에서는 한두 학번 차이가 날지라도 군번처럼 위계가 분명했기에 그다지 살갑게 지내지 않았고 대화를 나눈 적도 별로 없다.

당시 서클마다 단골 주점이 있었는데, 복도에서 눈인사만 나눴던 민속굿연구회 선배나 동기와 술을 나눠 마실 기회가 간혹 있었다. 술자리 대화의 대부분은 전두환 정권의 불법성과 우리의 투쟁 활동에 관한 것으로, 모두가 목숨 바쳐 싸우겠다며 열띤 토론을 하곤 했다. 그런 만큼 교내 시위 때는 그들과 같이 투쟁에 앞장서곤 했다.

나는 1학년이었지만 불평등 사회, 억압적이고 비민주적인 사회를 어떻게 변혁해야 하는지, 이를 위해 어떻게 실천해야 하는지를 고민했다. 그러다 보니 대학생으로서 학점을 따고자 꼬박꼬박 수업에 참여하는 것이 기득권 유지를 위한 회색적인 행동처럼 여겨졌다. 생각이 이에 미치자 나는 의도적으로 수업에는 소홀하고 청문회 활동에 몰두했다. 간혹 서클룸에 있었던 붉은 소파에 비스듬히 앉아 있곤 할 때면 할 일 없이 빈둥거리는 것으로 보였는지 몇몇 선배들이 다가와 수업 빠지지 말라며 가볍게 훈수를 두곤 했다.

간혹 나를 짓누르던 무언가에 몸부림칠 때면 선배나 동기와 함께 학교 정문 앞 식당에 내려가 막걸릿잔을 비우곤 했다. 술안주 삼아 이런저런 사는 얘기들을 나누다 보면, 사회과학 서적보다 비슷한 처지에 있던 선후배에게서 위로를 받거나 연대감을 느끼곤 했다. 이때에도 선배나 동기가 나에게 '수업 빠지지 마라'라고 조언해 주었지만, 나는 그저 씩 웃어넘기곤 했다.

사실 내 성적은 형편없었다. 1983년 1학기, 1984년 2학기, 1985년 1학기, 1986년 1학기에 학사 경고를 받았다. 1986년 1학기는 인천5·3민주항쟁 당시 구속되어 어쩔 수 없었다고 해도 매년 학사 경고를 받은 셈이다. 1986년 1학기까지 총 108학점을 이수했고, 평균 4.5점 만점에 2.0학점을 취득했다. 내가 B학점을 받은 것은 2학년 때는 철학이 전부였고, 3학년 때는 매스컴개론·무역정책·경제발전론이 전부였다. 이들 과목은 내 나름대로 흥미롭게 공부한 듯하다.

이런 일도 있었다. 3학년이던 1985년으로 기억하는데, 그때 김춘형 형의 도움을 여러 번 받았다. 형은 학과 선배(무역 79)일 뿐만 아니라 청문회 선배(11기)이기도 했다. 형은 1980년 5·18민주화운동 당시 공부에 전념하기 힘들어 1년 유급했는데, 군사교육을 거부했다는 이유로 2학년을 마치고 군대에 가야만 했다. 나는 형이 1984년 2학기에 복학하면서 알게 되었다. 이 무렵 형은 나를 비롯한 후배들을 알뜰히 챙겼는데, 우이동 4·19탑(지금의 국립4·19민주묘지) 사거리에 있던 '프라하의 봄'이라는 술집에 자주 가곤 했다. 이때 나는 현실 문제에 직접 뛰어들지 않는 선배들에 대한 불만을 많이 토로하곤 했다.

그런데도 춘형 형은 이래저래 나를 많이 아꼈다. 특히 당시는 졸업정원제가 시행 중이었는데, 춘형 형은 81학번 이후 학사 경고를 세 번 받으면 자동 퇴학당한다며 걱정을 많이 해줬다. 그러면서 나를 독려하기 위해 "윤기 네가 시위나 민주화운동을 하다 구속되어 제적되는 상황이 아니라 학사 경고로 제적당하는 건 난 용납할 수가 없다."라며 다그쳤다.

내가 학사 경고를 두 번이나 받아 제적당할 것을 염려했던 춘형 형은 1985년 시험 때면 집에 데리고 가서는 며칠이고 시험 과목을 요약 정리해 주면서 공부토록 했다. 그런데도 나는 3학년 1학기에 또다시 학사 경고를 받았다. 하지만 우려했던 바와 달리 제적을 당하지는 않았다. 1985학년도부터 신입생 모집 비율을 100~130% 범위 안에서 대학 자율에 맡기면서 졸업정원제는 사실상 유명무실해졌고, 학교 측에서는 중도 탈락자를 유급 형태로 구제해 주었기 때문이다. 여하튼 나는 춘형 형 덕분에

1985년 3학년 2학기에는 학사 경고를 받지 않았다.

　이와 관련하여 떠오르는 선배가 한 명 더 있다. 한 학년 위 선배인 권재형 형도 매번 수업 빠지지 말라는 충고를 잊지 않았다. 어느 날은 마음이 쓰였는지 학교 아래 송백상회에서 함께 막걸리 한잔을 걸쳤다. 형은 시대 소명과 어려운 가정환경 사이에서 어떤 길을 찾아야 할지 솔직한 자신의 깊은 고민을 꺼냈고, 이는 내가 처한 상황과 크게 다르지 않아 공감하면서 마음 한편에 위로가 되었다. 운동을 관성이자 관념으로 하지 말자는 말을 곱씹으며 우리는 북악에서 정릉을 지나 미아리고개를 넘어 성신여대까지 〈전진가〉를 부르며 밤길을 걸었다.

　낮은 어둡고 밤은 길어
　허위와 기만에 지친 형제들
　가자, 가자 이 어둠을 뚫고
　우리 것 우리가 찾으러
　야 야 야
　야 야 야
　또 빼앗겨 한껏 빼앗겨
　착취와 수탈에 지친 형제들
　가자, 가자 이 어둠을 뚫고
　우리 것 우리가 찾으러

야 야 야

야 야 야

―〈전진가〉

우리는 알고 있는 민중가요를 미친 듯 불러 젖혔고 가슴 속 응어리들이 이 순간만큼은 하나둘 다 풀리는 기분이었다. 어느 날은 그렇게 걸어 성신여대 뒷골목 포장마차를 찾았다. 형이나 나나 주머니 사정이 넉넉지 못한 터라 100원으로 소주 잔술 한 잔씩, 안주는 어묵탕 국물만으로 만족해야 했다. 형과 헤어져 나는 삼선교 집까지 더 걸어야 했지만, 소주 한 잔이나마 뜨겁게 마실 수 있는 형이 있어 외롭지 않았다. 다만 형과 내가 안고 있는 삶의 무게가 여전히 가슴 한 자락 켜켜이 남아 쉽게 떨쳐내지는 못했던 것 같다.

그러고 보니 술도 참 많이 마셨다. 물론 술을 좋아하기도 했다. 학교 밑에 있던 오복집, 송백식당에서 선배나 동기와의 술자리 모임이 잦았다. 가끔 그 시절이 그립곤 한다. 개인적인 깊은 얘기를 나누기도 했지만, 무슨 얘기든지 진지했고 진솔했다. 이때도 빠지지 않은 것이 운동가였다. 이를 부르고 있노라면 투사가 된 듯했고, 역사적인 사명감을 부여받은 듯해서 좋았다.

그러는 사이에 동기와 후배 들은 각자의 길을 찾아 군대를 가거나 도서관으로 발길을 돌리면서 서클룸은 점점 비어갔다. 나

어머니

민중가요 〈어머니〉 악보(작사, 작곡 미상)

혼자 서클룸에 있을 때면 민중가요집을 펼쳐놓고 기타로 음을 맞춰가며 노래를 부르곤 했다. 잘 부르지는 못했지만, 아주 진지했던 것 같다. 그럴 때면 가사에서 힘을 얻곤 했다.

청문회 서클룸에는 서울대 노래패 메아리가 만든 민중가요집 《메아리》가 있었다. 메아리는 1977년 창설된 서울대 교내 동아리로, 민중가요를 창작하고 부르는 노래패였다. 당시 민중가요는 우리에겐 삶의 일부였다. 최루탄 냄새 매캐한 시위 현장, 술자리, 엠티의 밤에도 언제나 노래는 함께였다. 〈전진가〉(가자, 가자), 〈임을 위한 행진곡〉, 〈청산이 소리쳐 부르거든〉, 〈타는 목마름으로〉, 〈민중의 아버지〉, 〈전진하는 새벽〉, 〈선봉에 서서〉, 〈이 산하에〉, 〈그날이 오면〉, 〈벗이여 해방이 온다〉, 〈솔아 푸르른 솔아〉, 〈또다시 들을 빼앗겨〉 등이 대표적인 곡들이었다. 당시에는 운동권에서 구전가요를 테이프에 녹음, 판매하여 활동 자금으로 사용하기도 했다. 83학번 이경숙·박응수, 81학번 강용운 선배, 79학번 고성범 선배 등이 재능을 발휘해 노래를 녹음했던 기억이 난다.

청문회 건너편에 있던 우리역사연구회 서클에 나와 같은 학번의 이숙희, 백성화가 있었는데, 그들에게 〈어머니〉라는 노래를 가르쳐주기도 했다. 비록 그들과 함께했던 시간은 짧았지만, 지향점이 같은 친구들이 있다는 것만으로도 든든했다. 〈어머니〉는 내가 아주 좋아했던 노래 중의 하나다. 통일된 세상, 사람 사는 세상을 위해 더 큰 어머니를 생각하며 힘을 냈다.

1983년 말 즈음, 청문회 서클 성격에 관해 격렬한 논쟁이 벌어진 적이 있었다. 쟁점은 청문회가 '사회과학 학술 서클이냐, 사회과학 운동 서클이냐'였다. 1980년대 이전 청문회는 계몽적 학생운동 차원에서 머물렀다. 나는 이때 친목 도모의 서클이 아닌 실천하는 서클로 변화해야 한다, 청문회는 유희하는 곳이 아니다, 자신의 울분을 토하는 곳이 아니다, 죽어 있는 곳이 아니라며 강력하게 주장했다. 평소 얌전하게 말이 없던 내가 목소리를 높여서 선후배들이 많이 놀란 듯 보였다. 이후 청문회는 점차 오픈 운동 서클로서 각종 집회 시위에 조직적으로 참여하게 되었다.

1984년 2학년 청문회 활동과 학생운동 참여

내가 2학년이 되었을 때는 청문회 총무부장을 맡아 후배들을 이끌었다. 그런데 남자 동기들이 1학년 말에서 2학년 초로 접어들면서 하나둘씩 입대하기 시작했다. 언제든지 의지할 수 있어 든든했던 동기들인데, 그들이 떠난 뒤로 한쪽 구석이 휑한 느낌이 들기도 했다. 그런데 다른 한편으로는 그들의 빈자리를 메워야 한다는 생각에 책임감은 더욱 커졌다.

나도 입대를 생각 안 한 것은 아니었다. 어린 동생들에게 평범한 형, 오빠로서 역할을 다하지 못하는 '무능함'과 부모님의 소

1984년 5월 18일 광주의거 영령 추모제(위)와 뒤이은 교내 시위

박한 기대를 거스르는 '불효'에 대한 자책감으로 힘들었다. 그러나 나는 해야 할 일이, 정확히 말하자면 하고 싶은 일이 너무 많았다. 그래서 입대를 미룰 수밖에 없었다. 그렇게 되다 보니 나와 다른 동기 한 명만 서클에 남았다.

내 기억으로는 우리 학교에서 1984년 5월 18일 광주민주화운동일을 맞아 대규모 시위가 있었는데, 아마 이때 내가 처음으로 시위에 참여했던 것으로 기억한다. 이날 오후 1시쯤 2호관 앞에서 전남향우회 주최로 '광주의거 영령 추모제'가 열렸다. 이때 250여 명의 학생이 참가했다. 분향재배를 마친 뒤 '아아, 광주여! 무등산이여!'라는 현수막을 앞세워 교정을 돌며 침묵시위를 했다. 이때 학생들이 동참하여 숫자는 500여 명으로 늘어났다. 우리는 1시 50분경 교문을 나서 반정부 구호를 외치며 거리로 진출했다.

우리가 정릉 쪽으로 200여 미터 진출했을 때, 경찰과 대치했다. 이런 가운데 3시 25분경 경찰이 페퍼포그(일명 '지랄탄')와 최루탄을 쏘아댔고, 우리는 투석으로 맞대응했다. 더는 진출하지 못한 우리는 다시 학교 안으로 들어와서는 교문을 사이에 두고 전투경찰(전경)과 대치했다. 최루탄 발사와 투석전이 계속되다가 5시 40분경 우리는 자진 해산했다. 이날 시위에서 같은 과 친구 유승박이 최루탄 파편을 맞아 다치기도 했다.

다음 날인 5월 19일 민주광장에서 마당놀이가 있었고, 공연이 끝난 뒤 오후 6시 45분경, 700여 명의 학우와 함께 교문 앞으로 진출하여 전날과 마찬가지로 경찰과 대치했다. 이날 우리는 '평화적 시위'를 표명했지만, 전경은 페퍼포그와 최루탄을 쏴댔다. 이에 우리는 보도블록을 깨 투석으로 대응했다. 이는 밤늦게까지 이어졌고, 9시 20분쯤 해산했다.

나는 2학년 2학기부터 청문회 중책인 학술부장을 맡게 되었다. 이후로 나는 이전보다 더 적극적으로 서클 일에 임했다. 후배들을 만나면 어떻게 지내는지, 아니면 무슨 책을 읽고 있는지

옛 국민대 학생회관(현재 법학관)

묻곤 했다. 또 그들이 잘 이해하지 못하는 부분이 있으면 하나라
도 더 알려주려 애썼다. 특히 학교 주변 지역에 전두환 군부독재
의 실상을 알리는 유인물을 배포하러 갈 때는 위험 부담이 크기
에 여러 조언을 해주곤 했다.

2학년 가을, 후배 여러 명과 함께 가두 투쟁(가투)을 나간 적이
있다. 당시 도로를 점거했다가 경찰에 쫓겨 후암동 언덕 위로 피
신하게 됐다. 이때 어느 주민이 자기 집에 들어오라고 하여 체포
를 면했다. 우리가 누구며, 무엇 때문에 경찰에 쫓기게 되었는지
를 잘 설명했더니, 우리를 매우 우호적으로 대해 주었다.

이런 적도 있었다. 2학년 때의 일로 기억한다. 하루는 다음 날
있을 학내 시위를 위해 10여 명의 선후배가 학생회관에서 밤늦

도록 걸개그림과 대자보, 학내에 진입하는 전투경찰에 맞서는 화염병 등을 만들었다. 그런데 당시는 저녁 11시가 되면 학생회관 출입을 통제하여 밖에서 안으로 들어가지 못할 뿐만 아니라 각 층도 폐쇄했기에 3층과 4층 간의 이동도 불가능했다. 그런데 나는 밤늦도록 고생하는 선후배들을 위로한답시고 학생회관 물 배관을 타고 4층까지 올라갔다. 그들을 놀라게 해줄 요량에 위험하다는 생각도 그리 들지 않았다. 그날 내가 갑자기 동아리 창문을 열었을 때 다들 놀라 자빠졌다. 절대 그럴 수 없는 일이 일어났기 때문이다. 나는 천연덕스럽게 크게 웃으면서 "니들만 재미있는 일 하고 있을 것 같아 도저히 잠이 안 와서 왔다."라며 큰 소리를 쳤다. 지금 생각하면 웃음밖에 안 나오지만, 평범한 일은 아니었기에 한때 나를 두고 프락치설까지 나돌기도 했다.

1984년 8월 6일에 연세대에서 열린 전국대학생 연합집회인 제1회 여름청송캠프에 참가한 적이 있다. 당시 캠프의 제목은 김지하 시집의 제목에서 따온 '타는 목마름으로'였다. 이때 수줍어하는 1학년 국문학과 84학번 허윤정과 해방춤을 추었던 기억이 난다. 해방춤은 대학 내에서 탈춤반의 활동이 왕성해지면서 1983년부터 공동체 놀이, 4박자 춤, 대동놀이 등과 함께 등장했다. 해방춤은 〈농민가〉 4박자 노래에 맞춰 둘이 짝이 되어 어깨를 부딪치고 팔짱을 끼고 도는 흥겨운 춤이다. 나는 약간 서툴렀지만, 재미있고 힘차게 춤을 추었다.

삼천만 잠들었을 때 우리는 깨어
배달의 농사 형제 울부짖던 날
손가락 깨물며 맹세하면서
진리를 외치는 형제들 있다.

밝은 태양 솟아오르는 우리 새 역사
삼천리 방방골골 농민의 깃발이여
찬란한 승리의 그날이 오길
춤추며 싸우는 형제들 있다

— 〈농민가〉

1984년 11월 26일 치러진 총학생회 선거는 나에게 남달랐다.
그해 3월 개강과 더불어 학원 자율화와 민주화에 대한 열기가
고조되었다. 학원 민주화 작업은 4월 27일 체육관에서 열린 공
개토론회부터 시작되었다. 그 뒤 민주광장에서 학생들 자체적으
로 토론회를 열어 '자율화준비위원회'를 구성했고, 이어 과도기
적 학생자치기구로 '학원자율화추진위원회'가 출범했다.

이러한 열기는 2학기로 이어져 그해 11월 9일, 총학생회 부활
을 논의하기 위한 공청회가 2호관 로비에서 700여 명의 학생이
참석한 가운데 개최되었다. 이는 학원자율화추진위원회의 학내
대책소위원회, 동아리연합, 언론 3사, 문과대학·공과대학 학도

총학생회 부활을 보도한 《국민대학보》 1984년 12월 3일 자

호국단, 경제학회, 경영학회 등의 공동발의로 열렸다. 이 자리에서 '총학생회부활준비위원회(총준위)' 발족이 인준되었다.

이처럼 총학생회가 부활하려는 움직임이 진행되자, 학도호국단은 1984년 11월 13일에 운영위원회를 열어 '직선을 통한 총학생회 부활'을 대전제로 호국단의 존폐 문제를 두고 열띤 토론을 벌였다. 결국 현행 학도호국단 조직을 활용하여 총학생회 부활을 위해 노력하며, 총학생회가 부활하면 호국단을 즉각 해체하자는 안이 채택되었다. 또한 호국단은 이미 구성된 총준위에 들어가 총학생회 및 단과대학 학생회 부활을 위해 적극 노력하기로 합의했다.

이런 과정을 거쳐 총학생회 회칙과 선거 시행 세칙이 만들어진 뒤, 본격적으로 선거전에 돌입했다. 총학생회장 선거에 구병회(행정 2), 이재선(무역 2), 임기빈(정외 3), 전동욱(영문 2), 배상채(경영 3) 등 5명이 뛰어들었다. 이들은 열띤 선거 유세를 펼치고 공개토론회에서 다퉜다. 1984년 11월 26일부터 28일까지 투표가 진행되었다. 투표율은 57%를 기록했는데, 그중 59%의 지지를 얻은 임기빈, 이승용(국사 3)이 총학생회장·부회장에 선출되었다. 이날 오후 4시 30분경 2호관 로비에서 300여 명의 학우가 참가한 가운데 총학생회부활기념식이 열렸다.

1985년 3학년 청문회 활동과 교내 학생운동

나는 1985년 3학년이 되어서는 교내 학생운동에 주력했다. 당시 교내에서는 대학생회 자율화 등 학원 민주화 요구와 함께 전두환 군사정권 퇴진을 쟁점으로 기습적인 시위가 많았다. 청문회를 포함한 몇몇 동아리는 1주일에 서너 번씩은 교내 집회와 거리 시위에 참여했는데, 나도 그 자리에 빠짐없이 동참했다. 이

1985학년도 총학생회 이취임식 장면

럴 때면 나는 시위대 맨 앞에 서곤 했다.

　나는 시위에 참여한 뒤 집에 갈 때는 옷을 탈탈 털고 아무 일 없었던 것처럼 행동했지만, 옷에 밴 매운 냄새는 어쩔 수 없었던 듯하다. 어머니께서도 내가 시위에 참여한다는 것을 눈치채셨겠지만, 별다른 말씀을 안 하셨다. 예전부터 어머니께서 데모하냐고 물으시면, "제가 무슨 데모예요?"라며 웃어넘기곤 했다. 나는 당시 교련복을 입고 다녔는데, 어느덧 교련복은 페퍼포그, 최루탄과 사복경찰 체포조(백골단)에 맞서는 전투복이 되었다.

　1985년 4월 17일 고려대 학생회관 앞에서 우리 대학을 포함하여 서울대·연세대·고려대 등 23개 대학 총학생회장을 비롯한

1,200여 명이 참석한 가운데 전국 62개 대학이 함께하는 '전국 학생총연합(전학련)'이 결성됐다. 의장에 서울대 총학생회장 김민석(사회 4)을 선출했다. 창립 선언문에서 "예속과 항쟁의 과정에 20여 명의 거센 항쟁의 몸짓이 되살아 오늘을 만났고"라고 한 뒤, "상황에 대한 냉정한 인식과 실천력, 결단력으로써 민주화운동을 통일적으로 선도, 점증하는 민중 생존권 투쟁에의 헌신적 동참을 위해 창립한다."라고 밝혔다. 즉 전학련은 반외세, 반독재, 민주화 투쟁을 위한 학생운동의 연계 투쟁과 민족통일·민주쟁취·민족해방투쟁을 목표로 제시했다.

이어 전학련은 제12대 국회 개원에 즈음하여 학생들의 공개 '청원서'를 발표했다. 청원서에는 ① 대학 내의 민주 자치 권리를 최대한 보장할 것, ② 학원 문제 전반에 걸친 문교부 장관과 전학련 대표의 공개 토론을 개최할 것, ③ 양심수를 사면하고 석방할 것, ④ 광주사태 진상조사위원회를 설치할 것, ⑤ 수입 개방화 정책을 시정할 것 등이 담겼다.

1985년 4·19혁명 25돌을 맞아 무역학과 3학년 학생들이 주도하여 교내 시위가 전개되었다. 나는 이날 150여 명이 참석한 가운데 수유동 4·19탑에서 거행된 기념식에 참가하느라 교내 집회에는 불참했다. 전경이 4·19탑 입구 사거리를 봉쇄하는 바람에 그들과 충돌했는데, 이때 전경과 백골단은 무차별적인 폭력으로 우리를 진압했다. 나는 겨우 그곳을 빠져나왔는데, 전병무

(국사 4) 형이 경찰에 연행되었다가 훈방되었다. 그로부터 나흘 뒤인 4월 23일 오후 3시경, 나는 100여 명과 함께 학교 앞에서 "매국 방미 결사반대"라는 현수막을 앞세우고 지나가는 자동차에 유인물을 나눠줬는데, 전경이 출동하는 바람에 학교 안으로 들어와 교문을 사이에 두고 5시 30분까지 시위를 이어갔다.

그해 5월 9일 오후 1시경, 우리 학교 민주광장에서 우리 학교를 비롯해 서울 북부지역 내 성균관대·한성대·성신여대·덕성여대 등의 학생 500여 명이 참여한 가운데 전학련 북부 평의회 결성식을 열었다. 이날 전경은 12시경부터 학교 앞과 후문 쪽 버스 정류장을 임시 폐쇄하고 북악터널 통행을 차단했다.

결성식 사회는 이승용 총부학생회장이 맡았고, 개회 선언, 국민의례, 5월 항쟁 희생자에 대한 묵념, 각 대학 총학생회장 소개, 민속굿예술연구회의 진혼굿, 축가, 성명서 낭독 순으로 진행됐다. 이날 "지금까지와 같은 각 대학 단독의 개별 투쟁에서 벗어나 지역 차원의 연합 전선으로 학생운동의 역량을 확인하고 투쟁성을 강화하겠다."며 각오를 다지는가 하면, "북부지역 평의회를 결성하면서"라는 유인물을 배포하여 광주 학살 등과 관련하여 정부를 비판했다.

행사가 끝난 후, 500여 명은 "광주 원흉 엄단하라" 등의 구호를 외치며 스크럼을 짜고 교문 밖으로 진출을 시도했으나 전경이 최루탄을 쏘며 이를 저지했다. 이에 미리 준비한 50여 개의

1985년 5월 9일 전학련 북부 평의회 결성식

화염병과 20여 개의 불붙인 솜방망이를 던지며 격렬히 저항하다 3시 45분경 2호관 앞에서 해산했다. 이날 시위로 서클연합회장 전병무, 민속굿예술연구회 회장 양동호(중문 3), 총학생회 사회부장 권혁철(정외 3) 등이 연행되기도 했다.

5월 17일 오후 1시에 총학생회와 전남향우회가 공동으로 주최한 '광주 민중항쟁 추모제 및 실천대회'가 민주광장에서 열렸다. 이날 12시 이후의 수업 거부를 결의하여 대부분의 수업이 휴강했다. 나는 500여 명의 학생과 함께 시위에 참여했다. 행사는 광주 영령에 대한 묵념, 헌작과 분향, 제문 낭독, 재배, 광주 민중항쟁 진상 보고, 광주 민중항쟁의 역사적 의의와 의미 발표, 성명서 낭독, 광주 민중학살 원흉 화형식 순으로 진행됐다. 그러는 동안에 참여 학생은 600여 명으로 늘어났다.

1부 청년 노동운동가 김윤기의 삶과 투쟁

1시간여에 걸쳐 실천대회를 마치고 학생들은 200여 명씩 세 대열로 나뉘어 교내를 행진한 후 오후 2시 20분경 교문 밖으로 진출하고자 했으나, 이번에도 전경이 쏜 최루탄에 막혔다. 우리는 이에 맞서 투석전을 벌이거나 100여 개의 화염병과 50여 개의 불붙인 솜방망이를 던지며 격렬히 저항했다. 5시 40분경 시위를 마치고 민주광장에 다시 모여 광주 민중항쟁에 관한 구호를 외치고 애국가, 교가 제창 후 '민주화운동 만세' 삼창을 한 뒤 해산했다. 이날 시위로 민속굿연구회의 양동호(국사 3) 외 10여 명이 부상을 당했다. 양동호는 병원에서 경찰에 연행되었다.

5월 24일 저녁 7시경에는 우리 학교와 성균관대·경희대·덕성여대 등 서울 시내 7개 대학생 200여 명이 도봉구 미아5동 대지극장 앞에서 "우리는 왜 미문화원에 들어갔는가"라는 유인물을 뿌리며 10여 분간 시위하다가 강제 해산되었다.

그해 5월에는 서클연합제가 무산된 일로 학생처장실을 점거 농성했고, 전학련 투쟁에 동참했다. 8월에는 방학 중임에도 학원안정법과 관련한 시위를 전개했고, 개강 직후 9월 민주개헌쟁취투쟁위원회 발대식, 10월에는 군부독재 타도, 민족자주 쟁취, 민중민주정권 수립을 위한 실천대회를 개최했으며, 11월에는 구속학생대책위원회가 민정연수원을 점거, 방화했다. 12월에는 민정연수원 사건으로 구속된 학생 석방을 위한 서명과 모금 운동을 벌였다.

1985년 어느 날, 그날도 교내 시위가 있었고 정문에서 전경과 대치했다. 물론 그들 가운데는 무시무시한 사복경찰 체포조인 백골단도 끼어 있었다. 그들에게 잡히면 무자비한 폭행이 다반사였기에 학생들에게는 두려움의 대상이었다. 정문을 가운데 두고 전경과 대치하던 때 최루탄이 난무하면서 학생들이 전경과 백골단에 밀리는 상황이 되었다. 학교 정문에서 전경과 대치하며 최루탄이 터지고 학생 전투조가 화염병을 던진 후 각목을 들고 정문에서 전경과 몸싸움하며 버틸 때 나는 항상 전투조 중에서도 가장 선봉에서 끝까지 싸웠다. 1, 2학년들에게 투쟁의 모범을 보여주어야 했을 뿐만 아니라 정문을 막아주어야 전경이 학내로 못 들어오고 학교 안에서 집회할 수 있기에 그랬다.

　　또 언젠가는 청문회 후배들을 데리고 며칠 동안 밤이 되면 삼양동 일대 골목 구석구석을 다니며 도시빈민 강제 철거를 비롯한 전두환 군사 독재정권의 비민주적이고 폭압적인 행태를 알리는 유인물을 배포하곤 했다.

　　아마 내가 3학년 때의 일로 기억하는데, 어둑어둑한 새벽에 경찰이 집에 찾아온 적이 있었다. 어머니께서 이들을 맞았는데, 경찰은 다짜고짜 내 방을 볼 수 있느냐고 다그쳤다. 어머니께서는 이른 시간이라 식구들 옷이라도 챙겨입어야 한다고 둘러대며 좀 기다리라고 하셨다. 그러고선 자고 있던 나를 재빨리 깨우며 아버지께서 누워 계신 안방 다락에 숨도록 하고서는 이불로

가렸다. 그 뒤 어머니는 아무 일도 없던 듯이 경찰들에게 방안을 확인해 보라고 하셨다. 경찰들이 방안에 들어와 살펴보니 안방에는 간경변증으로 통통 부은 아버지께서 누워 계시고, 그 옆에 어린 선미가 자는 것을 보더니 그냥 돌아갔다. 어머니께서는 내가 훗날 옥고를 치를 때에 면회를 오셔서는 "네가 그날 잡혀갔으면 어땠을까?"라고 말씀하시곤 했다. 안타까운 심정에서 그리 말씀하신 것이지만, 나는 아무 말도 못 하고 고개만 떨구었다.

1986년 4학년 청문회 활동

1986년 나는 어느덧 대학 4학년생이 되었다. 이때 어머니께서는 나더러 군대 가라고 하면서 등록금을 내주지 않으셨다. 나는 어머니의 뜻을 거스르고 선배의 도움으로 융자를 받아 그해 4월 2차에 겨우 등록금을 납부했다. 그때 나도 모르게 매우 불안해했고 알지 못할 괴로움도 컸다. 대학을 졸업할 것인가, 기득권을 내려놓고 노동운동 현장으로 투신할 것인가를 선택해야만 했다. 물론 군대도 나에게는 커다란 문제 중 하나였다. 그럼에도 독재 탄압과 부조리한 사회에 대해 분노하고 거대한 세력과 맞서 싸우기로 했지만, 나 자신이 한없이 작게만 느껴졌다. 뭔가 세상을 변혁하는 일에 매진하고 싶은데, 내가 할 수 있는 일이 너무도

민민학련의 〈반제 반파쇼 민족 민주 투쟁선언문〉

없다는 현실에 부딪힌 것이다. 사회운동과 학내를 연결하는 고리가 상대적으로 적었던 우리 대학의 현실이기도 했다. 이때 청문회 13기 유민석(국문 81) 형 등이 전역했고, 복학한 선배들을 찾아가 이런저런 얘기를 많이 나눴다.

이 무렵부터 학생운동에 큰 변화가 일기 시작했다. 1985년 노선투쟁을 두고 분파하면서 크게 두 그룹이 형성되었다. 1986년 3월 21일 서울대에서 반제반파쇼민족민주화투쟁위원회(민민투)가 결성되었고, 4월 11일에는 반미자주화반파쇼민주화투쟁위원회(자민투)가 결성되었다. 민민투와 자민투는 노선 차이에 관한 논쟁의 수준을 넘어서 서로 격렬하게 감정적으로 대립했다. 민민투는 자본주의의 계급 문제를 강조하면서 개헌 투쟁은 민중이 중심이 되어 '헌법제정 국민의회'를 구성해야 한다고 주장했다. 이와 달리 자민투는 주체사상의 영향을 받아 한국을 미국의 식민지로 규정하고 개헌 투쟁보다 '반미운동'을 전개할 것을 주장했다.

처음에 자민투는 개헌운동보다 반미운동을 강조했으나, 전국적인 개헌운동 확산을 보면서 '직선제 개헌론'을 지지하기 시작했다. 반면에 민민투는 직선제 개헌론을 개량주의적이라고 비판하면서, 1986년 4월 29일 전국 30개 대학 3,000여 명이 연세대에 모여 전국반제반파쇼민족민주학생연합(민민학련)을 결성했다. 이때 발표한 투쟁선언문의 핵심은 "군사파쇼헌법의 철폐와 민족민주헌법의 쟁취를 5월 투쟁의 제1명제로서 정립하며, 이를 위한 가열찬 반제반파쇼투쟁을 전개한다."라는 내용이었다.

나 또한 이 자리에 참석했다. 민민학련은 인천5·3민주항쟁에 적극 참여했다. 민민학련·민민투는 직선제 개헌을 지지하지 않았지만, 전국적인 개헌 투쟁 열기를 '혁명적 정세가 형성되는 시기'로 판단했다. 서로 노선은 달랐지만, 독재정권이 주도하는 '보수대연합'에 대해서는 매우 비판적이었고, 신한민주당(신민당)이 내각제 또는 이원집정부제로 전두환 정권과 정치적으로 타협할 것이라는 의혹을 품고 있었다.

3. 인천5·3민주항쟁 활동과 감옥 투쟁

1986년 인천5·3민주항쟁 활동

나는 1986년 인천5·3민주항쟁에 참여했다. 당시 신민당은 창당 한 달 만에 치러진 1985년 2·12 총선에서 일대 돌풍을 일으키며 제1야당으로 자리매김했다. 전두환의 철권통치도 균열을 보이기 시작했다. 신민당은 이러한 기세를 몰아 대통령 직선제 개헌을 요구하며 민주화 투쟁에 불씨를 지폈다.

이를 기회로 1986년 2월 12일부터 '개헌을 위한 1천만 서명운동'이 시작되었다. 이후 3월 11일 서울을 시작으로 부산, 광주, 대구, 대전, 청주 등 전국 주요 도시에서 개헌추진위원회 결성대회가 개최되었다. 초기에는 신민당과 김대중·김영삼이 주도하는 민주화추진협의회(민추협)가 중심이었으나, 30만 명이 운집한 광주에서 신민당 측이 자제를 요구하는데도 '광주 학살 책임자 처벌' 구호가 등장했다. 10만 명이 모인 대구에서는 재야단체인 민주통일민중운동연합(민통련)이 신민당과 별도의 대중집회를 조직해서 대회를 진행하는 양상을 보이기 시작했다.

민통련은 대중운동 단체의 연합인 '민중민주운동협의회(민민협)'와 명망가들의 조직체인 '민주통일국민회의(국민회의)'가 1985년 3월 통합하면서 결성된 단체다. 급부상한 신민당에 상응하는 강력한 재야 통합체가 필요하다는 지적에 따른 것이었다. 이후 그해 9월 '민주화운동청년연합(민청련)', '서울노동운동연합(서노련)' 등이 조직되었고, 여러 개신교 운동단체 등이 가입하면서 민통련은 해방 후 가장 폭넓은 운동 연합체로 성장했다.

민통련은 "국민의 민주화 열망에 부응하여 범민주 세력의 전열을 정비하고, 군사독재 종식을 위한 민주·민권·민족통일운동에 총력을 기울일 것"을 결의했고, 주체는 민중이어야 한다는 노선을 분명히 했다. 이에 민통련은 노동자·농민·철거민 등의 생존권 투쟁을 적극 지원하는 한편, 신민당의 직선제 개헌운동과 연대하며 민주헌법 쟁취 투쟁에도 적극적으로 나섰다.

1986년 4월 28일에는 서울 신림사거리에서 서울대 학생들이 전방 입소 반대 시위를 하던 중 이재호(서울대 정치 4), 김세진(서울대 자연대 학생회장, 미생물 4)이 분신하는 일이 벌어졌다. 이재호는 '전방입소훈련전면거부 및 한반도미제군사기지화 결사 저지를 위한 특별위원회' 부위원장을 맡고 있었다.

그런데 돌연 김대중과 김영삼 등의 야권은 "소수 학생의 반미,

제물포역

주안역

시민공원역

인천5·3민주항쟁의 주요 장소

용공, 과격 시위를 반대한다."라는 성명을 발표하는가 하면, 전
두환이 개헌 논의를 수용하면 가두 서명을 그만두겠다며 정권에
타협적인 태도를 보이기 시작했다. 이런 가운데 5월 1일 메이데
이 투쟁에 3만 명이 모여 노동자가 정치투쟁을 시작했고, 민통
련은 신민당을 보수 대야합 집단이라고 강력히 비난하면서 '민
주화를 위한 국민연락기구(민국련)'를 탈퇴했다.

그해 5월 2일 나는 전방 입소 거부, 민주화 등을 요구하며 교
내 시위를 주도했고, 이날 노동자·학생 등 운동권은 5월 3일 인
천에서 열리는 신민당 개헌추진 결성대회에 참가할 것을 결정했
다. 이에 나는 청문회 선후배들에게 제물포역 집결을 전달했다.

1986년 5월 3일, 개헌추진위원회 인천시지부 결성대회 장소
인 인천시민회관 앞 광장(현 시민공원역 일대) 주변에 인천은 물

론이고 서울에서 온 많은 대학생과 노동자가 엄중한 경계를 뚫고 운집해 있었다. 경기도경찰국은 전날인 5월 2일 저녁 9시부터 5월 3일 새벽 5시까지 3,759명의 경찰을 동원해 '5·3대비 인천 일원 일제 검문검색'을 실시했다. 숙박업소 1,053개소를 포함한 1,271개소를 수색했고, 시위용품 81종 1,240점을 압수했다. 또 경기도경찰국은 자체 병력 35개 중대 4,690명, 서울과 부산을 비롯한 타 시도 지원 인력 45개 중대 6,030명, 모두 80개 중대 1만 720명을 동원해 오전 9시에 시민회관 주변 주요 지점을 봉쇄하고 진압 작전을 대비했다. 경찰은 시민의 시위 참여를 막고 시위군중의 동선을 제한하기 위해 전경을 행사장 100~200m 앞까지 근접 배치했다.

이런 가운데 서울·인천 지역 수십 개 대학의 학생운동 조직인 민민투, 자민투뿐만 아니라 서노련, 인천지역노동자연맹(인노련), 인천지역사회운동연합(인사련), 인천지역민주노동자연맹(인민노련), 인천지역노조협의회(인로협), 민통련 등 노동·사회·기독교 계열의 다양한 운동권이 결집했다. 일반 시민도 참가했다. 노동자가 조직적으로 참여하게 된 것은 인천이 '노동운동의 메카'였기에 가능했다. 1984년부터 인천을 비롯한 수도권 지역의 노동 현장에서 대량 해고 사태가 발생하자, 노동운동탄압저지투쟁위원회(노투), 한국노동자복지협의회 인천지역협의회(인천노복), 인천지역노동3권쟁취위원회(3권투위) 등이 결성되어 지역 내 연

1986년 인천5·3민주항쟁 당시 시위대가 내건 구호가 담긴 각종 플래카드(위)와
경찰 차량을 점거한 채 태극기를 들어 보이는 시위대

대 투쟁을 전개했다. 1986년 2월에는 1980년대 초에 진행된 노투, 노복, 3권투위를 비롯한 인천지역 노동자 투쟁을 수렴하는 조직으로 인노련이 결성되었다.

이렇듯 대부분의 '조직'이 노선을 불문하고 참가했다고 해도 과언이 아닐 정도였다. 대회 시작 전부터 격렬한 시위가 벌어졌다. 정부가 대규모의 전경을 투입하여 신민당 지도부가 시민회관으로 입장하지도 못하면서 대회는 무산되었다.

인천시민회관이 자리한 주안 일대는 '해방구'나 마찬가지였다. 2만여 명의 시위대는 2km가 넘는 경인로를 가득 메웠고, 오후가 되면서 스크럼을 짜고 화염병과 돌을 던지며 전경과 충돌했다. 이때 민정당 인천지구 당사 일부가 불탔다. 시위대는 신민당의 각성을 요구하고 이원집정제 개헌 반대를 외치며 국민 헌법 제정과 헌법제정민중회의의 소집 등을 외쳤다.

그런데 수도권 지역의 모든 운동권 정파가 총집결했으나, 통일된 지도부도, 사전에 합의된 계획도 없었다. 시위자들은 신민당을 재벌, 미제와 결탁한 기회주의 집단이라 비난하는가 하면, 파쇼 타도와 삼민 헌법을 촉구하는 등 다양한 요구를 쏟아냈다. 단결된 구호는 없었지만, 직선제 개헌만큼은 한목소리를 냈다. 그날 수만 장의 유인물이 하얗게 광장을 메웠다. 이후 자민투, 민민투 등은 거리 행진을 벌였다. 자민투는 주안동의 석바위 방향으로 진출했는데, 나와 청문회 회원들은 민민투 세력과 함께

동인천으로 진출했다.

　오후 5시 무렵, 돌연 경찰의 대대적인 진압 작전이 시작되었다. 일부는 바리케이드를 치기도 했지만, 집회는 화염병과 최루탄으로 격렬했다. 이날 경찰의 강경 진압에 모두 319명이 연행되었고 나중에 129명이 '소요죄'로 구속되었는데 나도 포함되었다. 당시 우리 대학 학생으로는 민족민주투쟁위원장 유왕선(국사 4) 선배가 수배 명단에 포함되었고, 김희란(국사 3)과 홍성관(토목 1)도 구속, 기소되었다. 나는 미추홀구 용현동 인천버스터미널에서 삼화고속을 이용하여 용케 그곳을 빠져나왔다. 그런데 내가 서울역 종점에서 내렸을 때 불심검문에 체포되었다. 당시 나는 시위에서 뿌려졌던 이런저런 전단지를 지니고 있었다. 이때 연행된 사람들과 함께 엄청난 구타와 고문을 당했다. 후에 김희란은 서울지검으로, 홍성관은 나와 함께 인천지검으로 이송되었다.

〈시위계획서〉

□ 주최: 전국반제반파쇼민족민주학생연맹, 전국반제반파
　　쇼노동자투쟁위원회

□ 행사명: 광주 학살 원흉 처단, 미제국주의 처단과 헌법제
　　정민중회의 쟁취를 위한 범 민중 궐기대회

□ 개최 시간: 13:00

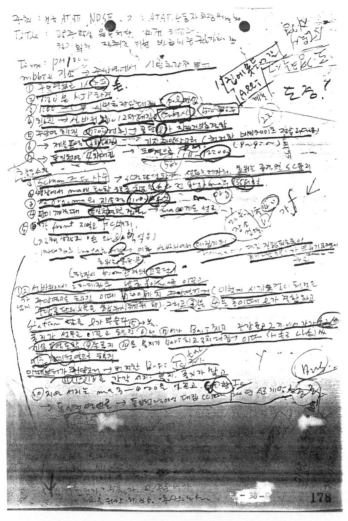

전국반제반파쇼민족민주학생연맹, 전국반제반파쇼노동자투쟁위원회가
작성한 시위계획서 원문

□ 동원 장소: 주안역에서 시민회관 쪽 블록

□ 진행 순서

① 13:00 주안역 부근 주동자 1명 모(毛)[●] 초기 시위 개시.

② 13:30 민주정의당 인천시 제1지구당사 타격.

③ 13:40~50분 시민회관 앞 대중집회 개최와 정치 연설.

④ 14:00 석바위 지역으로 행진, 2차 대중집회 개최와 화형.(17:00 전후)

⑤ 19:00 전후 주안역 행진 → 주안 공업단지 노동자가 잔업을 거부 후 시위에 합류.

⑥ 20:00~21:00 제물포역에서 3차 대중집회 개최, 가장 취약한 고리이므로 철저한 바리케이드 설치와 스크럼으로 대응.

⑦ 동인천역에서 4차 대중집회 개최 이후, 경기도경찰국 앞으로 진출하여 23:00~24:00 5차 대중집회 개최.

□ 행동 수칙

① 스크럼 절대 사수 → 스크럼이 절단당할 때 선두는 제자리에 있고, 후위는 공격형 스크럼을 유지.

② 현장에서 대중에 대한 지도는 시위주동자와 전 조직 대중이 이슈 파이팅으로.

[●] 시위주동자를 뜻하는 당시 학생운동 은어.

③ 전 조직 대중은 지속적인 선전 선동.

④ 시위 대열, 집회가 깨질 때 동인천역으로 집결하며, 대중에게도 공개적으로 선전.

⑤ 경찰과 물리적 접전이 발생하는 각 지역은 야전사령관(FC)을 배치. 진행 상황은 (학생운동) 시위주동자와 노동자(주동자)가 각각 역할 분담을 통해 공유.

- 시민회관 인근 1차 대중집회 후 선두(vangauard)는 서울 서부지역평의회 대학(연세대·서강대·이대 등)이 담당하고, 후위는 남부지역평의회 대학(서울대·중앙대·숭실대 등), 동부지역평의회(고려대·외대·경희대 등), 북부지역평의회(성균관대·국민대 등)가 담당하기로 함.

- 이후 석바위 지역에서 대중집회를 개최. 선두는 서부지역이 담당하고, 대중집회 진행되는 동안 후위는 남부지역, 동부지역, 북부지역이 담당하되, 분위기 고양이 중요함.

- 시위행진 시에는 50m 간격으로 높은 지역에 시위주동자를 배치하여 시위 대열 유도.

□ 지역별 계획(지도 참조)

- 1차 대중집회를 ① 주안역 ② 시민회관 사이(선두: 서부지역평의회, 후위: 남부지역평의회 등)에서 개최. ③ 민주정의당 지구당사를 타격한 그룹이 선두그룹에 합류.

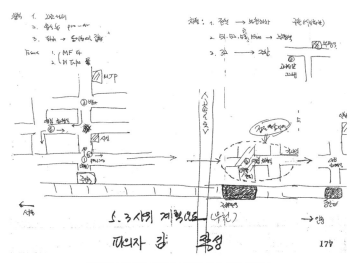
시위에서 체포된 학생이 작성한 5·3 시위 계획도

- 2차 대중집회와 화형식을 ④ 석바위 지역에서 개최.
- 2차 대중집회 후, 남부지역·동부지역·북부지역 평의회가 대중을 이끌고, 주안역으로 행진. 이때 19:00까지 주안역 점거, 19:00까지 대중집회(시간을 조절한 이유는 공업단지의 노동자들을 시위에 합류시키기 위함), 북부지역평의회와 노동자 중심으로 주안역과 공업단지를 막고 있는 ⑤ 주안역의 담을 철거하여 잔업을 거부하고 시위에 합류하고자 하는 노동자들과 결합. ⑥ 제물포역으로의 행진은 동부지역평의회가 선두를 이끌고 행진, 북부지역평의회에서는 주안1동 파출소 지역, 남부지역평의회에서

1부 청년 노동운동가 김윤기의 삶과 투쟁

는 무늬목 공장 지역, 서부지역평의회에서는 전매서 인천
항, 주유소 지역에 바리케이드 설치하여 시위 대열을 보
호. 2개의 중간 육교에서 2명의 시위주동자가 선전 선동.
- ⑦ 제물포역 도착 후 3차 대중집회 개최하고 주동자는
  학생운동 3명, 노동운동 1명이 담당.
- 동인천역에서 4차 대중집회 개최.

나중에 들은 얘기지만, 내가 체포되었다는 소식을 들으시고
어머니께서는 가슴이 철렁 내려앉으셨다고 한다. 그도 그럴 것
이 어머니께서는 내가 학교에서 무슨 일을 하고 있는지는 전연
모르고 그저 학교를 잘 다닐 거로 생각하셨는데, 아들이 체포되
었다는 소리는 청천벽력 같았을 것이다. 이때 어머니께서 인천
경찰서에 한걸음에 달려오셨는데, 면회가 금지되어 나는 어머니
를 만나지 못했다.

투옥과 구치소 투쟁

나는 1986년 5월 5일 1차로 57명과 함께 구속되었고, 5월
15일 '집회 및 시위에 관한 법률(집시법) 위반'으로 입소하여, 다
음 날인 5월 16일 영장이 집행되었다. 5월 19일 오전에 검찰은

중간 수사 결과를 발표했다. 이에 따르면, "신민당 개헌 추진 인천·경기지부 결성대회 및 현판식과 관련하여 극렬 문제 학생, 재야단체원, 일부 불순 근로자들이 인천 도심지에서 급진 좌경 구호를 외치면서 방화, 파괴, 납치, 폭행 등을 자행한 폭력 소요 사태가 사회 안정을 해침은 물론 국기마저 위협하는 중대한 사건으로 보고 수사력을 총집중하여 수사를 전개하고 있다."라며 허위 사실을 유포했다.

검찰은 또한 "급진좌경 활동과 격렬한 폭력 소요를 자행해 온 민민투와 체제 전복 기도 등의 범죄 전력이 있는 장기표, 정동년 등이 핵심 간부로 활동하고 있는 민통련 및 그 가맹단체 소속원 등이 소요를 주도했다."라며 우리를 용공분자로 몰아갔다. 게다가 "'인천을 해방구로', '해방인천 만세', '천만 노동자 해방 투쟁 만세', '미일 외세 몰아내고 민중정권 수립하자', '민주헌법 쟁취', '노동자 농민 피땀 짜는 미 제국주의 몰아내자' 등과 같이 북괴의 상투적인 대남 선전·선동과 현저히 유사한 내용"이 인천에서 나타났다며, "일차로 민정당사를 타격하고 최종적으로 경기도경을 점거한다는 내용의 치밀한 난동 소요 계획을 수립, 그 계획에 따라 폭력시위를 전개했다."라며 허위 사실을 날조했다.

우리 57명은 5월 23일 인천구치소 5사상 13개 방에 갇혔다. 그 뒤 우리는 검찰청 302호로 불려 가서는 정진국 검사로부터 조사받았다. 그로부터 8일이 지난 5월 31일, 나를 포함하여 35명은 인천지법에, 나머지 22명은 서울지법에 기소되었다.

식구들이 받은 충격은 컸다. 무슨 일인가 싶었을 것이다. 어머니께서는 거의 매일 지하철을 타고 먼 그곳까지 찾아오셨다. 오로지 못난 아들이 면회 때나마 바깥 공기를 마시게 해 주고 싶으신 심정이셨을 것이다. 한 번은 구치소 측에서 구속자 가족들의 면회를 허락하지 않고 철문을 닫아버린 적이 있었다. 이때 어머니께서는 그런 용기가 어디에서 나왔는지 모르겠지만, 철문에 올라가서 넘어가려고 하셨다. 이때 교도관들이 깜짝 놀라서는 사고가 날까 염려하여 문을 열어준 적도 있다. 그런 일이 두 번이나 있었다. 하지만 어머니께서 면회 오실 때마다 나는 너무 죄송해서 얼굴을 들지 못했다.

그해 6월 초, 돌연 검찰 측이 공소 내용을 '집시법 위반'에서 형벌이 더 무거운 '소요죄'로 변경한다는 사실이 전해졌다. '집시법 위반'은 "집단적인 폭행, 협박, 손괴, 방화 등으로 공공의 안녕질서에 직접적인 위협을 끼칠 것이 명백한 집회 또는 시위"에 대해 1년 이하의 징역이나 100만 원 이하의 벌금을 규정했다. 그와 달리 '소요죄'는 1년 이상 10년 이하의 징역이나 금고 또는 1,500만 원 이하의 벌금에 처하도록 하여 형량이나 벌금이 훨씬 컸다.

'소요죄'는 1919년 3·1운동, 1960년 4·19혁명, 1964년 한일회담 반대 운동, 1979년 부마민주항쟁, 1980년 5·18 광주민주화운동 등에 적용한 바 있었다. 즉, 일제가 독립운동을 탄압하기 위해 만든 법을 해방 후 독재정권이 이에 대항하는 민주 시민을 탄압하는 도구로 쓴 것이다.

1986년 6월 7일, 나는 인천5·3민주항쟁으로 수감된 동지들과 함께 공안당국의 과도한 덧씌우기 탄압에 맞서 단식 투쟁을 결의하고 6월 13일 중식까지 1주일 동안 식음을 전폐하며 매일 4회에 걸쳐 10~20분간 '소요죄' 철회를 외쳤다.

한편, 6월 12일 '5·3인천시위 구속자 가족의 호소문'이 작성되었다. 내용은 다음과 같다.

안녕하십니까?

저희는 5·3인천시위 구속자의 가족들입니다.

국가보안법 위반죄, 소요죄 등 저희 자식들에게 붙여진 엄청난 죄명의 부당함에 너무 억울하고 답답하여 이렇게 호소합니다.

이 땅에서 자식 키우는 부모 된 것이 죄인지, 다른 모든 부모님과 마찬가지로 저희 역시 그것이 옳은 일이라 할지라도 자식이 데모라도 하다가 잡혀가면 어쩌나 염려하면서 자식들을 키워왔습니다. 좌경 의식화된 학생운동이니 극렬 폭력시위니 하는 매스컴의 보도와 개헌운동을 마치 혁명운동이나 되는 듯이 불온시하는 당국자의 말에 그저 가슴만

조이고 구속 학생들에 관해서는 그저 남의 일로 여기고 있었습니다.

그런데 지난 5월 3일 소위 인천 사태라는 것이 발생하고 저희 아들, 딸 들은 돌아오지 않았습니다.

도대체 어떻게 된 것일까. 시위 대열에 가담하였다가 붙잡힌 것이나 아닐까 하는 조바심과 불안감에 속만 태웠습니다. 며칠 뒤 신문은 극렬 좌경적인 폭력 사태 가담자로 저희의 아들, 딸이 구속되었음을 발표했지만, 자식의 소재가 어디며 어떤 혐의로 구속되었는지 도무지 확인할 수가 없었습니다. 애타는 마음으로 찾아 헤맨 지 열흘이 넘어서야 겨우 면회를 했습니다만 지극히 선량하고 평범해 보이던 이 아이가 어떻게 해서 소위 극렬 폭력 사태에 가담하였다는 것인지 이해할 수 없었습니다. 구속된 지 한 달 가까이 되어 저희 아들, 딸 들은 국가보안법 위반죄, 소요죄 등으로 기소되었고, 다른 구속자들은 기소유예로 석방되었습니다. 면회를 통해, 또 풀려나온 사람들의 이야기를 통해서야 어떻게 해서 이 아이들이 그런 엄청난 죄인으로 만들어졌는지를 조금씩 알게 되었습니다.

저희가 단연코 말씀드릴 수 있는 것은 이 아이들이 각본에 따라 죄인으로 만들어졌다는 것입니다. 이 아이들이 겪은 조사 과정이란 우선 형사들이 연행자들에게 마구 욕을 해

대며 구둣발로 차고 주먹으로, 몽둥이로 사정없이 때려 완전히 공포 분위기를 조성하고 그 뒤 '돌멩이 소지 투석', '방화' 등 그들이 요구하는 대답이 나올 때까지 매질을 계속하는 것이었다 합니다. 매질에 견디다 못해 돌멩이를 만지지도 않은 대부분의 학생이 돌멩이를 소지하고 투석한 폭력 행위자, 극렬시위자로 만들어지고, 자민투란 단체가 무엇인지도 알지 못하는 학생이 자민투 소속으로 만들어졌다는 것입니다. 방화 죄목이 씌어져 있는 이상명(인하대 4년), 이용주(인하대 3년 제적) 두 학생의 경우도 시위 당일 결코 방화한 적이 없으며 계속되는 폭언과 무자비한 폭행을 통해 강제로 덮어씌운 것이 인천시위 관련 구속자들의 혐의 사실이라 한다면, 이들에 대한 공소는 사실무근이라 하지 않을 수 없습니다.

그러나 무엇보다도 경악하지 않을 수 없는 것은 기소된 이들에게 시위 주동이라 하여 소요죄를 적용한 것입니다. 우선 경찰이 밝힌 기소, 기소유예의 선별 기준이라는 것도 '시위 전력이 없고 반성의 빛이 뚜렷' 운운하여 객관적 타당성을 전혀 인정할 수 없습니다. 시위 전력만 있으면 무조건 주동이라는 논리가 어떻게 성립할 수 있다는 것입니까? 경찰의 진압 작전에 10분도 채 안 되어 해산되어 버린 인천시위가 부마사태와 광주사태와 어떻게 같다는 것입니까?

인천시위 중의 과격한 양상만을 골라서 보도하게 하고, 여론 재판을 통해 인천시위를 극렬 좌경 분자의 폭력 사태로 호도하려 하는 저의가 아니고서는, 인천시위를 용공으로 조작하려는 저의가 아니고서는 결코 소요죄를 적용할 수 없을 것입니다. 만천하에 공개된 신민당 개헌 집회에 참여했다고 집시법을 적용하는 것도 부당한 일이거늘, 하물며 소요죄를 적용한 것은 천부당만부당한 일입니다.

또한 저희는 작금의 구속자 석방에 대해서도 답답한 마음을 금할 길이 없습니다. 수년 전부터 요구되어온 민주화가 개헌 요구로 집약되고, 그러한 국민의 압력에 밀려 현 정부가 개헌을 공언하게 된 이상, 민주화 투쟁과 관련하여 구속된 모든 양심수의 석방은 당연한 것입니다. 그 많은 구속자 중에서 단순 집시법 위반자만 선별하여 석방한다는 당국의 공언은 도대체 무엇입니까?

앞으로 이루어질 개헌이 진정한 민주화가 되려면 구속자 전원이 석방되어야 합니다.

국가보안법 위반죄, 소요죄 등 자신들에게 붙여진 죄목의 부당함에 결연히 항의하여 지난 토요일부터 6일째 계속되고 있는 저희 아들, 딸 들의 단식을 애타는 마음으로 지켜보면서 저희 아들, 딸 들에게 적용된 소요죄가 철회되고 이들과 더불어 이 땅의 모든 양심수가 전원 석방되도록 여러분께서 힘써 주실 것을 호소합니다.

우리의 간절한 바람을 다음과 같이 표합니다.

1. 인천시위 구속 기소자에 대한 소요죄 적용은 철회되어
   야 한다.
2. 인천시위 관련자를 포함한 양심수 전원이 석방되어야
   한다.
3. 인천 사건에 대한 용공 조작은 즉각 중단되어야 한다.
4. 신민당은 책임지고 인천시위 관련자 전원을 석방시
   켜라.

1986. 6. 12.

5·3인천시위 구속자 가족 일동

　나중에 안 사실이지만, 인천5·3민주항쟁 이후 지명수배되어 잡혀 온 이재영(당시 인천대 총학생회장)은 검은 천으로 눈을 가린 채 어디론가 끌려가서 며칠 동안 일명 통닭구이·물고문을 당했다고 한다. 이때 공안당국은 그에게 재야 세력과 연대해 인천시 경을 습격하여 무기를 탈취한 다음 인천을 해방구로 선포한 뒤에 청와대로 진격, 국가를 전복하려 했다는 허위 사실을 자백하라고 강요했다고 한다. 이를 통해 당시 전두환 군사 독재정권이 인천5·3민주항쟁을 어떻게 악용하려 했는지 여실히 알 수 있다.

이와 관련하여 그해 6월 16일 5·3인천시위 구속자 가족 일동은 5·3인천시위 구속자에 대한 폭행·고문 사실을 폭로하는 성명서를 냈다. 내용은 다음과 같았다.

〈성명서〉

1. 우리는 왜 농성 투쟁을 시작하였는가?

인천시위와 관련하여 구속 기소된 인천교도소 수감자 37명 전원이 지난 6월 7일부터 13일까지 7일간 '소요죄 적용 철회', '양심수 전원 석방', '민중을 기만하고 양심수 팔아먹는 보수연합 분쇄', '용공 조작 중지' 등 4개 항을 요구하며 단식투쟁을 했습니다.

매스컴을 통한 대대적인 용공 매도, 노골적인 여론 재판, 대량 구속과 수배를 속수무책으로 당하기만 했던 우리 5·3인천시위 구속자 가족들은 면회조차 금지된 가운데 사랑하는 자녀들의 목숨을 건 단식투쟁을 피가 마르는 심정으로 지켜볼 수밖에 없었습니다.

연내 개헌이 기정사실로 되고 현 정권 스스로도 민주화를 부르짖는 오늘의 시국에 온갖 고문과 폭행을 통해 애국청년 학생들에게 엄청난 죄목의 굴레를 덮어씌우는 악독한 음모가 진행되는 것을 보고 우리는 실로 경악과 분노를 금할 수 없습니다.

우리의 아들, 딸 들은 5월 3일 연행되어 구속된 지 열흘이 넘도록 외부와 접촉이 일체 금지된 채 각본에 예정된 죄목을 자백하도록 가공할 만한 폭행과 고문을 당하였고, 그 결과 고통에 못 이겨 형사가 부르는 대로 허위자백을 하고 만 것입니다. 우리는 우리의 사랑하는 혈육들에게 가해진 참혹한 고문에 대한 치 떨리는 분노를 가슴에 안고 그들의 정당한 민주화 투쟁을 옹호하고 고문을 수단으로 현 정권이 만들어낸 조작극을 만천하에 폭로하기 위해, 그리하여 고문·폭행 책임자를 인간의 존엄성의 이름으로 처단하기 위해, 지난 12일부터 신민당사 농성 투쟁을 시작했습니다.

구속자 면회를 통해, 또 기소유예로 석방된 사람들의 증언을 통해서 지금까지 밝혀진 고문의 실상은 다음과 같습니다.

2. 인천시위 관련 구속자에 대한 잔악한 폭행·고문 사실을 폭로한다.

경찰은 인천경찰서, 동부경찰서, 부천경찰서, 부평경찰서 등 네 곳에 구속자를 구금하였는데, 가족이 겨우 알아내 찾아가더라도 "상부의 지시로 면회가 금지되었다."고 하면서 면회를 허용하지 않았습니다. 그 기간 동안 자기들 마음대로 허위자백을 강요하면서 고문·폭행을 가했던 것입니다.

구속자들의 증언을 들어보면, 4개 경찰서 중 특히 부천경찰서와 부평경찰서에서 폭행이 심했다 합니다. 폭행은 전

1부 청년 노동운동가 김윤기의 삶과 투쟁

경들에게 붙잡혀가는 도중, 경찰서에서 조사받기 전에 대기하는 2~3일 동안 집중적으로 조사받던 과정에서 이뤄졌습니다.

⑴ 부평경찰서에서는 연행되고 처음 이틀 동안은 전경 내무반에서 두 시간씩만 재우고 두 끼만 먹인 채 전경 놈들이 마구 짓밟고 곤봉으로 때렸으며 누운 상태에서 손과 발을 45°로 치켜세우는 기합을 주는 등 무수한 매와 고통을 주었습니다(이현경, 황효정, 박병무 증언). 특히 송영임 양의 경우 디스크 수술을 받은 적이 있어 사정했지만, "이년이 거짓말을 한다."라며 군홧발로 가슴을 밟고 허리를 짓이겼다고 합니다. 이렇게 이틀을 보낸 후 형사들로부터 조사를 받게 되었는데 매 맞는 것은 물론이고 박병무 외 수 명에게는 물 먹이기, 통닭구이, 쇠 곤봉으로 때리면서 진술서 쓰기를 강요했습니다(특히 부평경찰서 임영기 형사).

⑵ 부천경찰서에서는 각 담당자가 우선 구둣발, 주먹, 몽둥이로 마구 폭행을 가하면서 "너희 같은 것들은 죽여서 내버린들 누가 알 것 같으냐."라고 위협, 살벌한 공포 분위기를 조성한 후, 조사에 들어갔습니다. 김창식 군의 경우 "누구랑 같이 왔느냐, 네가 주동 중의 하나다." 등등 미리 준비한 허위 조서를 강요하면서 거꾸로 매달아

놓고 고춧가루 탄 물을 마구 부어 넣었으며, 네발로 땅바닥을 기게 하면서 여러 명이 마구 걷어차댔으며, 황언구 군은 쇠몽둥이로 얻어맞고 무릎 사이로 곤봉을 끼워놓고 앉힌 채 발로 짓이겼습니다. 그리고 여학생들을 눕히고서는 가슴 위로 올라가 입을 틀어막은 채 불붙인 담배 두 개를 코에 꽂고는 "맛 좀 봐라, 이년아!" 하며 낄낄거렸고, 또한 "옷을 벗기겠다. 개 같은 년 가랭이를 찢어 죽이겠다. 애새끼도 못 낳게 만들겠다." 등등 차마 입에 담지 못할 욕설을 해댔습니다.

(3) 동부경찰서에서는 박종문 군의 경우 조사받기 전에 이미 곤봉, 군홧발, 방패 등으로 돌림매를 놓았고, 조사가 끝난 뒤 저녁 수면 시간에도 세면장으로 끌고 가 옷을 전부 벗긴 후에 머리를 욕조 물속에 처넣는 일을 몇 시간씩 자행했으며, 특히 박 군은 이상명(부평) 군과 이용주(인천) 군을 민정당사 방화범이라 자백할 때까지 마구 폭행을 당했고, 매에 못 이겨 그렇다고 고개를 끄덕이자 이번에는 이상명 군과 이용주 군에게 방화 사실을 자백하라고 주리를 틀고, 곤봉, 주먹, 군홧발로 마구 때렸습니다.

경찰들은 '돌멩이 소지, 투석'을 인정할 것, 투석했던 돌의 수(50개, 100개)에 ○표 하기, 자민투, 민민투에 ○표하기, 배후를 댈 것 등 미리 쓸 내용을 불러주고 그대로 쓰기를 강요했으며, 거부할 경우는 또다시 고문을 반복해 공포·고통에 못 이겨 거짓 진술서를 쓸 수밖에 없었습니다.

잔악한 폭행 때문에 검찰청에 송치될 때는 걸음을 제대로 걷는 자가 없었고, 인천교도소장도 "학생들이 기어서 들어왔다."는 말을 했습니다. 결국 이렇게 하여 우리 아들, 딸 들은 극렬시위의 주동자로 만들어졌던 것입니다. 인천, 부평, 동부, 부천 경찰서에서 잔인무도하게 자행되어 온 폭력 고문 사실과 4개 경찰서에서 색출된 일부 주동자라고 불리는 수 명이 인천도경 대공분실에서 온갖 협박과 고문 속에서 허위자백을 강요받았던 것입니다.

이상과 같이 우리의 자녀들이 가혹한 고문으로 신음하고 있을 때 서울노동운동연합 근로자들 역시 보안사에서 잔인무도한 고문에 몸부림쳤으며, 민통련 등 민주화운동 단체에 대대적인 탄압이 가해졌던 사실을 접하면서 우리는 피가 끓는 분노와 함께 조국의 장래에 대해 심각한 우려를 하지 않을 수 없습니다.

순수한 애국청년·학생·노동자 들을 극렬시위 주동자로 조작하고 인천시위를 극좌분자들의 폭력 사태로 매도하는 정부 당국의 속셈은 결국 민주화운동을 용공으로 매도하여 대대적으로 탄압하려는 것 이외에 무엇이겠습니까?

이에 우리는 인천시위 관련 구속자에 대한 고문 사실을 대대적으로 폭로하고, 그들을 포함한 양심수 전원이 석방되는 날까지 온 힘을 기울여 싸워나갈 것입니다.

우리의 주장

1. 폭행·고문 책임자들 엄중히 처단하라!

2. 인천시위 구속자에 대한 소요죄 적용을 즉각 철회하라!

3. 5·3인천시위에 대한 용공 조작을 중지하라!

4. 양심수를 전원 석방하라!

1986. 6. 16.

5·3인천시위 구속자 가족 일동

우리는 무리한 소요죄 적용은 향후 법정에서 치열하게 다퉈나가기로 하고 단식을 풀었으나, 얼마 뒤 천인공노할 사건이 터졌다. 그것은 검사 취조(검취)를 다녀온 이재영(인천대)과 이용주(인하대)가 호송차에서 여자 사동에 수감된 권인숙(서울대)을 만났는데, 그가 부천경찰서에서 문귀동 형사에게 모진 성고문을 당해 죽기를 각오하고 싸우려고 하니, 남자 사동에 수감된 5·3동지들도 함께 싸워주기를 바라더라는 소식이었다. 비장함이 감돌았다.

6월 25일 전후쯤이다. 저녁 8시가 되면 취침나팔이 구치소의 재소자들에게 하루의 마감을 알린다. 인천구치소는 주변이 황량한 벌판이었기에 해가 떨어지고 저녁이 되면 사방은 칠흑같이 어둡고 적막했다. 그때 저 멀리 여자 사동에서 "성고문 자행하는 폭력 경찰 문귀동을 처단하라!"는 나지막한 여성들의 울림이 들렸다. 이미 두 동지로부터 '빵투'(감옥 투쟁)를 전달받은지라 우리 또한 그 소리에 맞춰 "강간 경찰 처단하라!"는 구호를 외치며 감옥 문을 발로 차고 쇠창살을 플라스틱 밥그릇으로 드르륵드르륵 긁어댔다. 이는 마치 천둥소리와 같이 구치소에 퍼져나갔다.

다음 날, 어머니께서 면회를 오셨다. 나는 파란 수의 등에 흰 치약으로 "강간 경찰 처단하라"는 글귀를 쓰고 교도관을 따라나섰다. 당시 재소자 면회 시 교도관 1명이 동행하도록 규정돼 있었다. 나는 교도관을 따라가면서 "강간 경찰 처단하라!"라며 구호를 외쳤다. 그러자 여기저기서 엄청난 수의 경비교도대가 달려들었다. 나는 그들을 피해 이리저리 줄행랑을 치며 계속해서 구호를 외쳤다. 하지만 결국 나는 그들에게 번쩍 들려 입이 틀어 막히고 치약으로 구호를 써놓은 수의가 벗겨진 채 다시 사동 안에 갇혔다. 그 과정에서 격분한 나와 동지들은 "전두환 똥개!"라는 거친 욕설과 "살인 정권 타도! 강간 경찰 처단! 접견 제한 철폐!" 등을 외쳤다.

그들의 강력한 물리력 앞에 우리가 할 수 있는 투쟁은 매우 제한적이었다. 이에 우리는 감방의 재래식 화장실에서 변을 퍼서는 교도관들과 경비교도대에게 뿌리며 격렬하게 저항했다. 눈에 보이는, 던질 수 있는 물건도 모두 던졌다. 우리가 수감된 5사동은 흡사 전쟁터를 방불케 했다. 얼마나 지나서였을까? 교도관들과 경비교도대가 물러나면서 잠시 소강상태가 되었다.

즉시 우리는 단식투쟁을 결의하고 6월 29일 중식부터 7월 4일 석식까지 거식 투쟁을 이어갔다. 이때 매일 3~4회씩 20~30분 동안 "강간 경찰 처단하라!", "접견 제한 철폐하라!" 등의 구호를 외쳤다.

'부천서 성고문 사건'의 내막은 다음과 같았다. 1986년 당시 서울대 의류학과 재학생 권인숙은 주민등록증을 변조한 후 노동운동을 위해 취업했다가 적발되었다. 이후 그는 1986년 6월 6~7일 이틀에 걸쳐 부천경찰서에서 조사를 받았다. 그런데 당시 부천서 문귀동 경장은 인천5·3민주항쟁 관련 수배자의 소재지를 파악한다며 권인숙에게 성고문을 가하며 진술을 강요했다. 이는 6월 26일경 외부로 알려지게 되었다.

이후 권인숙은 한국여성단체연합과 함께 '부천경찰서 성 고문 공동대책위원회'를 결성하고, 사건이 발생하고 20여 일이 지난 7월 3일 문귀동 경장을 강제추행 혐의로 고소했고, 7월 5일 변호인단은 문귀동 경장과 부천경찰서장 등 관련 경찰관 6명을 독직·폭행 및 가혹행위 혐의로 고발했다. 그러자 문귀동 경장은 해당 사실을 은폐한 채 권인숙을 명예훼손 및 무고 혐의로 맞고

소했다.

그런데 그해 7월 16일 발표된 검찰 조사 결과는 가해자를 옹호하고 피해자를 모략하는 내용으로 채워져 있었다. 이후 권인숙은 단식 농성에 들어갔고, 재야 민주 세력과 대책 기구는 검찰의 조사 결과를 전면 거부하는 성명서를 냈다. 7월 19일 명동성당에서는 '고문, 성 고문, 용공 조작 범국민폭로대회'가 열렸고, 각종 집회가 전국적으로 퍼져갔다. 사회적 반응은 매우 폭발적이었다. 그러나 검찰과 민정당, 언론은 좌경 의식화된 집단이 성을 정치 수단으로 악용하고 있다며 사실을 왜곡했다.

이후 검찰은 사건을 은폐·축소하면서 문귀동 경장에게는 기소유예를, 관련 경찰관 5명에게는 무혐의 결정을 내렸다. 이에 권인숙 변호인단은 검찰의 결정에 불복해 재정신청을 냈으나 번번이 기각당했다. 변호인단은 이에 굽히지 않고 대법원에 재항고했으며, 1988년 1월 재정신청이 받아들여지며 특별검사가 임명되었다. 그 결과 1989년 3월 문귀동에게 징역 5년의 실형이 선고되었다. 이 사건은 공권력의 횡포와 부도덕성, 인권탄압의 실상을 폭로한 대표적인 사례로 꼽힌다.

내가 수감된 인천 미추홀구 학익동의 인천소년교도소는 주로 중범죄를 저지른 10대 소년들을 수감했는데, 1980년대 들어 이른바 '시국사범'이 늘어나자 우리도 그곳에 수감되었다. 당시 검찰이 작성한 나의 '범죄' 사실은 다음과 같았다.

피의자 김윤기는 국민대학교 경상대학 무역학과 4학년에 재학 중인 학생인 바, 평소 민중과 지식인, 한국경제의 실상과 허상 등의 이념 서적을 탐독하고 현 시국에 불만을 갖고, 현 정부를 비방하는 내용인 미제 파쇼의 심장부에 죽창을 꽂자는 등의 유인물 및 스티커를 소지하고, 신한민주당 개헌현판식에 참석하여 불법 시위할 것을 마음먹고, 1986년 5월 3일 14:00경부터 같은 날 17:30경 사이에 인천 남구 주안동 소재 시민회관에서 신한민주당 경인지부가 개최하는 개헌결성대회에 참석하여 1,000여 명의 군중이 운집하여 시위하는 것을 보고 그 시위 때에 합세하여 "군부 독재 타도하자, 군부 파쇼 타도하자, 노동삼권 보장하라"는 등의 구호를 외치며 행진하여 불법시위에 적극 가담하고 이를 진압하려는 경찰관에게 돌을 던져 경찰관의 정당한 공무집행을 방해하고 공공의 안녕질서를 해한 것이다.

인천소년교도소에는 나를 포함하여 35명이 수감되었다. 명단은 다음과 같았다(가나다순).

강경문(서울대), 강성중(청주대), 권오광(동양피스톤·해직근로자), 김경숙(해직근로자), 김경식(안동대), 김교홍(인천대), 김동범(성균관대), 김수영(연세대), **김윤기(국민대)**, 김진표(한양대),

1부 청년 노동운동가 김윤기의 삶과 투쟁

1980년대 학익동 인천소년교도소 전경

김창식(해직근로자), 문미숙(인천대), 민춘기(인하대), 박병무
(인노련), 박종문(인하대), 손영임(숭의전문대·해직근로자), 송민
정(인천대), 신정기(인하공전), 온태희(신민당원), **이병철**(해직근
로자), 이상용(숭전대), 이승민(서울의대), 이재영(인천대), 이헌
필(성균관대·해직근로자), **이현경**(아남전기·해직근로자), 장순용
(서강대), 조은옥(해직근로자), 주성종(명지대), **최경규**(해직근로
자), **최인호**(서울대), 한휘석(서울대), 현철(해직근로자), **홍성관
(국민대)**, 황언구(연세대·해직근로자), 황효정(인하대)●

● 밑줄과 강조 표시는 필자.

이들은 대개 대학 재학생, 중퇴생과 졸업 후 공장에 들어가 노동운동을 하다 들어온 해직근로자였다. 우리는 5사동에서 1층 2번 방부터 13번 방까지 2~3명씩 나뉘어 수감되었다. 나는 4번 방에 갇혔다. 5사동은 기다란 2층 건물이었는데, 외부에서 출입문으로 들어오면 긴 복도가 있고, 복도를 따라 왼쪽으로 1번 방부터 15번 방까지 일렬로 배치되었다. 방마다 복도를 향해 철문 아래쪽에 식구통이 있고, 벽마다 쇠창살 안쪽에 비닐 창문이 하나씩 나 있는 구조였다.

우리는 각 방에 나뉘어 수감되었기에 서로의 얼굴은 보지 못했지만, 매일 복도 쪽으로 난 창문에 얼굴을 대고는 큰 소리로 통방하면서 정보도 나누고 토론도 했다. 당시 나의 수감 번호는 3114번이었다. 가까이 지냈던 김수영은 3103번, 이재영은 3124번이었던 것으로 기억한다. 이때 나는 동지들에게 노래를 가르쳐주곤 했다. 내가 한 소절 선창하면 다른 동지들이 따라 부르는 식이었다. 나는 유독 신경림 시인의 시에 곡을 붙인 노래를 즐겨 부르곤 했는데, 지금도 생각나는 노래는 〈돌아가리라〉이다.

모내기 전에 돌아가리라. 황새 떼 오기 전에 돌아가리라.
정 참판네 하인들 눈 뒤집고 우릴 찾는다 해도.
두 팔을 들어 어깨를 끼고, 열이 아니다 스물이 아니다.

빼앗긴 땅 되찾으려다 쫓겨난 우리는 모두 형제들이다.

찔레꽃이 지기 전에 돌아가리라. 새우젓 배 오기 전에 돌아
가리라.

그 어느 한 곳 찾아 목숨 걸 건가. 이 억센 주먹을 불끈 쥔 채.

돌아가리라. 돌아가리라. 두 팔 들어 어깨를 끼고

돌아가리라. 돌아가리라. 이 억센 주먹을 불끈 쥔 채

이 억센 가슴 어디에 쓰랴. 더딘 봄날 푸진 햇살만

등줄기에 따스운데 잠 덜 깬 연이는 나를 수줍게 웃네.

이 억센 다릴 어디에 쓰랴. 그의 몸에선 비린 물내음

그의 몸에서는 신 살구 내음. 취할 듯 진한 살구꽃 내음

이 억센 주먹을 어디에 쓰랴. 부엉이가 울고 여울이 울고

여울 속에서 이무기 울고. 새벽하늘 성근 별 헛헛한 가슴

돌아가리라. 돌아가리라. 두 팔 들어 어깨를 끼고

돌아가리라. 돌아가리라. 이 억센 주먹 불끈 쥔 채

― 〈돌아가리라〉

우리가 각자의 방에서 나올 수 있는 경우는 세 가지뿐이었다.
아침에 세수할 때, 외부에서 면회 왔을 때, 하루에 한 차례 있는
30분가량의 운동시간이었다. 그 외 한 달에 한 번 있는 목욕 시
간 말고는 온종일 방에 있어야만 했다. 운동은 보통 한 사람씩

하는 게 규칙이었는데, 워낙 한꺼번에 많은 수의 '시국사범'이 들어오다 보니 교도관 운용 등의 한계가 있어 편법으로 대개 두 개의 방 사람들을 한꺼번에 운동시켰다. 우리는 5사 건물 옆에 높은 담을 둘러친 20평 정도의 작은 운동장에서 축구공을 차며 운동을 하곤 했다.

1986년 6월 말경 인천소년교도소에 있을 때, 나는 처음으로 부모님께 편지를 썼다.

부모님께.

날씨가 무척이나 더워지고 있습니다. 아버님 병환은 좀 어떠신지 궁금합니다. 선미는 학교에 잘 다니고 있겠지요. 여기는 너무 걱정하지 않으셔도 제 할 일은 잘 알아서 할 것입니다.

제가 구속이 된 지도 벌써 두 달이 다 되어 갑니다. 많은 걱정을 하신 줄 알고 있습니다. 제가 처음 대학에 가려고 결정하였을 때는 그동안 찌들고 찌들어서 먹을 것, 입을 것 제대로 가리지도 못하면서 저희를 가르치시고 키우시느라 고생하시는 부모님과 저희 집과 같은 어려운 처지에 있는 사람들에게 능력이 닿는 대로 도움을 주면서 소박하게 살아갈 생각을 하였던 것입니다.

대학에 들어와서 세상 넓은 줄 알고 어려운 줄 알았습니다.

그 어려움은 개인의 의지, 즉 저의 소박한 희망과는 무관하게 힘들게 가난하게 살아가는 사람들은 또다시 한구석에서 저와 같은 생각을 하며 한숨지으며 살아갈 것이라는 생각을 하게 되었던 것입니다. 저의 가난이라는 문제는 저만이 아니라 모든 사람의 공통 과제이고, 이 목적을 달성하기 위하여 서로는 서로를 속이고 짓밟고 위에 올라서는 아수라장의 세상이 되었던 것입니다. 언젠가 한 번은 경동시장에서 리어카를 끌고 밀고 하면서 두 길이나 되는 채소더미를 가지고 씨름을 하고 있는 것을 보고는 퍼뜩 우리가 채소가게 하던 때의 아버지 어머니 생각을 했습니다. 처음 보는 사람들이지만 가까운 친척이나 되는 것처럼 친근하고 다정스럽게 느껴졌습니다. 단순히 남이 아니라 나와 같이 한국에 사는 동포, 내가 그 사람과 같고 그 사람들이 나와 같은 한국인이고 같은 피, 같은 살, 같은 생각들을 가지고 살아가는 사람이었던 것입니다. 입학 당시의 소박한 저의 희망은 거대한 포부로 바뀌었습니다. 가족만이 아니라, 어머님 아버님 그리고 영기, 선미만이 가족으로서 존재하는 것이 아니라, 모든 사람이 가족으로 느껴졌습니다. 모든 가난하고 억눌리는 사람의 행복을 위해서 저는 살아가려고 했습니다.

가족에게, 특히 부모님께 걱정을 끼쳐드린 것은 죄송합니다. 그 이외의 잘못에 대한 용서를 빌라고는 하지 말아주시기 바랍니다.

여기에서의 일과는 단순하면서도 언제 시간이 가는 줄 모르게 잘 지내고 있습니다.

오전 6시에 기상하여 청소, 세면, 운동을 하고 아침을 먹는 시간이 8시, 점심은 1시, 저녁은 6시. 아침 이후 저녁 식사 시간 이전까지 20여 분간 3m 담 밑에서 운동을 하고 나머지 시간은 대부분 책을 읽고 있습니다. 저녁 8시에 취침나팔을 불지만 잠을 자는 사람은 거의 없고 이야기나 책을 보곤 합니다. 또한 토론도 자주 하고 있습니다.

저는 여기서 답답하긴 하지만, 몸은 건강하게 지내고 있습니다.

너무 걱정하지 마시고 편히 계시기 바랍니다. (선미도 잘 있어라, 편지 하고)

이상 줄이겠습니다.

윤기 올림

이후 재판이 진행되면서 저마다 사정이 있어서 35명 가운데 절반 정도가 '반성문'을 작성하고 집행유예로 풀려났다. 이때 나는 몇 번이고 검사로부터 반성문 작성을 권유받았지만, 거부했다.

나를 포함한 20명은 재판에 회부되어, 7월 19일부터 9월 26일까지 100일 가까이 1심 재판을 받았다. 재판은 상당히 파행적이

부모님께

날씨가 무척이나 더워지고 있습니다. 아버님 병환은 좀 어떠신지 궁금합니다. 어머니, 학교에 잘 다니고 있겠지요. 저는 너무 걱정하시지 않으셔도 제 할일을 잘 알아서 하겠습니다.

제가 구속이 된다고 길게 두달여 다가서 갑니다. 많은 걱정을 하신걸 알고 있습니다. 제가 처음 대학에 갈려고 결심 하였을 때는 그런 세대의 절망에서 작으나마 일신 제대로 기어서 국제먼저 지식을 쌓아서고 키워내 고생하시는 부모님과. 저와 집과 같은 어려운 처지에 있는 사람들에게 능력이 닿는대로 도움을 주면서 소박하게 살아갈 생각을 하였었던 것입니다.

세계에 태어나서, 세상 살이 좀 알게 되면서 단맛봅니다. 그 어려움은 개인의 의지 즉 자기 소박한 희망과는 무관하게 힘들게 가난하게 살아가는 사람들은 또다시 한구석에서 자기 같은 생각을하며 민주적이며 살아갈 길이다 생각을 하게 되었던 것입니다. 사회, 개인이라도 문제는 저만이 아니라 모든 사람들의 공동과제이고 이 목적을 달성하게 위하여 서로를 서로를 속이고 짓밟고 위에 올라서는 다스려짐이 세상이 되었던 것입니다. 언제나 화면은 같은 시장에서 리어카를 끌고 빌고 하면서 두걸러나 되는 채소더미를 가지고 시름을 하고 있는 것을 보고는 퍼뜩 우리가 채소가게라던 때의 아버지 어머니 생각을 했습니다. 처음보는 사람들이지만 가까운 친척이나 되는 것처럼 친근하고 다정스럽게 느껴 졌습니다. 당연히 남의 아니라 나와 같이 한데에 사는 품도 내가 그사람과 같고 그사람들이 나와 같은 관점이고 같은지 같은삶 같은 족속들을 가지고 살아가는 관념이 연연 것이나 일화 당시의 소박한 저의 희망은 거대한 화면으로서 바뀌었습니다. 가족만이 아니라 어떤 이웃임. 그리고 연기 안에 넘어 가족으로서 흔례하는 것이 아니라. 모든 이웃들이 가족으로 느껴졌습니다. 모두 이웃들이 행복을 위해서 가는 삶이 살려고 했습니다.

건강하고 이민혜올림

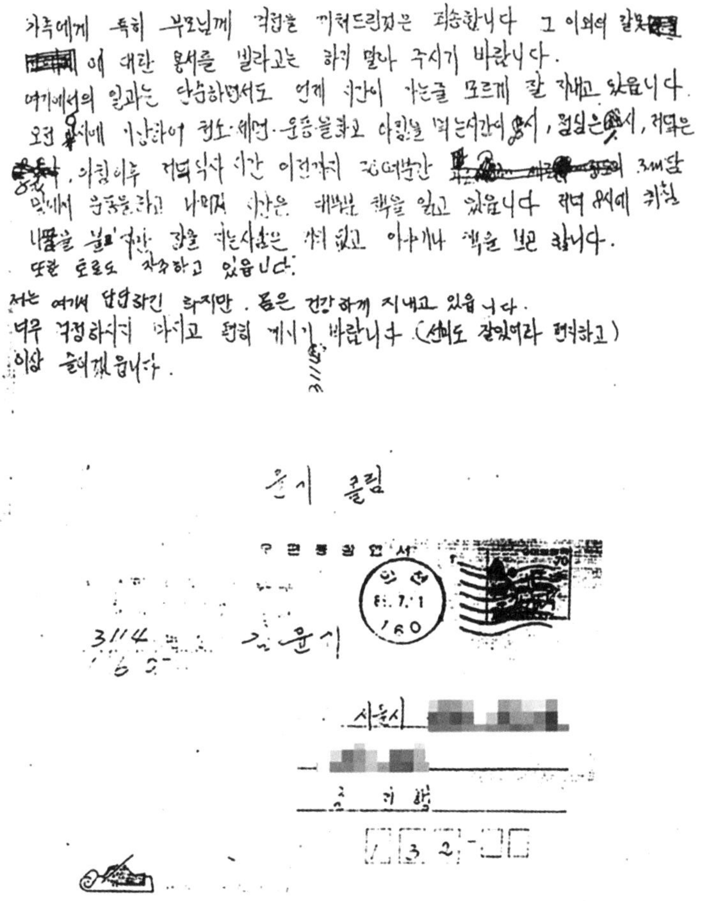
가족에게 특히 부모님께 걱정을 끼쳐드린것은 죄송합니다 그 이외의 잘못
에 대한 용서를 빌라고는 하지 말아 주시기 바랍니다.
여기에서의 일과는 단순하면서도 언제 시간이 가는줄 모르게 잘 지내고 있읍니다.
오전 6시에 기상하여 청소·세면·운동을하고 아침을 먹는시간이 8시, 점심은 12시, 저녁은
6시. 아침이후 저녁식사 시간 이전까지 20여분간 3세달
밖에서 운동을하고 나머지 시간은 대부분 책을 읽고 있읍니다 저녁 9시에 취침
나팔을 불기 전까지는 잠을 자는사람은 거의 없고 이야기나 책을 보곤 합니다.
또한 토론도 자주하고 있읍니다.
저는 여기서 답답하긴 하지만. 몸은 건강하게 지내고 있읍니다.
너무 걱정하시지 마시고 편히 계시기 바랍니다 (선희도 잘있어라 전해주고)
이상 줄이겠읍니다.

윤기 올림

3114 김윤기

서울시 [redacted]
[redacted]

132-

1986년 6월에 김윤기 열사가 인천소년교도소에서 부모님께 처음으로 보낸 편지

며 사상 초유의 과정으로 진행됐다. 처음에는 우리가 재판부를 불신해서 거부한 경우가 있었고, 재판 기일이 잡혀 몇 차례 진행될 때는 오전 10시에 시작해서 오후 10시를 넘기는 경우가 허다했다. 그럴 때 재판을 마치고 구치소로 돌아오면 밤 12시가 넘었다. 무료변론을 맡은 최영도·장석화 인권변호사들은 사상 초유로 재판기록을 여러 번 갱신할 정도였다.

우리는 재판 내내 1979년 12·12군사반란을 일으키고, 1980년 5월 민주화를 부르짖는 광주시민을 무참하게 총칼로 짓누르고 정권을 찬탈한 전두환 군사독재정권의 야만성을 통렬히 비판했다. 그러면서 우리의 투쟁은 그러한 불의한 권력에 맞선 것이기에 정당했음을 강조했다. 그런데 전두환 군사독재정권은 인천 5·3민주항쟁을 국가를 전복하려는 '불순세력의 폭동'이라는 올가미를 씌우려는 술책을 부렸다.

그럴수록 우리는 그들의 악랄한 시위 진압을 폭로했고 이를 신랄하게 비판했다. 특히 페퍼포그(가스차) 차량이나 최루탄 적재 트럭을 시위대 쪽으로 무도하게 돌진시킨 점 등은 우리를 더욱 자극해 폭력성을 유발하려는 술책이었음을 강조했다.

나를 포함한 20명은 7월 19일 오전 10시경 인천지법 101호 법정에서 합의부 재판장 김권택 판사 앞에서 첫 재판을 받게 되었다. 그런데 우리는 재판을 거부하고 대기실에서 "소요죄 철회하라!", "5·3사태 악용 말라!", "관제 재판 철회하라!" 등의 구호를 외쳤고, 결국 재판은 7월 26일 오전으로 연기되었다.

이때 우리 20명은 교도관들에 의해 법정에서 강제로 끌려 나왔다. 방청석과 피고인 대기실에서 우리는 항의를 계속했고, 법정은 온통 난리가 났다. 이날 대학 후배였던 홍성관은 징역 장기 2년 단기 1년 6개월 구형을 받았다. 이후 그는 8월 1일 집행유예로 풀려났다. 재판을 거부했던 19명은 수감 생활을 이어나갔다. 이들 명단은 다음과 같다(가나다순).

강경문(서울대), 권오광(동양피스톤·해직근로자), 김동범(성균관대), 김수영(연세대), **김윤기(국민대)**, 민춘기(인하대), 박병무(인노련), 박종문(인하대), 방은호(성균관대), 손영임(숭의전문대·해직근로자), 유원모(안동대), 이상용(숭전대), 이용주(인하대), 이재영(인천대), 이헌필(성균관대·해직근로자), 이현경(아남전기·해직근로자), 주성종(명지대), 한휘석(서울대), 황언구(연세대·해직근로자)●

이후 인천소년교도소 측은 한 방에 3명씩 생활하던 방식을 바꿔 2명으로 조정했는데, 방 배치는 우리에게 자율권을 주었다. 남은 사람들은 각기 대학이 달랐고, 5년 이상 노동운동에 투신한

───────────────

● 밑줄과 강조 표시는 필자.

1부 청년 노동운동가 김윤기의 삶과 투쟁

사람들이었다. 대학생 대부분은 비교적 대화가 잘 통하는 학년이 비슷한 사람들끼리 같은 방을 쓰길 원했다. 그러다 보니 당시 인하대 자원공학과 2학년이었던 민춘기는 짝을 찾지 못해 혼자 방을 쓰게 되는 상황에 놓였다. 이때 나는 그에게 다가가 같이 있자고 제안했고, 그 역시 선뜻 동의하면서 같이 생활하게 되었다.

7월 26일 11시 40분경 재판이 다시 열렸다. 우리는 지난번과 달리 재판정에 들어섰는데, 이번에는 재판이 비민주적으로 진행된다며 이를 거부하여 5분 만에 재판이 끝나고 8월 23일 11시로 다시 연기됐다. 우리는 "폭력 정권 타도하자!" 등의 구호를 외치며 퇴정했다.

나와 동지들은 옥중 투쟁을 이어나갔다. 8월 8일, 이날 누군가 '강제 검취가 폭력'이라고 외치자, 다른 이들도 이에 동조하여 따라 외쳤다. 이 일로 나는 독방에 갇혔다. 미결 2사 독방에 수용 중이었던 나는 8월 9일 오후 1시 30분경 접견 종료 후 직원의 입실 제지를 뿌리치고 약 100미터 떨어진 5사에 뛰어들었다. 나를 독방에 감금한 처벌에 대한 항의 표시였다. 이 일로 독방 기간은 3일로 늘어났다. 이후 나는 8월 12일 독방에서 풀려나 5사 4번 방에 갇혔다. 8월 15일에는 동지들과 함께 조식부터 8월 18일 중식까지 취식을 거부하면서 "폭력 교도관 처벌하라!" 등의 구호를 매일 3~4회씩 20~30분 간격으로 외쳤다.

9월 6일은 결심공판이 있는 날이었다. 그날 10시부터 인천지법 합의부 101호 법정에서 공판이 진행되어 오후 4시 30분까지 이어졌다. 이날 나는 입정하면서 방청석에 노심초사하며 앉아 계시는 어머니의 얼굴을 힐끗 볼 수 있었다. 그사이에 못난 아들 걱정에 많이 초췌해지신 얼굴을 보니 억한 마음을 짓누르기 힘들었다. 윤규한 판사가 증인 및 검사 심리를 종결한 뒤 남충현 검사가 5년을 구형했다. 1년 정도로 생각했는데, 5년을 구형하여 내심 놀랐다. 어머니께서도 너무 큰 충격을 받아 눈앞이 깜깜하셨다고 한다.

9월 22일 선고 기일이었다. 오전 10시, 법정에 들어갔지만, 검사 구형에 불만을 가진 우리는 다시금 "군부 독재 타도하자!", "미제 축출하자!" 등의 구호를 외쳤고, 결국 판결 선고는 나흘 뒤로 미뤄졌다.

9월 26일 인천지법 합의부 101호 법정에서 윤규한 판사가 19명에 대해 판결을 선고했다. 이날 재판부는 "피고인들은 다중이 모인 가운데에서의 폭행, 협박, 손괴 행위 등에는 직접 가담하지 않았기 때문에 소요죄가 구성되지 않는다고 주장하나, 피고인들의 행위에 가담한 사실이 피고인들의 자백과 관계 자료 등에 의해 명백히 밝혀진 이상, 피고인들도 책임이 없다고 볼 수 없다."라고 전제하면서, "경찰의 해산 종용은 경찰의 의무이자 권리이며 책무이기 때문에 경찰의 치안 질서 유지를 위한 정당한 해산 조치에 응하지 않고 화염병과 돌을 던진 것 등은 정당방

인천 5·3민주항쟁 관련자 선고를 보도한 《동아일보》 1986년 9월 26일 자. '김윤기(22·국민대 무역 4)'의 이름을 확인할 수 있다.

위로 볼 수 없는 위법"이라고 판결했다. 이때 나를 비롯한 12명은 징역형을 선고받았고, 나머지 7명은 집행유예로 풀려났다. 나는 징역 1년을 선고받았다.

박병무 징역 3년 6월(7년), 이용주 징역 2년 6월(7년), 이재영·이상명·김수영 징역 2년(7년), 박종문·강경문 징역 1년 6월(5년), **김윤기**·민춘기·주성종·김동범 징역 **1년**(5년), 이헌필 징역 8월(5년)●

집행유예: 이현경·방은호·유원모·권오광·황언구·손영임·한휘석

영등포교도소 수감과 감옥 투쟁

1986년 10월에 나를 포함한 12명은 영등포교도소로 이감되었다. 영등포교도소는 서울 구로구 고척동에 있다고 하여 '고척호텔'로 불렸다. 당시 수형번호는 4255번이었다. 영등포교도소는 6만 7,696㎡의 터에 세운 14개 동의 교도소에 800여 명을, 42개 동의 구치소에 1,500여 명을 수용할 수 있었다. 당시 영등포교도소는 시국사범 증가로 감방이 모자랄 정도였다. 처음에 대학생이 들어오면 독거방을 배정했는데, 숫자가 늘면서 일반 재소자와 같은 방에 넣을 수밖에 없었다. 학생들이 몰려 있으면 안 된다고 하여 대학생들을 두서너 방 건너 한 명꼴로 배정했다.

이때 영등포교도소에는 이름난 민주 투사들이 투옥되어 있었다. 1974년 유신헌법에 반대하며 '대통령 긴급조치 1호' 첫 번째 위반자로 징역 12년을 선고받았던 백기완, 민청학련 사건의 배후로 지목되어 재판에서 6년 4개월의 선고를 받은 김지하, 1986년 민청련 사건으로 실형 선고를 받은 김근태 등 1970~1980년대 민주화를 외치던 재야운동가들도 복역했다.

특히 인천5·3민주항쟁 주도 혐의로 이부영(당시 민통련 사무처장)도 이곳에서 복역 중이었다. 당시 교도소 관계자들은 그에게

● 괄호 안의 숫자는 검찰의 구형량. 밑줄과 강조 표시는 필자.

1990년대 영등포교도소 전경

집단구호, 단식 등으로 저항하는 학생들을 설득해달라고 부탁하
곤 했다. 이부영 사무처장은 재소자 대표로 교도소 측과 협상하
곤 했는데, 학생들은 그를 통해 요구조건을 제시했다. 주로 법무
부가 금지한 책을 반입해달라는 것이었다.

그들 외에도 '국시(國是) 파동'으로 신한민주당 유성환(대구
중·서구) 의원도 수감되어 있었다. 그는 1986년 10월 14일 국회
대정부질문에서 "대한민국 국시는 반공보다 통일이어야 한다."
라고 말했다고 하여 면책특권이 있는데도 국가보안법 위반 혐의
로 구속됐었다. 그는 이곳에서 9개월가량 있다가 1987년 7월 보
석으로 풀려났다.

이렇듯 민주화운동을 하다 잡혀 온 인사들은 교도소 내 특별

사동에 수감됐다. 특별사동은 네 번째 감시대 망루 바로 아래에 있었다. 특별사동은 1986년 말부터 소위 '정치범'을 수감하기 위해 전국 교도소, 구치소에 지어지기 시작했다. 그 둘레는 높은 담으로 둘러쳐서 외부와 차단하고 사람과 접촉하는 것을 철저히 막았다. 감옥 속의 감옥이었다. 그 안에서 무슨 소리를 질러도 절대 밖에서 들을 수 없었고, 사람이 그곳에서 죽어 나가도 알수가 없었다.

영등포교도소에서는 매일 저녁 8시 점호를 마치면 연세대 81학번 박래군 선배가 '민중의 소리' 방송을 시작했다. 그는 쇠창살을 부여잡고 쩌렁쩌렁한 목소리로 바깥세상의 소식을 전했다. 방송은 운동가요로 시작해서 전두환 정권을 규탄하는 구호로 끝났다.

전국 교도소에 양심수 학생들이 넘쳐나던 때, 옥중투쟁위원회를 만들어 바깥의 민주화실천가족운동협의회(민가협, 1985년 12월 양심수 가족들로 구성된 인권단체)와 연대하여 정치투쟁을 이어갔다. 그때까지만 해도 노래를 부르고 구호를 외쳐도 교도소 측에서는 강하게 제지하지 않았다. 워낙 양심수들이 많던 때라 공안당국도 유연한 태도를 견지했던 것으로 보인다.

당시 학생운동을 비롯하여 노동운동 등 여러 운동단체의 역량이 성숙하고, 전두환 정권을 향한 대정부 투쟁이 더더욱 거세지면서 구속자 수가 기하급수적으로 늘어나자, 교도 당국은 변

1부 청년 노동운동가 김윤기의 삶과 투쟁

화를 꾀했다.

특히 1986년 '학생의 날'을 맞아 10월 28일부터 31일까지 전국 26개 대학 수천 명의 학생이 건국대에 모여 전국반외세반독재애국학생투쟁연합(애학투련) 발족식을 거행하고 반정부 시위를 전개했다. 그런데 경찰은 평소와 딴판으로 토끼몰이식으로 진압했다. 학생들은 하는 수 없이 학교 건물로 들어가 점거 농성을 하게 되었고, 경찰은 헬리콥터와 최루탄, 물대포를 쏘며 폭압적으로 진압했다.

이는 1969년 1월 '도쿄대 야스다강당(安田講堂) 사건'과 비슷한 상황이었다. 당시 일본의 대학생 운동권 연합체인 일명 '전학공투회의(全學共鬪會議)' 계열 학생들이 도쿄대 야스다 강당을 점거하고 농성했는데, 경시청이 기동대를 동원하여 강당을 포위하고 학생들이 강하게 저항하는데도 강제 진압하여 90명을 검거한 사건이다. 건국대 사건 역시 학생들의 과격행위를 부추겨 경찰의 폭력 진압을 정당화하고 학생운동권을 궤멸시키려는 계략이었다. 이때 경찰은 학생 1,525명을 연행해 단일사건으로는 전무후무하게도 1,288명을 구속했다.

이렇듯 건국대 사건으로 갑작스럽게 구속자가 무려 1,300명 가까이 밀려들자, 영등포교도소에서는 법무장관 주재로 전국 교도소장 회의가 열렸다. 이때 교도 당국은 원칙 고수라는 이름 아래 통방 금지를 강화하는 등 태도가 급변했다. 교도소 측은 민중의 소리 진행자 박래군 선배를 보안과 지하실로 끌고 가 통방 금지 위반이라는 딱지를 붙여 구타와 함께 일종의 비녀꽂기 고문(무릎 꿇은 상태에서 손을 머리 뒤로 묶은 뒤 다리와 연결해 팽팽하게 당기고 머리 뒤로 각목을 끼우는 방식)을 가하고 징벌방에 가두었다.

이에 학생들이 일제히 철문을 두드리며 저항하자, 교도소 측은 마치 기다렸다는 듯 수백 명의 교도관과 경비교도대를 동원하여 감방문을 열고 들어와서는 마구잡이로 학생들을 보안과 지하실로 끌고 갔다. 그들은 학생들을 바닥에 내팽개치고 육모방망이로 몰매질한 뒤 비녀꽂기 고문을 가하고는 징벌방에 가두어버렸다. 이 고문은 어깨며 팔, 허리가 끊어질 듯한 고통이 수반되고 시간이 흐를수록 피가 통하지 않아 눈, 코, 입, 심지어 귀에서도 피나 물이 흘러나올 정도로 통증이 극심했다.

나는 새로운 환경에 적응해야만 했다. 이후 저녁 점호가 끝나면 교도소 안은 갑자기 조용해졌다. 그동안 밖에서 사역하던 수형자들도 모두 감방으로 돌아가고 각 사동 입구에 있는 이중 철문마저 자물쇠로 채워지면 일과가 완전히 끝났다. 나는 이 무렵 1986년 11월에 부모님께 긴 편지를 썼다.

아버님, 어머님 전상서

입동도 벌써 지나 쌀쌀한 겨울 날씨가 완연한 것 같습니다.

곁에서 아버님 병간호도 못 해 드리고 걱정만 끼쳐드린 것 같아 송구하기 한이 없습니다. 또 바쁘신 중에도 이틀이 멀다 하고 면회를 오시고, 있는 돈, 없는 돈 모아서 영치금이다, 이불이다, 털옷을 필요할 때마다 넣어주시는 사랑을 어떻게 한시라도 잊겠습니까?

한평생 바라보고 살아오신 것은 자식들뿐이라 말씀은 하셨지만, 어찌 그 뜻을 모두 헤아리겠습니까? 여태까지 허리 졸라매시며 참아오신 것을 어찌 잊겠습니까? 여기 차가운 마룻바닥에 앉아서도 늘 그 생각은 뇌리를 떠나지 않고 괴롭게만 느껴집니다.

저도 남들과 같이 평범하게 살아볼까 생각해 본 적이 한두 번이 아니었습니다. 떼돈은 못 벌더라도 얄팍하나마 아버님께 월급봉투를 내밀어 보고도 싶고, 코딱지만 하지만 마당에서 세수나 할 수 있는 내 집을 갖고서 살고도 싶고, 특출한 문학 소질을 맘껏 펴보고 선생님이 되겠다는 선미 장래도 커다랗게 걱정하지 않고도 싶었습니다. 말마따나 흔히 이야기하는 장남의 역할을 남 부끄럽지 않게 해보고 싶었던 적이 한두 번이 아니었습니다.

그러나 지금은 저의 모습이 오히려 처량하게까지 느껴지곤 합니다. 부모님 말씀 거역하는 망나니가 되어 있고, 장래성 없는 건달이 될 것도 같고, 한평생 남에게 도움은 못 줄망정 거지 노릇할까 겁나곤 합니다.

어제 어머님께 대한 저의 태도는 어떻게 말씀을 드릴 수가 없습니다. 아무리 변명거리가 있더라도 아무 말도 못 할 짓을 한 것 같습니다. 밤에 누워서 뒤척이며 생각해도 제가 너무했다는 생각이 듭니다. 그런데 어머니, 교도소에서 있었던 일에 대해서는 오해가 있으신 것 같습니다.

제가 그렇게 한 것은 상대방 개인이 개인적으로 잘못하고 인간적으로 밉기 때문이 아니었습니다. ○○책● 때문에 욕을 했던 것이고, 그것이 우연히 확대되어서 일어난 일이었습니다. 그런 일은 이곳에서 예사로 일어나는 일이고, 또한 일어날 수밖에 없습니다. 그리고 앞으로도 계속해서 이와 같은 일들은 일어날 것입니다. 그러나 앞으로 얼마간은 자제하며 지내겠습니다. 이것은 절대로 제가 한 일을 잘못했다고 생각하거나 반성해서는 아닙니다. 제가 가고 있는 길은 절대적으로 옳은 길입니다. 그 옳은 길이 가족의 문제와 대립적인 문제로 발생했을 때 저도 가장 힘들고 괴롭습니다. 저도 가정에 대해서, 장래에 대해서 저에 관한 일로 함께 무척이나 많이 고민하였습니다. 고민한 녀석이 이렇게 감옥에나 들락거리고 있느냐고 말씀하시겠지만, 그만한 까

● 서신이 일부 훼손되어 글자를 확인할 수 없다. 당시 주요 문제 중 하나였던 도서 검열 철폐와 관련된 것으로 추정된다.

닭이 있습니다.

어머님은 저의 어머님이시고 우리 형제들의 어머니이십니다. 그렇기 때문에 자식은 어머니에게 효도하고 싶은 마음을 가지는 것이고 기쁘게 해드리려고 하는 것입니다.

그러나 국가는 모든 사람의 어머니처럼 생활을 영위할 수 있도록 사람들을 보호하고 감싸며 질서를 유지시켜 주는 역할을 하고 있는 것입니다. 이러한 더 크신 어머니(물론 비교할 수는 없겠지만)가 국가가 소수의 권력 모리배에게 유린당하고 악용당하고 있을 때 저는 어떻게 해야 하겠습니까? 어머니가 폭력배에게 맨 머리채를 잡히며 맞고 있을 때에 저는 어찌해야 하겠습니까? 둘은 모두 같은 이치인 것입니다. 또 저보다 똑똑한 사람 많이 있습니다. 생활이 넉넉한 사람도 많습니다.

그러나 제가, 바로 어머님의 아들이, 왜 이렇게 되어야 하는가는 분명합니다. 누구보다 양심적이고 누구보다도 착하게 살려고 하며, 또한 성실하며 궁극적으로는 현명하기 때문이라고 생각합니다. 오히려 멍청하다고 생각하실 수도 있겠지요. 그러나 그렇지는 않습니다. 국가와 민족을 위하는 길이 바로 나 자신과 가족도 같이 위하는 길이 되고, 나와 내 가족만을 위하려 할 때는 모든 사람에게 해를 끼치며 마침내는 자기 무덤을 자기가 파는 결과를 초래하게 됩니다.

어머님께 그렇게 대하고 나서 후회도 많이 하고 한숨도 많이 쉬곤 했습니다. 죄송합니다. 어머님. 효도 다하지 못하고 험한 곳에서 속 썩여 드리는 것도 서러우실 텐데요. 그리고 아버님 편찮으신 곳 많으신데도 따뜻한 말씀 한마디 드리지 못하여 죄송합니다.

날씨가 무척이나 추워질 것 같습니다.

환절기에 몸조심하시고 안녕히 계십시오.

1986. 11. 11.

불효자 올립니다.

1986년 11월 13일, 전태일 열사의 기일을 맞아 나를 비롯한 학생들은 준비된 시간에 구호를 외쳤다. 이때 교도관들이 득달같이 달려와서는 민첩한 솜씨로 입을 틀어막더니 얼굴에다 방성구(防聲具)를 채웠다. 방성구는 가죽으로 만든 일종의 마스크 같은 것인데, 나무로 된 돌출부가 있어 그것이 입안으로 들어와서는 혀의 놀림을 완전히 차단해 버린다. 누군가의 입안을 숱하게 채웠을 더럽고 냄새나는 나무토막이 입안으로 들어오자 나도 모르게 심한 구역질이 느껴졌다. 그러고 나서 교도관은 포승줄로 사지를 묶었다. 포승줄로 인해 허리가 끊어질 듯 아팠다. 이후 교도관은 나를 끌고 가서는 한 사람이 겨우 누울 수 있는 0.75평 징벌방에 가뒀다. 난생처음 겪은 일이었기에 위축될 만도 했지

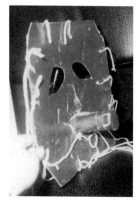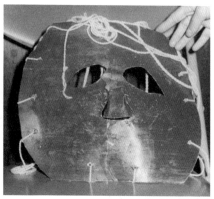

나무로 된 돌출부가 있는 방성구 안쪽(왼쪽)과 바깥쪽

만, 나는 그곳에 열흘 동안 있으면서 내내 구호를 외쳤고, 그럴 수록 교도관의 구타는 더욱 심해졌다. 이런 나의 모습에 교도소 책임자였던 보안과장조차 혀를 내두를 정도였다.

1986년 11월 20일 16시 40분부터 17시 40분까지 공안관련사 범 김훈이 격리 수용된 것에 항의하며 우리는 닫힌 방에서 "폭력 교도관 물러가라!"라고 구호를 외치는가 하면, 손과 발로, 플라 스틱 베개 등을 이용하여 방문을 두드렸다. 이를 중지하라는 교 도관에게 물을 뿌리며 맞섰다. 나는 수갑이 채워지고 묶인 채 징 벌위원회에 회부되었고, 또다시 1주일 동안 독방에 처해졌다.

내가 영등포교도소에 갇혔을 때, 서클 선배인 82학번 정외과 김승우 선배, 동기인 이선화 등이 면회를 왔다. 어머니는 거의 매일 면회를 오셨다. 청색 수감복을 입은 나를 보던 어머니는 대

영등포교도소 내 징벌방(독방) 모습

성통곡하시면서 나의 건강을 걱정하셨다. 학교에 잘 다니는 줄 아셨을 아들이 감옥에 갇혀 있으니 얼마나 가슴이 아프셨을까? 불효자 중의 불효자였다. 그때 내가 어머니의 심정을 100분의 1이라도 헤아렸을까? 내가 어머니께 할 수 있었던 말은 "힘드실 텐데 뭘 오냐, 오지 말라, 잘 있다"가 전부였다.

대전교도소로 이감

1986년 12월 23일 제2심 재판이 서울고등법원에서 열렸는데,

1부 청년 노동운동가 김윤기의 삶과 투쟁

나는 이때 징역 1년으로 형 확정판결을 받았다. 재판 기간이 길었던 탓에 남은 형기가 얼마 되지 않아 상소권을 포기했다. 이후 1987년 1월 13일 나는 영등포교도소에서 대전교도소로 이감되었다. 대전교도소는 동양 최대 규모를 자랑하고, 최신식 시설을 갖추고 있었다.

1987년 4월 2일 밤 7시 50분경 화장실에서 밖을 향해 다음과 같이 외쳤다. "인권 유린하는 폭력 교도관 물러가라, 보안과장은 공개 사과하라, 재소자 여러분 이 좁은 공간에서 생활하느라 얼마나 고생하십니까!" 등을 여러 번 외쳤다. 교도관 4명이 달려들었으나 나는 완강히 버텼다. 이때 이들이 낭심을 차는 바람에 나는 꼼짝 없이 사지가 붙들린 채로 17사 하층(17동 하층)으로 옮겨졌고, 그 뒤 1987년 4월 4일 소란 및 구호 제창으로 1개월 동안 금치 처분을 받았다. 이는 가장 무서운 징벌이라고 하는데, 그동안 접견·전화·공동행사 참가 등이 제한되고 시설 내·외 교류가 차단되는 독방에 갇히는 것이다. 4월 9일 밤 7시 40분경 통방하던 중 담당 근무자가 이를 저지하기에 불응하며 큰 소리로 "끝까지 투쟁하자.", "통방을 하는 것이 뭐가 잘못이냐."고 외쳤다. 나의 최후 발악이었다.

1년 만기를 채우고 1987년 5월 14일에 석방되었다. 그날 마중 나온 어머니는 두부를 가져오셨는데, 우시면서 먹으라고 입에 넣어주셨다. 참을 수 없는 슬픔이 몰려왔지만, 꾹꾹 참았다. 어머니가 더 슬퍼하실 것 같아서였다. 집으로 돌아오는 길에 어머니가 기성품 구두를 하나 사주셨다. 나는 그때 처음으로 구두를 신어봤다. 이후로도 어머니는 양복 한 벌도 해주지 못한 것을 후회하시곤 했다.

출옥 후 한동안 집에서 지냈다. 나는 감옥에 있을 때처럼 빨래와 설거지도 직접 하곤 했다. 이런 게 어색했는지, 여동생이 "오빠가 빨래하니까 이상하게 보여."라는 말을 수없이 했다. 나는 그럴 때마다 "누가 심어놓았는지 모르는 생각, 남자는 이런 일 하는 게 어색하다는 생각에 여자인 너까지 매달려 있으면 평생 가도 남녀평등 못한다."라며 나무란 일도 있었다. 내가 감옥에서 배워온 계란잼을 만들어서 식빵에 발라주면 선미는 신기해하면서 맛있게 먹었다.

4. 노동운동 현장으로의 이전

출소 후 현장 이전 준비

출소 후 나의 길은 정해져 있었다. 노동 현장이었다. 학교에 복학하는 것은 포기했다. 정상적으로 하면, 나는 4학년 2학기로 마지막 학기를 앞두고 있었다. 내가 복학을 하지 않자 어머니께서는 나 몰래 은행 융자를 받아 등록금을 내시고서는 1년간 휴학으로 처리했다. 끝까지 나를 붙들고 싶으셨던 거다. 이후 나는 덕진양행에서 노조를 이끌며 노동운동에 전념했기에 1988년 10월 자동으로 제적되었다. 어머니는 그때 융자받았던 등록금을 갚느라 하지 않아도 되었을 고생을 하셨다.

출소하고 얼마 지나지 않아 김갑진(금속공학)에게서 연락이 왔다. 그는 3학년이던 1986년 5월에 학내 시위로 구속됐다가 1년 만에 출소했는데, 나보다 며칠 늦었다. 학교는 퇴학당했지만, 다시 돌아갈 생각도 없던 그는 노동운동에 투신하기로 한 상태였다. 나와 같은 고민을 하던 때였다. 내가 그와 만난 것은 1987년 6월항쟁이 전개될 때였을 것이다. 아니면 동덕여대 대동제 때였는지도 모르겠다. 그때 나는 갑진이와 종암동 어디쯤에서 소주 한잔하며 현장 이전에 관한 얘기를 주고받았다. 우리는 각자 좀 더 알아보고 같이 움직일 수 있으면 같이하자며 결의를 다졌다. 이후 갑진이와는 몇 번 더 만났고, 우리 집에서 어머니께서 해주신 냉면을 먹기도 했다.

하지만 나는 갑진이와 달리 쉽게 현장 이전을 하지 못했다. 아버지께서 간경변증으로 오랫동안 병환 중이셨고, 어머니 혼자 어렵게 집안 살림을 꾸려가셨기에 선뜻 결정하지 못한 것이다. 현장 이전을 하면 또다시 집을 등지게 되기 때문이었다. 하지만 무엇보다 현장에 들어가는 게 쉽지 않았다. 우리 학교의 경우 현장에 투신한 선배가 그리 많지 않았기에 도움을 받기 어려웠다. 또한 1984년 9월 이후 대학생 출신(학출) 노동자들이 주도한 노동조합 설립이 증가하자 전두환 정권이 철저히 탄압했던 것도 한 이유였다. 학출 노동자가 개입하여 설립한 노동조합에 대해서 설립 필증 교부가 거부되기도 했다.

갑진이를 비롯한 몇몇 동지와 의견을 조율했지만, 참여 결론은 내지 못했다. 그러던 중 1987년 가을 어느 날, 북악산장에 모였을 때 나는 비로소 현장 이전 결정을 밝혔다. 나는 이후 민중민주(PD) 계열 조직을 통해서 현장 이전을 하게 되었다.

노동 현장으로 이전하려면 준비 과정이 필요했다. 학습하는 기간만이 아니라 취업하기 전까지의 생활비와 활동비가 필요했다. 이때 나는 재학 중에 도움을 많이 받았던 김춘형 선배에게 다시금 손을 내밀었다. 당시 선배는 졸업 후 한화그룹에 취직한 상태였다. 선배가 졸업한 다음 연락조차 하지 않다가 불쑥 나타나 도움을 요청했는데도 싫어하는 내색 없이 반겨줬다. 나는 무슨 염치로 그랬는지 알 수 없지만, 30만 원을 부탁했다. 당시로서는 큰돈이었다. 선배는 어떻게 융통했는지 그 돈을 마련해 주었다. 선배는 자신의 한 달 월급이라면서 "이 돈은 매판자본가들의 돈인데 괜찮냐?"라며 우스갯소리를 건넸다. 나는 "형이 노동해서 받은 돈이잖아요."라며 멋쩍게 웃었다.

선배는 "그래, 그럼 너도 노동 현장에 취업하고 그 노동의 대가로 월급을 받으면 이 돈 30만 원을 갚아라. 아프지 말고 잘 먹고 잘 지내라."라는 따뜻한 말로 나를 격려했다. 나는 쑥스럽게 웃으며 그저 짧게 "네."라고 대답하곤 돌아섰다. 든든한 형을 둔 게 자랑스러웠다. 나는 그 돈으로 몇 개월 동안 팀원들과 생활할 수 있었다. 하지만 나는 결국 이 돈을 갚지 못했다.

나는 1987년 12월 이전팀에 합류했다. 위기철(연세대 불어불문 81), 학교 선배 이병준(법학 81), 83학번 동기였던 이근화(서울대 공업화학)·장태산(가명, 중앙대), 다른 학교 85학번 한 명과 함께였다. 우리는 성수동에 있는 위기철 선배 집에서 합숙했다. 나는

3개월간 합숙하면서 학습하고 토론하는 과정에서 노동운동과 사회변혁운동에 관한 생각이 많이 다듬어졌다. 우리는 러시아혁명사, 일제강점기 한국 노동운동사, 한국 사회주의 운동사, 한국 혁명운동 이론 비교, 현재 노동운동 현황과 나아갈 길 등을 연구하고 토론했다.

나는 합숙 기간 내내 매우 적극적으로 임했다. 토론 과정에서 미진한 점이 있거나 생각이 잘 정리되지 않으면, 토론 후 개인적으로 책을 읽거나 자료를 찾았으며, 다음 토론에서 다시 문제를 제기하여 나의 것으로 받아들였다.

어느덧 우리는 학습 과정을 마무리한 뒤에 현장에 배치되었다. 위기철 선배는 동부노련 사무실로 배치되고, 나와 근화, 태산, 85학번 한 명은 성남으로 배치되었다. 그런데 얼마 뒤 85학번 한 명은 갑자기 실종되었고, 태산은 몇 달 동안 활동하다가 신분 노출로 어디론가 사라졌다.

성남으로 현장 이전

1988년 4월 우리는 성남 현장으로 이전했다. 이곳에서는 1984~1985년부터 학출과 민주노조 경험이 있는 활동가 100여 명 이상이 활동하고 있었다. 이들 가운데는 투쟁 과정에서 나오거나 신분이 노출되어 해고된 사람도 적지 않았다. 이런 가운데 1984년 에스콰이어·라이프·협진화섬 등의 사업장에 노조가 결성되었고, 1985년에는 광명전기·광성화학·상일가구 등에서도 조합이 결성되어 근로조건 개선을 위한 투쟁이 끊이지 않았다. 특히 교복을 만드는 ㈜신생은 1985년 9월에 노동조합이 결성되었고, 1,000명인 직원 중 조합원이 800명에 이르렀다. 노조 결성 당시에 학출 노동자가 8명 있었는데, 그중 한 명이 함께 섬유 지역노조를 꿈꿨던 오명록(서울예전 81) 선배였다. ㈜신생의 노조는 그해 12월 일괄 임금인상을 확보하는 성과를 얻었고, 1986년 4월에는 라이프제화 노조와 공동으로 임금인상 투쟁(임투)을 하기도 했다. 그러나 먼저 라이프제화 노조가 와해되었고, 연말에 ㈜신생도 폐업하게 되어 노조도 해산했다.

또한 1987년 노동자 대투쟁을 거치면서 노동자들의 자발적인 투쟁에 힘입어 성남에서도 노동조합을 결성했으나 이를 주도한 노동자들은 해고되거나 구속되었다.

내가 성남 현장으로 이전했을 때, 그곳에 큰 공장이 몇 개 있긴 했지만, 대부분은 중소기업이었다. 흔히 '마찌꼬바(町工場)'라고 불리던 중소 영세 업체 형태의 작업장도 많았다. 이때 소규모 공장에서 단위 노조가 생겨나기 시작했고, 일용공노조, 제화공과 가방공 노조 등 지역노조가 활동하고 있었다. 지역운동과 노동운동이 활발하게 이루어졌으나 개별노조로 활동했다.

1972년 성남 중원구 상대원동 제1공단 형성 당시 모습

성남지역에 들어갈 당시 현장 이전을 지도해준 선배 이종영
(경희대 80)으로부터 처음 소개받은 사람이 김영준(동국대 82)과
윤용주(동덕여대 82) 선배였고, 이후에는 신생노조에서 활동하
다 군복무를 마치고 돌아온 오명록 선배였다. 김영준, 윤용주
두 선배는 1987년 12월경 성남에 들어왔는데, 각각 금속산업
과 섬유산업에서 활동했다. 김영준 선배는 영진산업에 들어가
1987년 결성된 노조에서 1988년 임금인상 투쟁을 거치면서 노
조 문화부장을 맡고 있었다.

이들과 논의를 거쳐 장태산은 영진산업에, 이근화는 제화산
업, 나는 금속철제 가구를 만드는 안건사에 들어가기로 했다. 장
태산은 몇 개월 활동하다 위장 신분이 노출되어 성남지역을 떠

1부 청년 노동운동가 김윤기의 삶과 투쟁

났다. 이근화는 제화공 노조 활동을 하면서 지역 내 활동가들과 교류했다. 그는 1년 정도 활동하다가, 지역노조에 한계가 있다고 판단하고는 고려당에 입사했다. 당시 고려당에는 한국노총 산하 노조가 있었는데, 그는 노조 민주화를 목표로 고려당에 입사했으나, 3교대로 6개월을 버티다 체력에 한계를 느껴 퇴사하고 성남을 떠나 다른 활동을 하게 되었다.

당시 성남에는 국민대 청문회 선배들이 있었다. 고성범(79학번)과 윤명선(81학번) 선배가 같이 살며 활동했다. 고성범 선배는 1987년 8월 안건사 노조를 결성하고 위원장이 되었으나, 그해 10월 공안당국에 의해 국가보안법 위반 혐의로 구속되었고, 오명록 선배도 병역 도중에 같이 잡혔다. 오명록 선배는 바로 돌아와 방위로 군 의무를 다했고, 고성범 선배도 얼마 후 풀려나 이후 서울지역노동조합협의회 상근자가 되었다. 윤명선 선배는 동양정밀에 들어갔으나 해고되었다.

나는 안건사에 입사하여 노동자로서 생활을 시작했다. 하지만 얼마 뒤 내가 학출이라는 이유로 회사 측으로부터 강제 사직을 당했다. 나는 신분이 드러난 이상 큰 사업장에 들어가기는 힘들어졌다. 공단을 중심으로 규모가 큰 기업들에는 노동조합이 결성되기 시작했고, 기업들은 촉각을 곤두세우며 노동활동가들이 회사 근처에 얼씬도 못 하도록 했으며, 경찰과 노동부가 공조하여 신상 조사를 철저히 했다. 이를 통해 위장 취업자를 가려냈고, 학출 취업자로 확인되는 순간 바로 해고되었다.

당시 공단 내 여러 기업에서 해고 무효 출근 투쟁을 하는 사업장이 점점 늘어났다. 이후 군복무를 마치고 돌아온 오명록 선배 등과 논의하며 섬유 업종에서 활동하라는 제안을 받고, 그들과 결합하기로 하여 모임에 참가했다. 오명록 선배는 섬유 업종인 ㈜신생의 노조 활동 경험을 토대로 신생노조 해산 후 성남지역에 흩어져 있던 노동자들을 모아 모임을 만들었다. 모임은 참가 성원의 실천 토대가 미약했기에 실천 없는 논의를 지양하고 각자의 토대를 꾸리기로 했다.

성남산업공단을 벗어난 외곽 지역에는 공단 내 본청을 떠받드는 하청업체 '마찌꼬바'가 곳곳에 있었는데, 마치 거대한 생산기지 같은 역할을 했다. 이에 공단 내에 취업하기 어려운 활동가들은 공단 인근 외곽에 있는 하청업체에 취업하기 시작했다. 특히 섬유 업종인 봉제 업체들이 공단 외곽에 촘촘히 자리 잡고 있었다.

섬유 업종에서 활동하라는 내부 결의에 따라 1988년 7월 나는 공단 밖의 성남시 하대원동 127-7번지(현 중원구 원터로18번길 6)에 자리한 소규모 봉제공장인 덕진양행에 입사했다. 이곳은 소규모 공장이었기에 신분을 제대로 확인하지 않았다. 덕진양행은 생산품을 수출하는 신생 기업으로, 새로운 건물에 생산설비를 설치하며 야심 차게 첫발을 내딛는 상황이었다.

1980년대 후반 성남지역 노동운동과 성남지역노동조합협의회 설립

성남에는 3개의 산업단지가 조성되어 있었다. 1단지는 성남시 중심지인 신흥동에, 2단지와 3단지는 이곳에서 1.5㎞ 떨어진 대원동에 자리했다. 1단지는 총면적이 17만 6,292㎢였고, 2단지는 148만 9,365㎢, 3단지는 16만 480㎢였다. 업체별로 보면 1단지 28개, 2단지 139개, 3단지 36개 업체가 입주해 있었다. 직공 수로는 1986년 3월 당시 1단지 4,515명, 2단지 2만 2,095명, 3단지 3,131명에 달했다. 그중 금속조립과 섬유제조업체가 가장 많았다.

1987년 당시 성남지역 공업단지의 특징은 다음 세 가지로 요약된다. 첫째, 노동집약적이며 경공업 중심의 소비재 생산을 주로 하는 중소 규모 업체가 대부분이었다. 공단을 중심으로 300인 이상의 대규모 업체도 있었지만, 대부분 30명 이하의 중소 영세 업체였다.

둘째, 여성 노동자 비율이 다른 지역보다 매우 높았다. 이는 기업주 측에서 싼 임금의 여성 노동력을 선호했기 때문인데, 특히 성남은 서울의 도시철거민과 빈민이 정착하면서 형성된 도시인 만큼 도시빈민층 여성이 취업전선에 뛰어들어 경제활동 인구가 많았다.

성남 중원구 상대원동 제2·3공단 모습(위)과
성남산업공단 외곽에 위치한 덕진양행

    셋째, 주거지역 내에도 상당수의 제조업체가 분포되어 있었
다. 이들은 지하실이라든가 건물을 임대하여 공장을 운영했기에
노동자를 위한 작업환경, 임금, 작업시간 등이 매우 열악하여 문
제의 불씨를 항상 안고 있었다. 그런 만큼 노동자들의 사업장 이

동이 잦았다.

지역 내 대규모 사업장은 동양정밀, 샤니, 콘티, 에스콰이어, 대한교과서, 삼양전자, 오리엔트 등이었다. 이들의 경우 대부분 어용노조가 설립돼 노동자의 민주적 요구가 완전히 차단되었다. 그럼에도 성남에서는 복직 투쟁·임금체불에 따른 투쟁 등이 부분적으로 전개되었다. 특히 1984년부터 1985년에 대영타이어, 라이프제화, 협진화섬, ㈜신생의 경우는 투쟁을 통해 노동조합을 건설하여 다른 지역보다 훨씬 많은 경험을 축적하고 있었다.

이에 1987년 성남 노동자들은 6월항쟁에 적극적으로 참여했으며, 이러한 여세를 현장 민주화로 확장해 나갔다. 노태우 민정당 대표의 기만적인 '6·29민주화선언'이 나오던 날, 성남지역 26개 전 택시회사 노동자 200여 명이 임금인상과 완전 월급제를 주장하며 가두시위에 돌입했다. 이러한 투쟁은 성남 노동자들의 분위기를 반전시켰다. 특히 1987년 7월부터 9월까지 전국적으로 분출한 노동자들의 노동쟁의와 민주화운동에 힘입어 성남에서는 하루 2~5건가량의 투쟁이 발생했다.

먼저 동양특수기공㈜, 성아운수 등에서 노조 설립이 시도되었는데, 이러한 투쟁이 제조업 노동자들에게로 본격적으로 옮아갔다. 서우산업 노동자들은 '서우 근로조건 개선위원회'를 결성하고 전면파업에 돌입했고, 이후로 동화통상, 영진산업으로 번져갔다. 이들 노동자는 대중투쟁으로, 공장 내 파업에서 도로점거 시위로, 보너스 요구에서 임금인상 요구 투쟁으로 발전해 갔다. 이어 ㈜보원 노동자들이 파업 농성에 돌입하여 일당 1,200원 인상, 보너스 600% 지급을 요구했다. 에이스침대 및 리오의 300여 노동자의 파업 투쟁과 오리엔트 노동자 투쟁은 성남지역 노동자 투쟁을 선도했다.

이를 통해 성남지역 노동자 대투쟁의 특징은 다음과 같이 정리할 수 있다.

첫째, 투쟁 경험이 없던 업체에서 주로 일어났다. 1980년 이후 투쟁했던 협진화섬, 콘티 등은 잠잠하거나, 라이프제화·에스콰이어 경우 대중투쟁으로 발전하지 못했는데, 이전과 달리 경험이 없던 사업장들의 투쟁이 폭넓게 퍼져갔다. 둘째, 200~300명 규모의 중소기업이 투쟁을 주도했다. 오리엔트를 제외한 대부분 대기업에서는 투쟁이 없었고, 동양정밀·에스콰이어·대한교과서 경우에는 대중 동원에 실패했다. 셋째, 영진산업·㈜보원·봉명산업·일동제관·일성기계 등 금속 업종의 사업장에서 조직적, 지속적, 전투적 투쟁이 전개되었다. 넷째, 투쟁 결과 서우·영진산업·동화통상·보원·일동제관·에이스·리오·오리엔트·안건사·라이프제화·월드아트·반포산업·봉명산업 등 13개 업체에서 민주노조가 설립되었다.

이는 강고한 연대 투쟁의 결과였다. 이렇게 성장한 성남지역 노조는 몇 가지 특징을 띠었다.

첫째, 이들은 장기간에 걸친 농성에도 끝까지 전열을 흐트러트리지 않았고, 회사대표를 노동자 앞에 끌어내 요구사항 대부분을 관철했다.

둘째, 노동자들은 파업 현장에서도 생산의 주인, 사회의 주인이라 인식했다. 이들은 회사 측의 처분만 기다린 것이 아니라 노래자랑·장기자랑·게임·영화감상·조명과 음악을 곁들인 연극 등 생산적 문화활동을 펼쳤으며, 노동운동 사례·인생 경험·투쟁 의미·연대의 필요성 등을 발표하고 토론했다.

셋째, 파업 과정에서 자발적이고 견고한 단결과 자신들만의 규율을 정하고 실천했다. 이들은 투쟁 첫날부터 수비대, 재정부, 운반제작부 등의 부서를 두고(에이스·리오의 경우), 5개 소대의 결사대를 조직(오리엔트)하는 등 조직적 투쟁을 전개했다.

넷째, 투쟁에 참여한 노동자들은 참된 민주주의를 행동으로 보여주었다. 이들은 첫날부터 "개별 행동 및 음주 금지", "모든 결정은 민주주의 원칙에 따른다.", "동료애로 서로를 이해하고 돕는다." 등의 행동 수칙과 투쟁원칙을 정해두고 파업 투쟁을 민주적 토론을 통해서 실천했다.

다섯째, 노동자들의 연대 필요성과 방법을 보여주었다. 에이스와 리오의 하청계열 연대, 오리엔트의 지역연대·계열회사 영송정기의 격려, 공단 일대 연대 시위, 농성 사업장 지지 성명 등이 대표적이다.

여섯째, 노동자들은 권익을 쟁취하는 데 그치지 않고, 노동자의 진정한 대표기구인 민주적 노동조합을 결성하여 지속적인 투쟁의 발판을 마련했다.

이러한 성남지역 노동자들의 투쟁은 1989년 4월 성남지구노동조합총연합(성남노련) 설립으로 이어졌다. 1988년 1월 초 오리엔트 노조(1987년 8월 노조 결성) 위원장의 주도로 '노조 연대 시무식 및 구속 노동자 석방 환영대회'가 개최되었다. 이날 모인 노동자들은 월드아트를 지원·방문했으며, 월드아트 투쟁이 승리하자 연대활동이 한층 활발해졌다. 그 후 '노동조합 대표자 모임' 등이 정례화되면서 연대 논의가 진전됐고, 합동전자 노조 사수 투쟁, 구속자 석방 투쟁에서 연대집회와 공단 시위를 펼쳤다.

1988년 3월 초 옥산봉제 위장폐업 철회 투쟁 당시에는 노조마다 교대로 규찰대를 편성하여 다양한 연대집회, 시위, 가두 진출 투쟁을 전개했다. 이렇듯 대중투쟁이 고조되는 가운데 그해 4월 성남지역민주노동조합협의회 준비위원회가 결성됐다. 이렇듯 성남에서 노동자 투쟁을 위한 조직적 토대가 구축되어 갔다. 이런 가운데 1988년 4월 고려피혁 노조위원장 최윤범의 해고 징계에 맞서 작업거부 철야농성을 벌였다. 관리자들과 몸싸움을 하던 중 최윤범 위원장이 분신하는 사건이 일어나 성남지역 내에 큰 충격을 던져주었다.

최윤범은 1960년 서울에서 태어나 1976년 서울 장충중학교를

1988년 5월 최윤범 열사 민주노동자장
안내문

졸업한 후 중소 규모 공장에 입사하여 노동자로서 생활했다. 그
러던 중 성남시 중원구 상대원1동 제2공단 내의 고려피혁에 입
사했다. 고려피혁 성남공장은 200여 명의 노동자가 슈발리에 구
두를 생산하는 중소기업이었다. 그는 1988년 2월 26일 저임금과
열악한 노동 조건을 개선하고자 노동조합을 설립했다. 그러나
회사 측은 성남공장을 지부로 변경했고, 지부장 선거 과정에서
회사와 어용노조 측에 의해 민주노조 측이 패배하자 회사는 민
주노조를 탄압하기 시작했다.

이에 맞서 민주노조 측이 농성을 전개하자, 회사와 어용노조
측은 민주노조를 회사 밖으로 쫓아냈다. 그럼에도 민주노조 측

은 그해 4월 24일부터 회사 밖에서 천막을 치고 농성에 들어갔다. 이후 노동부가 중재에 나서 회사 측과 협상에 들어갔으나, 회사 측은 이를 기회로 물품을 빼돌리려 했다. 4월 25일 이에 항의하며 몸싸움을 벌이던 과정에서 최윤범은 온몸에 시너를 붓고 분신한 것이다. 나는 이를 지켜보면서 농성 시위에 회사 측이 어떻게 편법과 술수를 부리는지 알게 되었다. 이를 계기로 조합원들의 자발적인 참여와 지지연대 활동이 이어졌다.

대중적 연대 투쟁의 경험과 조합원들의 투쟁 열기를 토대로 그해 6월 25일 성남지역노동조합협의회(성남노협)가 창립됐다. 성남공단은 학생운동 출신의 노동운동가들이 활동한 주요 공단지역 중 하나였다. 노동자를 대상으로 하는 야학은 학생들의 주요한 활동 양식이었다. 종교 단체와 학생운동 출신 활동가의 공동 노력은 초기 노동운동을 이끈 중요한 배경이 되었다.

5. 덕진양행 노조 활동과 분신

덕진양행 입사와 또 다른 학출 이영숙과의 만남

내가 덕진양행에 들어가던 무렵 성남의 노동자 중에 섬유 업종 노동자 수는 30%에 달했다. 이들은 전 지역에 고루 분산되어 있었다. 덕진양행처럼 산업단지 밖에도 소규모의 섬유 업체가 많았다.

덕진양행은 1988년 3월에 만들어졌는데, 투자를 많이 한 회사 중의 하나였다. 이에 생산 작업을 담당할 노동자를 채우는 일이 급선무였다. 나는 이전 공장에서 위장 취업자로 발각된 적이 있었지만, 회사 측이 이를 제대로 확인하지 않았기에 무사히 입사할 수 있었다. 봉제업체는 크게 관리부와 생산부로 나뉘고, 생산부는 패턴반, 재단반, 봉제반, 완성반, 검사반, 자재반 등으로 구성되었다. 인력 중 중간관리자급은 회사 측이 인맥을 동원해 데리고 왔고, 상급 미싱사 몇 명도 발탁해 왔는데, 나머지 인력은

1990년대 성남 덕진양행 건물

소개받거나 구인 공고를 통해 충원했다.

공장은 4층 건물로, 1층은 자재 창고, 2층은 사무실과 봉제반, 3층은 완성반과 검사반, 4층은 기숙사 겸 식당이 자리했다. 기숙사는 남녀 각각 방 하나씩에 6~7명이 기거했다. 나중에 식당은 협상 장소로 활용했다. 공장에는 봉제반, 재단반, 완성반, 검사반 등이 있었는데, 나는 완성반에서 일하게 되었다. 완성반은 봉제가 끝난 뒤 옷에 패드 달기, 단추 달기, 밑단 처리 등의 손작업을 마무리한 뒤에 실밥을 따고 다림질로 옷의 형태를 바르게 잡아주는 일을 했다.

나는 공장 생활은 열심히 했지만, 잘하지는 못했다. 그날그날 생산 목표량이 있었는데, 손이 느려 일이 많이 밀리곤 했다. 그때마다 여성 계장이 빨리빨리 하라고 다그쳤다. 그럴 때마다 나는 이 많은 것을 어찌 혼자 다 하느냐고 따지곤 했다. 당시 나는 현장의 노동자들과 잘 어울렸고, 어딘가 미숙해 보였는지 내가 학출임을 알아챈 이는 거의 없었다.

내가 덕진양행에 입사한 지 한 달도 채 되지 않은 1988년 8월 21일 아버지께서 세상을 떠나셨다. 간경변증으로 5~6년 정도 고생하시다가 가셨다. 아버지께서 돌아가신 뒤 집에서 나를 찾느라 난리가 났다. 상주가 없으니 제대로 장례를 치르기 곤란해진 것이다. 내가 성남의 공장에 취직했다는 말씀만 드리고 어느 공장인지는 알리지 않았으니 내게 연락할 방도가 없었다. 어머니께서는 집에 온 학교 선배든 누구든 붙잡고는 '윤기 찾아달라'고 애원하셨다고 한다. 내가 아버지께서 돌아가셨다는 연락을 받은 것은 발인하기 하루 전이었다. 나는 늦은 밤 10시경에야 집에 도착했다. 집에는 이미 학교 선후배가 많이들 와줬다. 오랜만에 보는 얼굴들도 있었다. 그간 연락을 제대로 하지 않았는데, 너무도 고마웠다.

우리 집이 쌀장사하던 시절, 옆집에 관을 짜는 일을 하시는 분이 계셨는데, 그분의 도움으로 좋은 관에 아버지를 모셨다. 나는 용미리 시립묘지에 아버지를 안장한 후 현업에 복귀했다.

덕진양행은 7명의 관리자와 43명의 생산직 노동자가 일하는 곳이었다. 재봉기를 쓰는 봉제반은 주로 여성 노동자들이었고, 완성반·재단반·검사반 등은 남성이 많았다. 이외에 경비 2명, 버스 운전기사 2명, 식당 조리사 1명이 근무했다. 덕진양행은 공장을 설립한 지 얼마 되지 않았기에 동종의 다른 공장보다 기계도 뒤떨어지지 않고 안정적인 경영진으로 구성되어 있어 지역사회에서 유망업체로 인정받고 있었다.

그런데 노동자에 대한 대우는 형편없었다. 작업량이 많아지면서 밤새는 일이 다반사였고, 관리자들은 노동자들을 사람으로 취급하지 않았다. 일을 잘하는 사람, 아부 잘하는 사람에게는 매우 잘해줬지만, 그렇지 않으면 차별하고 말을 심하게 하거나 욕을 서슴지 않았다. 이에 노동자들의 불만은 커져만 갔고, 숙련공들은 속속 공장을 떠났다. 이에 작업 진행에 차질을 빚게 되자 회사 측은 개개인의 생산 목표량을 터무니없이 올리고 작업을 재촉했다. 그러면서도 모든 책임을 노동자에게 돌리기 일쑤였다.

이런 문제점을 파악한 뒤 모임에서는 지역노조의 토대로 분회가 되는 단위 사업장에 노동조합을 조직하기로 하고, 1순위로 덕진양행을 꼽았다. 나는 이러한 결의에 따라 다른 사업장의 조직 전망을 검토하면서 이를 추진했다.

하지만 작은 공장에서 노동조합을 결성하기란 쉽지 않았다. 워낙 작은 규모의 공장인 데다 사람이 적어 노조를 설립하려고 한다는 소문이라도 난다면 회사 측의 방해로 실패할 가능성이 컸기에 매우 조심스럽게 접근해야만 했다. 이런 상황에서 내가 덕진양행 노조 설립을 본격적으로 시작한 것은 입사한 지 4개월이 지났을 11월 중순께였다.

이때 같은 학출 노동자를 만난 것은 나에게 큰 행운이었다. 조그만 공장에 또 다른 학출이 있을 줄은 생각지도 못했다. 이영숙이었다. 좁은 사업장이었던 만큼 얼마 지나지 않아 그를 알아봤고, 많은 것을 그와 의논하며 일을 추진했다.

이영숙은 한양대 83학번으로, 현장에 들어오기 전인 1986년 10월 28일 건국대에서 개최한 애학투련 발족식에 참가했다가 경찰에 연행되었다. 이른바 '건국대점거농성사건'이었다. 애학투련은 1986년 3월에 결성된 구국학생연맹(구학련)에서 비롯되었는데, 그해 4월 자민투가 구성된 이후 대학생들의 전국적인 연대 투쟁을 전개할 목적에서 발족했다. 투쟁 목표는 반미자주화, 반독재민주화, 조국통일이었다.

이영숙도 건국대점거농성사건 때 구속된 1,288명 가운데 한 사람이었고, 청문회 동기였던 이선화도 그때 구속되었다. 이후 둘은 11월 26일 50여 명과 함께 제2차로 석방되었다.

그 뒤 영숙은 4학년에 올라가면서 노동 현장에 가기로 진로를 정하고, 성남에서 활동 중인 선배를 소개받아 약 6개월 동안 현장 이전을 준비했다. 그 뒤 처음 배이산업에 취업했으나 신분이

탄로 나서 며칠 만에 해고되었다. 이후 1988년 6월경 나보다 먼저 덕진양행에 들어왔다. 나는 가끔 퇴근 후 종합시장 근처 단대천변에 길게 늘어선 포장마차에서 영숙과 함께 상황을 공유하고 해야 할 일을 의논하곤 했다. 초기에는 각자 현장에 적응해야 하므로 노동자들과 친숙해지는 시간을 갖기로 했다. 그러면서 각자 속한 봉제반과 완성반, 재단반의 분위기와 상황을 공유했고, 단계별로 노동조합을 어떻게 결성할지 계획을 세워 나갔다. 영숙과 힘을 합쳐 노력한 결과 어느 정도 뜻을 같이할 사람들이 모였다.

그즈음 회사가 차츰 자리를 잡아가면서 늘어난 계약 물량을 맞춰야만 했다. 공장장은 매수기를 도입해서는 시간당 물량을 확인했고, 기일을 맞추기 위해 야근과 철야가 잦아졌다. 점심이나 저녁을 먹은 뒤에 노동자들은 회사 뒤편에 있던 슈퍼마켓에서 박카스를 2~3개씩 습관적으로 사 먹고 졸음을 쫓았다. 밤늦도록 노동자들은 재봉기를 밟고 재단하고 불량품을 골라냈다.

계약된 물건을 거대한 컨테이너에 싣기 전까지 그 일을 계속해야만 했다. 시간 내 물량을 뽑아내지 못하거나 불량품이 많이 나오면 공장장은 전체 노동자에게 큰 목소리로 "그것밖에 못 하나!"라며 추궁과 함께 모욕과 멸시가 섞인 태도로 비인간적인 모습을 드러냈다. 이미 나간 물건이 트집이라도 잡히면 모든 책임을 노동자에게 뒤집어씌우고 온갖 불호령과 거친 반말로 몰아세우기 일쑤였다.

우리가 일하는 기계가 아닌데도 말이다. 노동자도 집에 가면 사랑받는 딸이고, 아내고, 어머니인데 그런 대우를 받는 것을 보면 참을 수 없는 분노와 울화가 치밀었다. 그런데도 힘이 없고 목구멍이 포도청이니 꾹 참고 그냥 시키는 대로 욕을 들어가며 하루하루를 버티고 또 버텼다. 이러면서 노동조합을 설립해야 한다는 객관적인 조건이 하나씩 쌓여갔다. 회사 측의 이러한 막무가내로 밀어붙이기식 압박이 계속되었고, 그로 인한 노동 강도는 높아만 갔다. 결국 노동자들은 지쳐갔고 점점 불만이 싹트기 시작했다.

어느 날 공장장이 생산 현장에서 우리에게 대놓고 강압적인 고자세로 생산량을 재촉했다. 그 순간 영숙은 '이건 아니다, 이 상황에 맞서 할 말을 해야겠다.'라는 생각이 들었다고 한다. 그는 재봉기 의자에서 벌떡 일어나 "우리도 사람이다. 그렇게 많은 잔업과 철야를 버텨야 한다는 게 말이 되냐? 우리도 인간이다. 잘못된 책임을 왜 우리에게만 덮어씌우느냐?"라며 큰 소리로 외쳤다. 순간 현장에 있던 모든 사람이 그를 쳐다보았다. 그 순간 영숙은 "앗, 이제 터질 게 터지고야 말았구나!"라는 생각이 들었다고 한다.

이후 회사 측은 이상한 낌새를 눈치챘고, 그에 대한 뒷조사를 진행했다. 며칠 뒤 공장장이 그를 불렀다.

"너 위장 취업자지?"

"그래 맞다, 뭐가 잘못됐나?"

그는 언젠가는 밝혀질 거라 이미 짐작했기에 담담하게 답을 하고 작업장으로 되돌아왔다. 당시 공단 내에서 일어나던 노동조합의 바람이 미약하게나마 덕진양행처럼 소규모 사업장에도 불고 있었다. 이미 노동자들은 노동조합이 자신들의 억울함을 풀어주고 빼앗긴 권리를 지켜줄 거라는 막연한 믿음을 갖기 시작했다. 이에 영숙의 행동에 동의하는 모습이었다.

이를 기회로 내가 완성반과 재단반을 맡고, 영숙은 봉제반을 맡기로 했다. 먼저 소모임을 만들어 활동하기로 했다. 학출 노동자가 있는 곳이라면 대개 그런 과정을 거쳤다. 학출 노동자 가운데는 그렇게 하지 못하면서 보통의 노동자처럼 되어 자신의 존재 가치를 잃는 예도 있었다. 더는 노동 현장에 있어야 할 의미를 찾지 못한 것이다. 이런 경우가 가장 힘들었다.

덕진양행 노동조합 결성

나는 사람들을 만나고 밤새워 여러 가지를 준비하느라 꽤나 힘들었다. 회사에서 새우잠을 자는 게 다반사였다. 회사 측의 탄압을 우려하여 매우 세심하게 주의를 기울였는데, 이를 두고 주위 동료들이 핀잔을 줄 정도였다. 나는 그 정도로 치밀하게 준비하지 않으면 교묘한 회사 측의 탄압 술책에 노조가 와해될 것을 우려했다.

이러한 상황 속에서 봉제반, 재단반까지 조심스럽게 노동조합을 결성한다는 소문이 퍼졌다. 머지않아 회사 측에 그러한 소문이 알려질 상황에서 나는 1988년 11월 29일(화) 남자 기숙사에 12명을 모아 놓고 노동조합을 주제로 논의했고, 이는 다음 날 새벽까지 이어져 결국 결성하기로 뜻을 모았다.

11월 30일(수) 점심시간이 끝난 뒤 영숙은 사내 식당에서 노동조합을 결성한다는 대자보를 회사 게시판에 붙였다. 이런 사실을 알게 된 회사 측은 노동자들의 진입을 막고 분산시키려 했으며, 급기야 신체적 충돌로까지 이어지게 되는 긴장된 상황이 발생했다.

그럼에도 1시 30분 이후부터 6시 30분까지 노조 결성 보고 대회를 가졌다. 이때 노조의 필요성을 강조했는데, 회사 측에 대한 불만 사항이 많이 제기되었다. 이를 정리하면, 회사 측의 중간 관리 능력 부족, 노무 관리 체계 부족, 인원 확보 미흡, 생산 계획 및 보고서 작성 필요, 완성 하급 책임자 임명, 제품 출고 시 전 관리자 동참 등의 의견이 오갔다. 이날 38명이 노조에 가입했다.

덕진양행 직원 현황(총 55명)

구분	총인원	노조 가입자 수 및 활동 여부			비노조
		가입자	적극 활동	비활동	
완성반	5	3	3	0	2
재단반	4	1	1	0	3
검사반	5	4	3	1	1
봉제반	29	28	28	0	1
총	43	36	35	1	7

그 외 관리자 7명, 경비 2명, 버스 운전기사 2명, 식당 조리사 1명

　　이로써 덕진양행 노동조합 성립을 대외적으로 공식화했다. 이
때 나는 위원장에 추대되었다. 부위원장에 재단반 안덕철, 봉제
반 이영숙이 각각 선출되었다. 조직은 사무장, 조직부, 교선부,
조사통계부, 문화부, 복지후생부로 구성되었다. 사무장은 내부
총정리·회비 사용·사업계획 등을 담당하고, 조직부는 조직 점
검, 교선부는 소식지 제작, 조통부는 자료 정리, 문화부는 화합
잔치·놀이 프로그램, 복지후생부는 사진 정리·사진 전시회 등
의 활동을 펼치기로 했다.

　　이후 언젠가 어머니께 그런 사실을 간단하게 전화로 말씀을
드렸다. 당시 노조위원장이 뭔지 잘 모르시던 어머니께서는 반
장 정도로만 이해하셨다고 한다.

　　나는 이날 노동조합의 결성 의미를 다음과 같이 강조했다. 나

는 덕진의 노동자들이 노예와 같은 삶에 마침표를 찍고 당당히 민주노조의 활동에 발을 내딛길 바랐다.

〈조합의 깃발을 흔들며〉

덕진노동조합의 깃발이 이제 하늘 높이 치솟기 시작했습니다. 그 얼마나 갈망하고 목마름에 기다려 왔는지 우리는 서로가 느끼고 지금껏 침묵의 세월이 설움으로 분노하고 마음이 뒤섞여 가슴속 저 깊은 곳에서부터 끓어오르는 외침, 삶의 외침, 분노의 외침.

같은 인간인데도 진실과 진리를 생각하는 방향이 서로들 다르고 또 아예 무관하고 비굴하고 치사하고 이기적인 것을 볼 때 정말 안타깝다!

적어도 진실 앞에 모든 이가 다 같아야 하지 않겠는가?

인간이 사는 것은 끝없는 투쟁 속에 새롭고 발전된 삶을 만들며 그 삶을 통해 진정한 애정과 기쁨과 슬픔을 만끽하며 사는 것이 정말로 인간이 사는 참 맛이 아닌가.

삶의 의미를 인식하지 못하고 현실 세계의 물결에 그냥저냥 흘러다니고 끌려다닌다면 그 삶은 얼마나 허망하고 공허한 것인가 하는 것을 생각해 볼 일이다.

그러하기에 우리는 짧은 글귀로서 짧은 지식이라도 얻기 위해 몇 자 적어봅니다.

노동조합이란 무엇인가?

노동조합법 제3조 노동조합의 정의, 노동조합이란 노동자
가 주체가 되어 사용자의 간섭이나 …… (누락)

하지만 보고대회 날 회사 측의 방해가 도를 넘었고, 결국 노동
자들과의 격전이 벌어졌다. 회사 측은 "위장 취업자의 불순한 선
동에 넘어가지 말라.", "노동조합이 결성되면 회사가 망한다." 등
의 망발을 늘어놓았다. 이런 상황에서도 우리는 강고한 투쟁 대
오로 회사 측의 무자비한 방해 책동을 무력화했다.

12월 1일(목) 오후 1시 30분부터 3시까지 1차 임시 총회를 열
었다. 이때 조합원을 상대로 설문조사를 실시하여 의견을 수렴
했다. 나는 조합원이 10대에서부터 50대까지 다양했기에 최대
한 그들의 의사를 존중하며 겸허한 자세로 그들 속으로 들어가
작은 의견 하나라도 소중히 들으려 했고, 서두르지 않고 노동조
합을 이끌어갔다. 그리고 무엇보다 노동자의 의식이 깨어 있어
야 주체로 설 수 있다는 신념으로 조합원 교육의 중요성을 강조
하며 교육에 열의를 보였다.

다음 날인 12월 2일(금) 회사 측에 요구사항을 전달했다. 내용
은 첫째, 노조원을 함부로 다뤘던 공장장의 공개 사과, 봉제 계
장 사퇴가 주된 것이었다. 둘째, 임금과 관련하여 일당 1,000원,
월급 20,000원 인상과 보너스 300%에서 400% 인상, 만근수당

10,000원, 가족수당으로 부양가족 1인당 3,000원 지급을 요구했다. 셋째, 강제 잔업을 철폐하고 8시간 기본으로 주 10시간, 월 44시간 정도의 야근을 시행할 것, 넷째, 목표량 설정, 다섯째, 4대절, 노조 결성 기념일을 유급 휴일로 등이었다.

12월 3일(토) 전체 조합원이 참석한 가운데 회사 측과 1차 교섭을 벌였다. 하지만 회사 측은 노조를 인정하지 않았다. 신고된 날부터 노동조합의 법적 효력이 발생했는데도 말이다. 이날 노조는 노동부 지방사무소로부터 노조설립필증을 받았다. 설립신고서를 접수한 행정관청은 접수된 날로부터 3일 이내에 신고증 교부, 보완 명령, 반려 중 하나로 행정 처리를 하도록 되어 있었다. 이를 어기면 국가공무원법상의 직무유기의 죄를 구성하여 고소 고발을 당할 수 있었다.

노조는 12월 4일(일) 노조설립필증을 내밀며 2차 교섭에 나섰지만, 회사 측은 작업시간 중 교섭할 수 없다며 일방적으로 불참을 통고했다. 이후 회사 측의 고의적인 회피로 교섭은 이뤄지지 않았다.

12월 5일(월) 나는 회사 측과의 교섭에서 주의할 점을 주지시켰다. 호칭은 조직의 직책으로 하고 반말이나 이름은 단호히 거부하며, 교섭 중간에 정회를 신청하고, 조합원들의 의사를 절대 존중하는 결의서를 작성하고, 위원장이 모든 결정을 할 수 있도록 위임장을 작성하며, 사장이 교섭에 참여할 때 절대 일어서

1988년 12월 8일, 회사 측에 구타를
당한 김윤기 노조위원장

지 말 것 등이었다. 이와 함께 나는 다른 노조의 상황을 면밀히 살피고 문제점을 파악하며 우리 노조의 파업 투쟁 방향을 점검했다.

12월 7일(수) 4차 교섭을 벌였다. 노조는 사무실과 전임자를 요구했다. 이에 대해 회사 측은 노조는 인정하지만, 사무실과 전임자는 안 되겠다고 하여 이 역시 결렬되었다.

이런 가운데 12월 8일(목) 나와 부위원장 이영숙이 유인물을 부착하다가 공장장으로부터 작업시간에 노조 활동을 한다는 이유로 뺨을 맞고 폭행을 당하는 사건이 발생했다.

1부 청년 노동운동가 김윤기의 삶과 투쟁

공장 파업과 노조 활동

노조는 계속된 교섭 결렬과 공장장의 폭행에 항의하며 12월 9일(금)부터 작업을 거부했다. 이에 회사 측은 일방적으로 휴업을 선언했다. 나는 긴급히 노조 회의를 열어 대책을 논의했다. 노조원들은 파업을 결정하고 성남노협에 협조 요청, 집회 개최, 협조 요청 유인물 제작 등을 추진하기로 했다. 이때 나는 일을 조급하게 처리하지 않기로 다짐했다.

이날은 파업 철야농성 1일째였다. 차가운 겨울바람에 첫눈이 휘날렸다. 즐거운 마음과 서글픈 심정이 가슴 속에서 방망이질 하듯 쿵쿵거렸다. 우리는 노조 사수 및 휴업 철폐를 외치면서 아무도 없는 회사를 지켰다. 나는 파업의 장기화를 준비하면서 우리가 지켜야 할 규율 9개를 제시했다.

1. 우리는 상호 인격 존중하고 동지적 애정을 갖자.
2. 개별적인 행동은 금하고 행동을 통일시킨다.
3. 우리는 모든 일에 솔선수범하고 맡은 바 일에 최선을 다한다.
4. 생활 계획표에 따라 규칙적인 생활을 한다.
5. 조직 원칙에 따라 신속하게 결정하고 지도자의 말에 따른다.

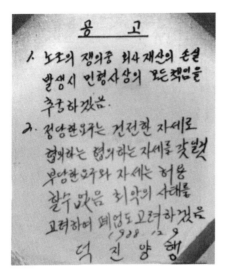

1988년 12월 9일
덕진양행 측의 공고

6. 회사 측과의 대화 협상은 단일화하며 공개한다.

7. 우리는 폭력을 기본적으로 거부한다. 그러나 최후의 방어폭력은 예외 인정될 수 있다.

8. 항상 주변 정리를 한다.

9. 술 금지, 담배 절약한다.

이에 나는 생활 계획표를 작성하여 공지했다. 이는 파업 기간 내내 계속되었으나, 그날그날 상황에 따라 내용은 약간씩 달리했다.

7:00 기상(완성반에 모여 구호 제창, 노래)

7:10 식사조 식사 준비, 청소, 아침 운동

　　- 4개조(2명씩), 8명(아침 식사조 3명, 청소조 3명)

7:40 식사

8:40 하루 생활 결의식, 규율 낭독, 역할 분담(하루 생활표

　　공개)

9:40 오전 교육 - 규탄대회 및 발표 대회

　　- 방향성: 위원장

　　- 규탄대회란?: 교육

　　- 규탄대회를 위한 분반 토론 및 초안 작성

　　- 모의 규탄대회

11:20 노래, 율동 배우기: 문화부

12:20 식사 준비

1:00 식사

1:50 비디오 시청 교육, 토론, 문화 또는 교육안 마련

6:20 식사 준비

7:00 식사

7:50 노래 율동: 문화부, 기타 지원

9:00 주제 토론

　　- 사례 발표: 노동자란?

11:00 평가 반성 및 다음 날 실천 목표 설정

12:00 취침

12월 10일(토) 성남민주여성회에 도움을 요청했다. 이 단체는 1988년 2월에 창립한 여성 노동운동 단체였다. 노조가 파업을 결행했는데도 회사 측은 꽁무니를 빼며 시간을 끌었다. 우리는 더욱 강한 투쟁을 선택할 수밖에 없었다. 우리는 성남지방 노동사무소의 문을 두드렸다. 거기에 매달려야만 했다. 하지만 우리의 바람과 달리 노동부 직원들은 일방적으로 사측 편이었다. 그들은 어깨에 힘주고서는 우리에게 무식하다며 폭언을 일삼았다. 희망은 절망으로 바뀌었다. 노동부 직원들은 자신들 본연의 임무를 망각한 채 농성 문제를 해결할 노력조차 하지 않았다. 오히려 우리는 그들과도 맞서야 했고, 결국 노동부가 중재에 나서기로 했다.

그날 오후 2시, 노동부가 중재하여 사장을 불러 겨우 협상이 시작되었다. 우리는 회사의 정상화를 간절히 원했다. 당시 노조 상황은 열악했다. 신생 노조이기에 더욱 그러했다. 특히 쌀이 점점 줄어들어 걱정이 앞섰다. 지원 들어온 물품인 라면 상자를 앞에 놓고 이것으로 몇 끼니를 때울 수 있을까 걱정했다. 이때 나는 회사의 진정한 주인은 누구인지를 생각했다. 사장도 전무도 공장장도 그렇다고 관리자도 아니었다. 가장 급하고 힘들 때 우리 노동자들만 회사를 지키고 있었다. 우리는 노동조합 사수와 휴업 철회, 노동자의 기본적 권리를 찾기 위해 어떤 어려움도 참고 견딜 수 있을 것이라는 확신을 가졌다. 우리는 점점 더 단결되었고 우리의 의지는 강철같이 굳어져 갔다. 삶이냐, 죽음이냐의 갈림길에 서 있는 비장한 각오로 말이다.

연일 다른 회사의 노동 형제들이 우리 회사를 방문해 주고 우리의 싸움을 격려, 지원해 주었다. 나는 따뜻한 형제애를 느꼈고 커다란 힘을 얻었다. 성남시 8만 노동 형제들이라는 대군을 얻은 기쁨이었다. 이때 나는 "뭉치면 주인 되고, 흩어지면 노예 된다."라는 생각을 했다. 그러면서 나는 노조 사수와 휴업 철폐 투쟁은 왜 필요했는가를 반문하고, 우리의 철저한 투쟁 과정과 의미, 성남 노동 형제들의 따뜻한 연대의 함성, 덕진 노동자의 승리를 위해 덕진 노동자는 하나로 단결되어야 한다는 다짐, 예속의 굴레를 벗어나서 새로운 삶의 질서를 만들 수 있다는 자신감을 가질 것을 강조했다.

12월 14일(수) 우리는 노동부를 점거하여 농성했고, 결국 8개 합의를 끌어냈다. 나는 사장과 교섭에 들어가 그토록 염원하던 노조 인정과 전임자 사무실 마련, 중간 관리자의 노동자에 대한 비인간적 행위에 대한 공개 사과 등을 얻어냈다. 파업 투쟁 6일 만이었다. 쾌거였다. 노동부 청사 바깥에는 농성 첫날 내렸던 하얀 눈이 우리를 포근하게 감싸주는 듯했다.

〈합의서〉

㈜덕진양행은 회사 측과 노동조합 상호 간 다음 사항을 준
수할 것을 합의한다.

- 다음 -

1. 노동조합의 자유로운 활동을 보장한다.

2. 노동조합 사무실은 ㈜덕진양행 내 ○층쯤에 ○○평으로
   1988년 12월 20일까지 개설한다. 직통전화 등 사무집기
   는 사무실 개설과 함께 설치 및 대여한다.

3. 노동조합 활동 전임자는 위원장을 완전 전임으로 인정
   하고, 노조에서 지명하는 자를 하루 중 오전 근무를 제외
   한 전임을 인정하여, 전임자에 관한 대우를 월 30만 원
   을 기본 월급으로 하고, 기타 수당 및 급여 인상 등은 조
   합원과 같은 기준으로 한다.

4. 폭력 관리자 퇴진 및 회사 측 공개 사과: 봉제 계장 퇴진
   이 아니면 최저선 회사 측은 사장이 즉시 조합원 앞에서
   공개 사과하고 노조의 유니언 숍 제도●를 인정한다.

5. 경제적 피해 보상: 회사 측은 노조 결성 이후 지금까지

● 유니언 숍(Union Shop) 제도: 사업장에서 근로자를 고용할 때 일정 시간 내 노
  동조합에 가입하도록 하고, 노조에 가입하지 않으면 해고하도록 하는 노동조합
  강제 가입 제도다. 근로자의 단결권 보장과 노동조합의 안정을 목적으로 한다.

의 기간에 대한 조합원의 정상 근무를 인정하며 일주일
14시간의 잔업을 계산하여 임금은 정상 지급한다.

6. 회사 측은 즉각 휴업을 철회한다.

7. 책임 소재: 회사 측은 노동조합 결성 이후의 사태에 대하
여 일체의 민형사상 책임을 묻지 않으며 이후 신분을 보
장한다.

8. 사내 화합을 위한 조치: 회사와 조합은 향후 상호 신의와
존중 하에 노사 대등한 질서 수립을 위해 책임 있는 노력
을 기하며, 노동조합은 우선 망년잔치를 개최 위안회를
겸하며 회사 측은 이에 적극 지원한다.

9. 단체 협약 체결에 관하여: 회사와 노동조합은 이후 상호
성실하게 단체 협약에 임하며 합의 하에 이행한다.

10. 부당 노동행위 금지 조항: 회사는 일체의 부정 노동행
위를 행하지 않으며, 만약 부당 노동 행위 시에는 그 기
간 중의 300%로서 임금을 지급한다.

회사 측 대표

노조 측 대표

이 합의사항은 88년 12월 1일부터 소급하여 실시한다.

이는 물론 우리의 힘만으로 얻어낸 결과는 아니었다. 우리 노
조는 설립한 지 얼마 안 되었고 투쟁 경험이 없었기에 미숙한 점

이 적지 않았다. 이때 성남노협 노동자들의 지원 투쟁이 없었다면 불가능했을 것이다. 이들은 함께 밤새워 가며 회사 측에서 동원한 구사대에 대비해 규찰도 서주었고, 물품 지원도 아낌없이 해주었다. 이러한 성남지역 동지들의 헌신적인 지원은 회사 측으로 하여금 단순히 덕진노조와의 대결이 아니라는 점을 일깨워주었던 것이다.

그러나 노조를 만드는 것보다 지키는 것이 더 힘들었다. 노조원들은 생산량을 달성하기 위해 1인당 매수기를 달아 시간별로 기록해야만 했고, 회사 측은 공장장을 앞세워 노조원들을 분열시키기 위해 갖은 노조 파괴 책동을 일삼았다. 심지어는 노동자에게 공평하지 못한 대우를 하고서는 반강제적으로 시말서(경위서)를 쓰도록 하기도 했다. 이러한 술책에 열심히 싸우던 동료들이 회사를 그만두는 사례가 나타나기 시작했다. 그럼에도 힘들게 노조를 쟁취한 덕진 조합원들은 노동조합을 절대로 빼앗기지 않기 위해 끈질기게 버텼다. 나는 어떤 어려움이 있어도 그들에게 내색하지 않았다. 혹시나 나로 인해 조직이 무너질까 우려해서였다. 나는 그들의 오빠였고, 형이었고, 동지였다. 우리는 성남노협에 가입하여 지역연대 활동에도 적극적인 모습을 보였다.

파업 기간 내내 11명의 덕진노조원은 매일 함께 먹고, 함께 자면서 결의를 다졌다. 나는 그들로부터 많은 사랑을 받았다. 12월

18일 내 생일에는 휴업 철회 철야농성 중인데도 나이 어린 조합원들이 운동화를 선물해 주기도 했다. 그럼에도 그해 12월 31일(토) 적지 않은 노조원이 참회서, 탈퇴서, 사퇴서를 쓰고 탈퇴했다. 대략적인 내용은 다음과 같았다.

"현재로서는 노동조합이라는 것이 너무 빠르다고 생각함. 내가 알고 있기에는 회사에 큰 불만이 있을 때 노동조합이 생기는 걸로 알고 있다. 그런데 우리 회사에는 여러분이 큰 불만도 없이 노동조합을 한다는 게 마음에 안 듦. (외부 세력이 너무 치우침) 노조를 함으로써 너무나 근무하는 데 있어서 태만하다."

"우리 회사로서는 노동조합이 너무 빠르다. 회사 측에 뚜렷한 불만도 없으면서 노동조합을 한다는 게 이해가 안 감."

"매일 계속되는 노동조합 문제로 언제나 불안한 마음에서 개인 일에 돌아오는 이익은 하나도 없고 불안하기 때문에 나는 노동조합에 사퇴를 희망합니다."

"본인은 노조에 가입하고 싶지 않고 현재 우리 회사로서 노동조합이 너무 빨리 설립된 것 같고, 노조가 생기므로 해서 서로 간의 우애가 없어져 너무 어수선합니다."

"본인은 조합이라는 것을 아직 확실히 알지 못하고, 집에서
도 반대하여 탈퇴를 원합니다."

이를 지켜보면서 노동 현장의 상황은 내가 학습을 통해 알았
던 것과 달리 혁명적이고 계급적 성격을 가진 노동자가 많지 않
음을 깨달았다. 그 현실이 너무 안타까웠다. 나는 그럴수록 이들
을 단결시킬 방안을 마련하느라 고민하고 또 고민했다.

그러는 사이에 1989년 1월 1일(일) 새해가 밝았다. 희망과 고
통의 한 해를 보내고 새해를 맞았다. 하지만 나에게 새해를 맞는
다는 것은 또 다른 희망과 고통이 엇갈린다는 뜻이었다. 노동자
는 매일 철야 잔업에 시달리고, 집에 와서는 생활에 찌들어 살아
야만 한다. 또한 노동자는 관리자의 눈초리에 피곤하고 지겨운
생활을 해야만 한다. 노동자는 체계적인 교육을 받을 기회를 거
의 갖지 못하고, 노동자의 기본적인 권리니, 인간답게 사는 것이
니 하는 생각을 하기조차도 피곤할 정도였다. 노동법에 대해서
언제 공부해 보았겠는가. 노조 설립 방법을 스스로 터득할 기회
가 있었는가, 취업 규칙이고 생리휴가는 어떻게……. 그러나 사
업주는 돈을 가진 전문 경영자이니…….

1월 7일(토) 공장 2층에 조그마한 방을 마련하고 노조 현판식

1989년 1월 7일 덕진양행 노조 현판식 날에
축문을 읽고 있는 김윤기 노조위원장

을 거행했다. 책상 하나가 겨우 들어갈 공간이었지만, 제대로 된
사무실을 갖게 된 것에 만족했다. 나는 그날 다시금 마음을 다잡
으며 축문을 읽었다.

회사 측은 끊임없이 조합원을 분열시키고 노조를 탄압했다.
이러한 회사 측의 태도는 우리를 또다시 화나게 했다. 노조는 전
체 사원의 화합과 단결을 위해서 최대한 노력하고 양보해 왔다.
그러나 덕진양행에서 더는 양보로서 어떤 문제도 해결할 수 없
음을 알았다. 공장장은 여전히 말로만 노조를 인정하고 실제의

활동을 보장하지 않는 얄팍한 술수를 계속 썼다. 그러한 정황은 다음과 같았다.

첫째, 우리의 싸움 과정에서 결정되고 합의한 노조 활동 보장에 대해 하나도 이행되고 있는 것이 없다. 공장장과 ○○○ 계장은 곧 나갈 사람이니 공개 사과를 할 수 없다. ○○○ 공장장은 노조원들이 모인 자리에서만 사과하고 노조 측에서도 같이 사과하지 않으면 공개 사과를 하지 않는다고 한다. 아직도 잘못에 대해 인정하지 않는다는 태도일 수밖에 없다. 노조 사무실도 2층이나 3층 사무실을 주기로 했으면서 미뤘다. 1월 15일까지만 2층을 쓰고 기숙사 방을 밖으로 이전할 테니 기숙사 방을 노조 사무실로 쓰라고 번복할 뿐이었다. 추운 겨울에 기숙사 보일러를 고쳐 놓고 지금에 와서 방을 비워 달라고 요구하며 기숙사원의 노조 활동을 지속해서 방해하였다.

둘째, 계속해서 시말서, 징계 등등 운운하며 현장 분위기를 살벌하게 만들었다. 회사에서 일할 때는 일 분위기가 즐겁고 부담이 가지 않게 일을 해야 생산도 잘 되고 일하는 것이 재미도 있다.

지난 1월 21일(토) 홍정애가 분명히 계장에게 외출 허가를 받았는데도 이를 무단 조퇴라고 우겼다. 노조 결성 이전에는 며칠씩 무단결근해도 큰 문제 없었는데, 단 하루의 사정을 이야기하고 허가받아 조퇴했음에도 시말서를 내라고 강요하는 것은 회사 기강을 잡는다는 명분 하에 행해지는 인간 이하로 대우하는 것이고, 노조 탄압이고, 사람들을 인격적으로 대우하지 않겠다는 것이다. 시말서 제출 요구를 중단할 것을 엄중 경고한다.

우리는 이번 사건을 계기로 우리 노동자의 완전한 인격적 대우와 자유로운 노조 활동을 쟁취하기 위해 전 조합원의 이름으로 엄중히 경고하며 단호히 투쟁할 것을 결의한다.

회사 측의 공장 이전 음모

이때 회사 측은 또 다른 수준 높은 노조 파괴 음모를 꾸미기 시작했다. 그것은 공장 이전 음모였다. 1989년 1월 26일(목), 회사 내에 공장을 이전한다는 대자보가 나붙었다. 이전 장소도 성남이 아닌 서울 길동이었다. 성남공장의 여러 유리한 조건을 무시하고, 땅값도 인건비도 비싼 서울로 간다는 것은 노조를 무력화하려는 노조 탄압일 수밖에 없었다.

당시 회사 측이 노동조합을 박살 내고자 전문가들로부터 조언과 상담을 받는다는 얘기가 나돌았다. 그 결과가 '회사의 공장 이전'이었던 것이다. 나는 뒤통수를 제대로 크게 한 방 얻어맞은 기분이었다. 사업주에게는 기계와 공장이 자신의 사유물일지 몰라도 노동자에게는 밥줄이요 생명이었다. 사업주에게 노동자가 단순한 기능공이고 기계 부속품처럼 보였을지 몰라도, 청춘을 바친 노동자들에게는 미우나 고우나 그 공장이 자신들의 손때와 정성이 깃든 형용할 수 없는 어떤 것이었다.

나는 비상 체계로 돌입하여 대책을 찾으면서 회사 측에 공장 이전 철회를 위한 협상을 요구했다. 회사 측은 공장 이전은 경영에 관한 건이고 노동조합과는 협상할 대상이 아니라며 일방적인 공장 이전 방침을 고수했다. 나와 덕진노조 조합원들은 1989년 1월 28일(토) 분노와 서러움을 억누르며 쟁의 발생 신고를 했다. 추위가 한창 기승을 부릴 때인데 노조원들은 더 혹독한 겨울을 보내야만 했다.

1989년 2월 1일(수), 우리는 투쟁 결의를 더욱 다지는 동시에 노동조합 체계를 공장 이전 철회 투쟁 체계로 바꾸고 투쟁을 준비했다. 조합원들은 투쟁에 걸맞게 "경비 절감한다더니 땅값 비싼 서울 이전이냐, 서울 이전 철회하라!"는 등의 구호를 창의적으로 만들었다. 2월 3일(금) 나는 공장 이전 철회 투쟁을 위해 노조원들에게 옥산봉제 투쟁 사례를 교육했다.

옥산봉제에서는 1988년 3월 12일 공장 이전 철회를 요구하며 농성하던 여성 근로자 3명이 회사 측이 고용한 구사대에 구타를 당했으며, 그 전날에는 관리자 8명이 여성 노동자들에게 심한 욕설과 구타를 자행했다. 관리자들은 10~20대의 여성 노동자들이 작업 중 잠깐 한눈을 팔거나 옆 사람과 이야기라도 하면 "무식한 것들" 등의 폭언을 일삼았으며, 머리를 쥐어박거나 따귀를 때리는 것이 다반사였다.

구사대는 회사 측이 고용한 노동운동 파괴 조직이었다. 1987년 노동자 대투쟁 이후 노동자가 노동조합을 만들거나 어용노조 민주화 투쟁 등을 전개하려 할 때, 회사 측이 인사 노무 담당 부서의 중간 관리자를 중심으로 조직을 만들었는데, 구사대는 이에서 비롯되었다. 이후 회사 측은 인원이 부족할 때는 외부 인원을 임시 고용하는가 하면, 심지어는 경찰의 협조를 받아 전경을 구사대로 위장하여 배치하기도 했다. 회사 측은 구사대를 통해 폭력적인 만행을 저지르곤 했다. 특히 1988년 9월 이후 구사대는 쇠파이프, 각목 등의 흉기를 휘둘렀다. 경찰은 이러한 구사대의 폭력 만행을 수수방관했고, 농성 노동자를 향해 최루탄을 쏘며 주동자들을 연행, 구속하기까지 했다.

노동자들의 투쟁이 일어나는 곳에서는 어디든지 구사대가 만들어졌고, 노동자들은 목숨을 걸고 이들과 투쟁하기도 했다. 특히 여성 노동자들의 투쟁이나 조직력이 약한 사업장에서 투쟁이 일어날 경우, 자행된 구사대의 폭력은 처참할 정도로 노동자들에게 큰 상처를 주었다.

이즈음 1988년 6월 25일 성남지역 14개 사업장 노조원 600여 명이 신구전문대에 모여 성남노협을 결성했다. 의장에는 오리엔트시계 노조위원장 지한규가 선출됐다. 성남은 성남공업단지와 수많은 영세 사업장을 끼고 있어 근로기준법 위반과 노동조합 탄압 문제가 심각했다. 이에 성남노협 결성 자체만으로도 의미가 컸다. 성남노협은 한 달에 한 번씩 정례모임을 갖고 각 사업장 노조대표로 구성된 운영위원회가 수시로 임시회의를 개최하여 조직을 정비하고 노조 탄압에 공동 대처하고자 했다. 성남노협은 안건사 노조 간부 해고 철회 투쟁, 월드아트 위장폐업 철회 투쟁, 합동전자 구속자 석방 투쟁을 비롯하여 옥산봉제 구사대 반대 투쟁 등을 연대하여 승리로 이끌었다. 한국여성민우회도 옥산봉제 등 구사대의 폭력 사례를 접수하고 상담을 시행하기도 했다.

우리는 2월 6일(월) 설을 앞두고, 2월 5일부터 8일까지 공장 사수를 위해 철야를 하기로 했다. 노조원들은 설을 맞아 예전처럼 식구들과 오붓한 시간을 보낼 수 없었다. 우리는 이때를 악용하여 회사 측이 기계를 빼돌릴 것을 대비하고자 밤을 새워가며 기계와 공장을 지켰다. 나는 혹시 노조원들이 흐트러질까 우려하여, 덕진에서 죽겠다고 결의한 11명의 노조원 앞에서 "생에 가장 중요한 순간이다. 목숨 걸고 공장 이전을 철회시키자!"라며 결의를 더욱 공고히 했다. 11명은 나를 비롯하여 안덕철(부위원

장), 이영숙(부위원장), 박순자, 이영숙(노동자), 조금숙, 박은주, 최
지연, 함영례, 홍정애, 유병옥 등이었다.

2월 13일(월) 설이 끝났는데도 회사 측에서는 어떠한 움직임
도 없었다. 나는 이러한 상황이 장기화할 것을 대비해서 노동조
합을 '이전 철회 투쟁위원회'로 개편했다. 아울러 장기투쟁에 대
비하는 방안으로 선배들과 논의 끝에 다른 지역에서 문화활동을
하고 있던 이호영(동국대 82)을 결합시키기로 했다.

공장 이전 저지 투쟁

1989년 2월 16일(목), 우리 노조는 마침내 멀고도 험난한 이
전 철회 투쟁을 파업으로 전환했다. 본격적으로 파업 투쟁에 돌
입한 것이다. 이래저래 조합원들이 빠져나가고 앞서 말한 대로
11명만 남았다. 18세에서 20세의 어린 직공들이 전부였다. 오랜
투쟁에 다들 지쳐 있었다. 그런데도 과연 우리가 무엇을 할 수
있겠느냐는 의구심과 함께 끝까지 투쟁하겠다는 의지도 한껏 고
조되었다. 힘들게 지켜온 노동조합이었기에 여기서 물러설 수
없는 노릇이었다. 현장을 사수해야 했기에 현장에서 투쟁하고
잠도 교대로 자는 파업 농성을 시작했다. 잠은 회사 4층의 남·녀
기숙사를 활용하고, 구내식당에서 식사를 해결했다. 이때 앞서

'노동해방'이라 쓴 머리띠를 두른 김윤기 노조위원장

작성한 규율 9개 항목에 2개를 추가했다. 지역 노동자들로 규찰대를 확대하여 회사 측의 구사대 침탈에 대비했다.

2월 17일(금) 파업을 방해하려고 회사 측이 막무가내로 밀어붙이는 작업 진행을 저지하기 위한 농성을 벌였다. 더욱이 회사 측은 자신들의 인맥을 통해 입사했거나 회유한 노동자들을 이용해 공장 물품을 빼돌리고자 했다. 이에 다음 날인 2월 18일(토) 나는 노조원들과 함께 기계를 모두 뒤쪽으로 옮겼으며, 회사 측이 구사대를 동원하여 강제로 작업을 진행하려는 것을 온몸으로 막아냈다.

2월 19일(일) 회사 측은 휴업 공고를 냈다. 이때 처음으로 1차 교섭에 나섰다. 하지만 서로의 입장 차만 확인했다. 나는 교섭에 나서면서 흰 무명천에 매직으로 꾹꾹 눌러 정성껏 '노동해방'이라고 쓰고는 이마에 둘러맸다.

2월 20일(월) 2차 교섭에 나선 회사 측은 성남공장을 옮긴다는 기존 태도에서 한발 물러나 하청업체화하겠다며 협상안을 내놓았다. 하지만 나는 이를 받아들일 수 없었다. 나와 노조원들은 오히려 농성 현장에서의 연대집회 개최, 공장 주변을 대상으로 한 홍보활동을 하며 투쟁의 정당성과 의지를 보여주었다. 내부적으로는 파업장에서의 금연, 금주 등의 파업 규율을 만들어 매일 실천했으며 규칙적인 파업 활동을 전개했다. 당시 성남공단 내에 있던 한일라켓 역시 전남 광주로 공장을 이전하는 문제로 회사 측과 갈등을 겪고 있어서 그들과 공동투쟁을 결의하고 하나로 뭉쳐 이후 투쟁을 함께 진행했다.

2월 25일(토) 3차 교섭이 이뤄졌지만, 이렇다 할 결과를 얻지는 못했다. 나는 서울 이전은 회사가 망하는 길이라 주장했지만, 회사 측은 대꾸조차 하지 않았다. 나는 평행선을 달리는 교섭에 한계를 느끼고 노조 탄압 분쇄 및 공장 이전 철회 투쟁 결의대회를 개최했다.

〈덕진양행 이전 철회 투쟁 결의문〉

짱짱한 덕진양행 본 공장이 경영 적자로 인해 무역부와 본 공장을 통합하면서 서울로 이전한다는 터무니 없는 말에 또다시 분노한다. 당장 두 달 전까지만 해도 생산량이 많아 좋아하며 시설을 확장하니 인원을 늘리느니 하던 사장 입에서 적자라서 인원 감축, 경비 절감이 절대 필요하다고 죽는시늉한다. 무슨 일이 있어도 공장문을 절대로 닫지 않을 것이라던 덕진 사장은 적자 때문에 이전해야겠느니 폐업해야겠느니 떠벌이고 있다.

서울 이전은 적자도 경비 절감도 아닌 노조를 근본적으로 박살 내려는 비열한 자본가들의 일반적인 수법이고, 노동자의 생존권을 무시하는 비인간적인 의도이다.

공장 이전이나 폐업의 문제는 덕진만이 아니라 모든 중소기업 노동조합 활동에서 크게 걱정하고 고민하는 것이다. 기업별 노동조합에 대한 의식의 극복과 철저한 연대 투쟁으로 일반적인 자본가의 노동자 탄압 의도를 분쇄해야 한다. 인간답게 살아보자고 노동조합을 결성한 지 70여 년이 지나고 있다. 모든 고통과 어려움, 굴욕의 노동에서 해방되고 역사와 사회의 주인이 되고자, 공장의 참 주인이 되고자 투쟁해 왔다.

우리는 이 이상 물러날 땅이 없다. 노동자의 생존 터전인 공

덕진양행 이전철회 투쟁결의문

쌩쌩한 덕진양행 본 공장이 경영 곤란으로 인해 무역부와 본 공장을
통합하면서 서울로 이전 한다는 터무니 없는 말에 또 다시 분노한다.
당장 두달전 까지만해도 생산량이 많아 흥아하며 시설도 확장시키느니
인원을 늘리느니 하면 사장 입에서 각자각서 인원감축, 경비절감이
절대 필요하다고 죽는 시늉을 한다 무슨일이 있어도 공장문을 절대로
닫지 않을 것이라던 덕진사장은 적자 때문에 이전 해야 겠느니
폐업을 해야 겠느니 떠벌이고 있다.

서울 이전은 적자도 경비절감도 아닌 노조를 근본적으로 확살 내려는
비열한 자본가들의 일관적인 수법이요 노동자의 생존권은 무시하는
비 인간적인 외도이다.

공장이전이나 폐업의 문제는 덕진만이 아니라 모든 중소기업 노동조합
활동에서 크게 경험하고 고민하는 것이다. 기업별 노동조합에 대한 의협성의
극복과 출저한 연대 투쟁으로 전반적인 자본가의 노동자 탄압 의도를 분쇄해야
한다. 인간답게 살아 보자고 노동조합을 결성한지 4ㅇ 여년이 지나고
있읍니다 모진 고통과 어려운 굴욕의 노동에서 해방되고 역사와 사회의
주인이 되고자 공장의 참 주인이 되고자 투쟁 해 왔다
우리는 더 이상 물러날 땅이 없다. 노동자의 생존터전인 공장을 이전하고
노동조합을 파괴하려 하는 자본가의 비열한 기만 술수를 이제는 확실한
투쟁으로 박살 내자

        / 노동자의 생활 터전을 박탈하는 서울이전 철회하라
    / 노동조합 파괴 행동 중지하고 서울이전 철회하라
    / 펼쳐지게 떵이거능 땅이 없어 서울가나
    / 사장이 배쌀이면 노동자는 겁나구라

19 2.
덕진양행노동조합

1989년 2월 덕진양행 이전 철회 투쟁 결의문

장을 이전하고 노동조합을 파괴하려 하는 자본가의 비열한 기만 술수를 이제는 확실한 투쟁으로 박살 내자.

1. 노동자의 생활 터전을 박탈하는 서울 이전 철회하라.
1. 노동조합 파괴 책동 중지하고 서울 이전 철회하라.
1. 펼쳐진 게 땅이거늘 땅이 없어 서울 가냐.
1. 사장이 배짱이면 노동자는 깡다구다.

1989. 2.

덕진양행노동조합

2월 28일(화) 4차 교섭이 진행됐으나, 회사 측의 공장 이전 철회 약속은 없었다. 이에 나는 외부 방송으로 우리 투쟁의 정당성을 홍보하면서 공장 이전 철회를 강도 높게 주장했다.

3월 1일(수) 삼일절 공휴일을 맞아 회사 측은 일방적으로 사무실을 예정대로 서울 길동으로 옮겼다. 나는 이날 파업 장기화를 대비하려고 성남노협 일일 찻집을 열어 홍보 및 파업기금을 모으는 데 힘을 기울였다. 그럴수록 회사 측은 더욱 강경하게 나왔다. 3월 3일(금) 5차 교섭이 있었으나, 회사 측이 무수한 변명과 억지로 서울 이전을 강하게 주장하면서 협상은 결렬되었다.

3월 4일(토) 나는 신기노조(위원장 유선국) 현판식에 참석하여 축사했다. 문 안에 들어서기도 전에 반갑게 맞아주던 낯익은 신기노조 조합원들의 웃는 모습이 가슴 뭉클하게 했다. 나는 짤막

하게 "신기 조합원 여러분의 덕진에 대한 뜨거운 동지애는 덕진 조합원들에게 커다란 힘을 주었습니다."라며 감사의 인사를 전하고 덕진노조는 더욱 강경하게 투쟁하여 공장 이전을 철회시키겠다는 의지를 알렸다.

3월 6일(월) 우리 노조원들은 서울 길동 본사로 찾아가 항의 농성을 했다. 3월 8일(수) 우리 노조와 한일노조는 공장 이전 철회 결의대회를 한일라켓에서 개최했다. 이날 회사 측은 직장 폐쇄를 신고하고는 전화선을 절단하여 외부로의 모든 소통을 차단해 버렸다.

심지어 투쟁에 참여하는 조합원의 집에 비열한 내용의 공문을 보내 분열을 획책했다. 이에 노조원들은 공장에 찾아온 가족들을 설득해 투쟁에 동참하도록 했다. 3월 중순 무렵 오전에 교육부장 박순자의 부모님과 언니가 투쟁 현장을 찾아왔다. 그동안 가족이 찾아온 사례가 없었기 때문에 모든 노조원이 긴장했다. 박순자의 아버지는 회사에서 보낸 가정통신문을 가지고 오셨다. 통신문에는 "위장 취업자의 꾐에 빠져 불법 파업을 하고 있고, 파업을 계속하면 다른 곳에 취직이 어려우며 시집도 못 간다."라는 온갖 협박성 문구가 가득했다. 또한 경찰이 집으로 찾아와 딸을 구하고 싶으면 집으로 데려오라고 했다며 걱정 가득한 얼굴로 그를 데리러 온 것이다.

나는 차분하게 일단 안으로 들어가서 차 한잔하시라고 권했

우성노동조합 현판식에 참석한
김윤기 덕진양행 노조위원장

지만, 가족들은 현수막과 온갖 구호가 걸린 건물을 보며 심란함을 감추지 않고 건물 입구에서 그를 데려가려고 했다. 나는 가족에게 상황을 설명하면서 위험한 일은 일어나지 않을 것이며, 상황은 곧 끝날 테니 걱정하지 마시라고 설득했다. 또한 투쟁은 결코 불법이 아니고 정당하게 법을 지키면서 하고 있다고 말씀드렸다. 부모님께선 내 설명을 차분히 들으신 뒤에 걱정은 되지만 차마 딸을 데려가지 못하겠다며 돌아가셨다.

이런 가운데 3월 9일(목) 덕진노조는 결성 100일을 맞아 기념 '햇불의 밤'을 개최했다. 조합원들은 힘겨워하면서도 우리 노조

1부 청년 노동운동가 김윤기의 삶과 투쟁

의 결성에 힘입어 섬유 업종 중에 신기노조, 국동노조, 우성노조 등이 속속 결성되는 데 힘을 얻곤 했다. 국동노조에는 윤용주 선배가 부위원장이 되었다. 우리는 그들과 연대했는데, 천군만마를 얻은 기분이었다. 이를 계기로 섬유노동조합 대표자 회의가 만들어졌다. 섬유노동조합 대표자 회의는 오명록 선배를 성남노협 섬유 업종 간사로 추천하여 섬유 지역노조 결성을 위한 움직임을 키워갔다. 우리 덕진노조는 힘들더라도 신규 사업장에 헌신적으로 도움을 주었고, 그들 또한 기업별 의식의 벽을 하나하나 허물었다.

3월 17일(금) 오전 10시 두영노조에서 열린 소예, 신기, 옥산, 가방, 시즈 등 섬유노동조합 대표자 회의에 참석했다. 각 노조의 활동 사항을 공유하고 연대 투쟁을 위한 다양한 의견을 공유했다. 이때 노조별 서클에 집중하고 기획과 각 서클을 담당하는 문화부장 모임이 필요하다는 데 공감했다. 또한 잔업이 많은 봉제 업종 성격상 힘든 점이 많은데, 작업시간을 줄일 것인지, 아니면 경제적 이득을 위해 작업시간을 늘릴 것인지에 대한 고민이 크다는 문제점을 공유했다. 이외에 노보 발간과 간부수련회 등도 논의했다.

3월 21일(화) 파업 투쟁 30일 동안의 성과를 평가하는 시간을 가졌다. 규칙에 대한 평가로서 얼마나 이를 지켰고 타당했는지 검토했다. 이외에 조직력, 투쟁력, 조합원 연대 투쟁 등의 문제점

덕진양행 성남공장 이전 철회 투쟁 당시

도 검토했다.

3월 22일(수) 7차 교섭이 재개되었다. 이때 회사 측이 제시한 조건은 조합원들만 성남공장에서 작업할 수 있게 해주겠다는 것이었다. 이에 노조는 조합원들만 작업하면 회사 측에서 작업을 주지 않거나 하여 노조를 자연스럽게 없애려는 술책이라 판단했다. 우리는 한 발 물러나 30여 명의 1개 부서로 성남공장을 가동할 것, 독립 노조 사무실 마련, 파업 기간 중 기본금 100% 지급, 임금 5,300원 인상, 성남과 서울의 동등한 근로조건 등을 요구했다. 하지만 회사 측이 이를 거절하면서 교섭은 다시금 결렬되고 말았다.

3월 25일(토) 회사 측은 파업 노동자 11명 전원을 '업무 집행 방해'와 '퇴거 불응'이란 명목으로 경찰에 고소했다. 이에 나는 노조원들을 모아 놓고 끝까지 투쟁하기로 하고 모든 소환장을 태워버렸다.

이 무렵 파업이 길어지면서 지쳐 있던 조합원들 사이에는 크고 작은 감정대립이 일어났다. 10대 초반 4명의 노조원은 자신들보다 나이가 많은 언니, 오빠 들이 활동하지 않는 것에 불만을 품고 투쟁 현장을 나가버렸고, 밤이 새도록 돌아오지 않았다. 당시 나이로 보면 그들이 가장 어렸고, 20대 초반 조합원 5명, 나와 부위원장 두 명은 20대 중반이었다. 그들은 언니, 오빠 들이 파업 투쟁을 빨리 정리하려는 것이 아닌가 하는 의구심을 가진 것이다. 다른 노조원들은 걱정스러운 마음에 기다리며 밤을 꼬박 새웠다.

다음 날 아침, 나는 그들을 찾으러 다녀야 하나 걱정하며 대책회의를 하고 있는데, 그들이 돌아왔다. 우리는 반가운 마음에 웃음으로 맞았는데, 그들은 자신들을 보며 웃었다고 오해하여 또다시 나가버렸다. 저녁 늦게 그들은 술을 먹고 현장에 돌아왔다.

그들은 나에게 이 상태로는 파업을 지속할 수 없으니 입장을 정리하자며 결정을 요구했다. 나는 노조원 위에서 군림하기보다는 철저히 민주주의 방식으로 문제를 해결하고자 애썼다. 아직 미숙한 노동자들이 홀로 서게끔 하려는 생각에서였다. 이때 노조원들은 각자 자신의 생각을 밝혔다. 모든 노조원은 눈물을 흘리며 끝까지 하겠다고 다시 한번 결의를 다졌다. 노조를 잘못 이끌어서 오늘과 같은 일이 벌어졌다는 생각에 무릎을 꿇고 벽에 손을 갈아 혈서로서 나의 진실한 마음을 보여주었다.

이런 상황에서 회사 측과의 교섭은 큰 진척이 없었다. 3월 26일(일) 11시 8차 교섭에 나섰으나 이전과 큰 변화가 없었다. 회사 측은 업무 집행 방해와 퇴거 불응에 고소하겠다며 겁박했다. 3월 29일(수) 9차 교섭은 아무런 결론을 내지 못하고 끝났다. 나는 9차 교섭이 끝난 뒤, 우리 노조를 비롯하여 파업 중인 한일라켓·성남전자·한양고무 등 4개 사업장이 주최한 '노조탄압 분쇄 및 임투 승리 결의대회'에 참가했다.

3월 30일(목) 투쟁 43일째가 되던 때 근로감독관 입회와 조합원 전체가 참여한 가운데 10차 교섭이 진행되었다. 노조 측은 교섭에만 의존하지 않고 투쟁과 병행할 것이라는 의지를 밝혔고, 회사 측은 3월 안으로 끝나지 않으면 교섭도 하지 않을 것이라며 엄포를 놓았다.

4월 1일(토) 우리는 지난날의 오해를 씻고 다시금 시작하는 마음에서 이호영 선배의 도움을 받아 "딸들아 일어나라!"라는 주제로 '파업기금 마련과 노동자 연대를 위한 하루 찻집'을 열었다. 모든 노조원은 붉은 천으로 머리띠를 새로 만들어 착용했다. 이날 지역 노동자 300여 명이 참석한 가운데 연극, 탈춤, 풍물 등

'딸들아 일어나라!' 공연 당시 모습으로, 동그라미 부분이 김윤기 열사

을 선보였다. 나는 이날을 기점으로 사측과의 교섭에 의존하기보다는 더욱 뜨거운 투쟁으로 사측의 악랄한 탄압에 맞서겠다는 결의를 다졌다. 파업 중에도 덕진 노동자들 각자의 재능과 솜씨를 발휘하여 공연을 무사히 마쳤다. 이때 많은 노동자가 찾아줘서 투쟁 결속을 다지는 계기가 되기도 했다.

나는 이날 "노조 탄압 공장 이전 투쟁으로 분쇄하자!"라며 다음과 같은 글을 작성했다.

억압과 착취에 고통받는 우리 노동자들은 한 많은 세월을 무척이나 한탄하며 살아왔습니다. 그러나 이제는 한탄보다는 우리의 생존권과 우리의 노조를 지켜 나가기 위한 피눈물 나는 투쟁을 하고 있습니다.

47일 간의 파업 투쟁 과정에서 우리는 자본가의 비열한 노조 탄압을 경험했습니다. 식량과 전화 차단, 직장 폐쇄, 가족에게 협박하고 고소, 공권력을 통해 우리를 분열시키고 싸움을 끝장내려고 하고 있습니다. 열 차례의 협상에서도 기만적이고 도무지 받아들이기 힘든 협상 조건을 제시하고 있습니다.

우리의 투쟁은 중요한 의미가 있으며, 노동자의 생존권을 마음대로 뒤흔들고 있는 자본가에 맞선 것이고, 민주노조를 파괴하려는 자본가의 음모에 온몸으로 항거하는 투쟁입니다. 우리의 싸움은 이전 철회와 동시에 노동해방을 앞당기기 위한 것이며, 공동 투쟁을 통하여 노동자의 단결된 힘으로 자본가와 국가권력에 맞선 투쟁입니다.

장기간의 파업 투쟁으로 쌀도 떨어지고 경비 부담도 크게 됩니다. 병석에 누워 계시는 홀어머니를 두고 눈물 흘리며 싸우는 우리의 동지, 일을 할 수 없는 노부모와 가족을 두고 설움에 치받쳐 투쟁하는 우리의 동지, 자매가 번갈아 가며 각기 다른 사업장에서 악으로 파업 투쟁을 하는 우리의 동지, 우리는 모두 뜨거운 동지애를 느낍니다. 악랄한 자본가를 저주하게 되었습니다. 우리는 이 한 몸 바쳐 공장 이전을 철회시키고 온몸으로 노동해방을 앞당길 것입니다.

1989년 4월 2일 동국대에서 개최된 '현대중공업노조에 대한 폭력정권 및 테러재벌 만행 규탄대회'에 참석한 학생들이 구호를 외치는 장면

나는 행사가 끝나자마자 글씨도 희미해지고 형태도 볼품없어진 머리띠를 다시 이마에 질끈 묶었다. 노조원들이 "위원장님, 잠잘 때만이라도 풀고 주무세요."라고 잔소리를 했지만, 나는 말없이 미소로 답하곤 했다. 무명천에 쓴 '노동해방' 머리띠는 실오라기가 풀려서 너덜거렸는데, 4월 3일 마지막 순간까지도 나와 함께했다.

4월 2일(일) 오후 3시 동국대에서 열린 '현대중공업노조에 대한 폭력정권 및 테러재벌 만행 규탄대회'에 참가했다. 사건은 이러했다. 1989년 1월 8일 현대중공업 파업 중 수련회를 갖던 노조원 18명이 복면을 한 50여 명에게 집단 구타당하는 사건이 일어났다. 이에 현대엔진 노조위원장 권용목은 오른쪽 팔이 부러졌고, 현대중전기노조 대의원 강동일은 얼굴에 상처가 났으며, 현대 해고 근로자 복직협의회 회원 김서호도 폭행을 당했다. 이외에도 폭행으로 여러 노조원이 다쳤다. 이 사건은 현대그룹 경영진이 노조 파괴 청부업자로 고용한 제임스 리(한국 이름 이윤섭)의 지시로 일어난 테러였다.

덕진의 투쟁 현장을 지킬 몇 명을 제외하고 나와 노조원 4명은 동국대로 향했다. 동대입구역에서 내려 밖으로 나가려는데, 입구에서 전경이 검문검색을 하고 있었다. 이때 나는 노동조합 깃발을 가지고 있다가 검문당할 것을 염려하여 박순자 교육부장에게 깃발을 넘기려고 했는데, 이를 전경에게 들켰다.

이후 나를 포함하여 4명이 닭장차라 불리는 전경 버스에 끌려갔다. 차 안에는 집회에 참여하려다가 연행된 사람들로 가득했다. 우리는 용산경찰서 유치장에 갇혔다. 그곳도 집회에 참여하려다 끌려온 사람들로 꽉 차 있었다. 다들 긴장과 약간의 두려움에 사로잡힌 얼굴이었다. 그런데 생각과 달리 경찰서 유치장에서 그날 집회에 관한 토론이 이어졌다. 집회에 참석하지 못한 아쉬움에 약식집회가 열렸다. 다 같이 구호를 외치고 투쟁가요를 불렀다.

어둑한 저녁이 되자 가장 먼저 "김윤기 나가!"라며 훈방 조처가 내려졌다. 그런데 내가 나가고 난 뒤 갑자기 "김윤기, 김윤기

어딨어?"라며 새로운 사람이 들어와 나를 찾았다. 담당자가 나
갔다고 하자, "아이! 내보내면 안 되는 놈인데!"라며 욕을 하고
소리를 질렀다고 한다. 얼마 뒤 모두 밖으로 나왔다. 우리는 경
찰이 쫓아올지 모른다는 생각에 급하게 자리를 떠나 성남 투쟁
현장으로 복귀했다.

그날 늦은 저녁에 생일을 맞은 동료를 축하하는 조촐한 자리
가 마련되었다. 당시 우리 노조는 파업 투쟁을 하는 동안에는 술
을 마시지 않기로 원칙을 세우고 잘 지켜왔다. 그런데 그날만큼
은 예외로 했다. 이런저런 이야기를 나누면서 돌아가며 노래를
한 곡씩 부르기도 했다. 내 차례가 됐다. 나는 〈어부의 노래〉를
불렀다. 다들 의외라는 표정이었다. 내가 '투쟁가'를 부를 줄 알
았던 모양이다.

푸른 물결 춤추고 갈매기 떼 넘나들던 곳
내 고향집 오막살이가 황혼빛에 물들어 간다
어머님은 된장국 끓여 밥상 위에 올려놓고
고기 잡는 아버지를 밤새워 기다리신다
그리워라 그리워라 푸른 물결 춤추는 그곳
아아 저 멀리서 어머님이 나를 부른다
어머님은 된장국 끓여 밥상 위에 올려놓고
고기 잡는 아버지를 밤새워 기다리신다

그리워라 그리워라 푸른 물결 춤추는 그곳

아아 저 멀리서 어머님이 나를 부른다

—〈어부의 노래〉

한 몸을 불사르다

4월 3일(월), 나는 이날 회사 측과 공장 본관 건물 4층 식당에서 11차 교섭을 했다. "돈이 없다.", "적자라서 서울 간다."라는 회사 측의 노조 탄압 기만 술책을 완전히 깨부수기 위해 나와 조합원들은 마지막 협상이라는 굳은 각오로 교섭 장소로 향했다. 회사 측은 단전·단수, 전화 차단 등 비열한 조치와 함께 조합원들을 '업무 집행 방해, 퇴거 불응'으로 고소한 상황이었기에 우리는 더는 물러설 곳이 없었다. 11시 20분경, 노조 측 대표로 나와 부위원장 이영숙·안덕철이 앉았고, 회사 측에서는 사장, 공장장이 나왔다. 협상장에 앉았지만, 사장은 계속 자기주장만 되뇌었다.

"자본가인 사장이 회사 문을 닫겠다는데 왜 가로막느냐?"

서울로 따라오든지 아니면 퇴사하든지. 자신들에게 무리한 요구를 하지 말라는 것이다.

"노동조합이 생기니까 도망치려는 거 아니냐?"

1989년 4월 3일 불에 탄 성남 덕진양행 협상장 모습

"노동조합과 상의도 없이 밥줄이 달린 회사를 하루아침에 옮긴다니 그게 말이 되느냐?"

"공장 이전 철회하라!"

나는 회사 측의 뻔뻔스러운 교섭 태도에 유연하게 대처하며 그들을 설득도 하고 결의에 찬 모습을 보이기도 했다. 결국 협상은 결렬되었다. 나는 협상장 문밖에 있던 시너를 들고 왔다. 3층의 완성반에는 제품의 오염을 지우기 위해 시너를 비치해 두고 있었다. 앉은 채 시너를 내 몸에 뿌리고 책상에도 쏟았다. 그 후 나는 다시 한번 회사 측에 "이래도 마음을 바꿀 생각이 없습니까?"라고 물었다.

하지만 회사 측은 꿈쩍도 안 했다. 듣는 시늉도 하지 않았다. 해볼 테면 해보라는 태도였다. 나는 주머니에서 라이터를 꺼내 들고서는 다시 한번 똑같은 말을 했다. 하지만 아무것도 달라지지 않았다.

결국 나는 라이터를 켰다.

라이터를 켜기 전

라이터를 켜기 전
갈 수 없는 그 순간
돌아갈 수 있다면
나는 불을 켜지 않으리

부서진 어머니 눈물
쓸쓸히 흩어진 구호
벗들의 미안한 마음도
내가 바란 게 아냐

라이터를 켜기 전
갈 수 없는 그곳에
돌아갈 수 있다면
나는 불을 켜지 않으리

흰머리 수북하게
작은 집에 어머니 모시고
여전히 투쟁도 하고
어쩌면 사랑도 하고
라이터를 켜기 전

갈 수 없는 그날의 나로
돌아갈 수 있다면

이번에는 차라리
살고 싶은 민주가 되리
꺼지지 않는 민주가 되리

스물여섯 청춘들이
환하게 어두움 밝힌
응원봉 불빛에 서려
살아 있는 민주가 되리

라이터를 켜기 전
갈 수 없는 그 순간
돌아갈 수 있다면
나는 불을 켜지 않으리

살고 싶은 민주가 되리
꺼지지 않는 민주가 되리

—김선미

나는
스물여섯,
덕진양행
노조위원장
입니다

2부

김윤기 열사
장례 투쟁과 기념 사업

1. 김윤기 열사 장례 투쟁

1989년 4월 3일(월) – 분신 1일째

마지막 11차 협상 당일 김윤기 열사는 자신을 불사르며 공장 이전 철회를 관철하려 했다. 열사가 라이터를 켜는 순간 '펑' 하는 소리와 함께 불길이 삽시간에 번졌다. 협상하던 식당은 순식간에 화염에 휩싸였다. 순간이었다. 아무것도 보이지 않았다. 부위원장 이영숙·안덕철, 사장, 공장장 등은 무작정 빛이 들어오는 식당 안쪽에 자리한 조리실로 내달렸다. 이들은 조리실 유리문을 깨고 베란다 쪽으로 몸을 피했다.

안덕철 부위원장은 망연자실해 있으면서 "솔아 솔아 푸르른 솔아……" 노래를 부르기 시작했다. 옆에 있던 이영숙도 넋이 나간 채 노래를 따라 불렀다. 둘 다 화상을 입었지만, 몸을 돌볼 정신도 없었다. 당시 투쟁을 지원하던 이호영은 기숙사 방에 있다가 불을 피하려고 4층에서 옆 건물로 뛰어내렸는데, 목뼈와

척추가 부러지는 중상을 입었다.

그날 12시경, 119구급차가 도착했고 화재 현장을 진압했다. 구급대원들은 검게 그을리고 타버린 교섭 현장에 들어왔다. 이들은 먼저 불에 타버린 김윤기 열사의 시신을 수습하고, 불길을 피해 베란다에 있던 교섭위원 4명을 구급차에 태웠다. 이후 열사의 시신은 성남병원으로 이송되었고, 교섭위원들은 화상 전문 치료 병원인 서울 한강성심병원으로 이송되었다.

한편, 공장에 있던 노조원들은 회사에 난입한 경찰에 의해 연행되었다. 경찰은 이들에게 "병원에 데려다주겠다"라고 속인 뒤에, 봉고차에 신고는 성남경찰서로 연행했다. 얼마 뒤 지역 노동자들이 경찰서에 항의 방문하여 정문 앞에서 농성하자 그때야 조합원들과 지원자들을 풀어주었다.

열사의 분신 소식은 곧바로 성남 전 지역으로 퍼져 나갔다. 많은 사람이 덕진양행의 파업 현장으로 몰려들었다. 지역 노동자들은 믿기지 않는 소식을 듣고는 일손을 놓고 병원으로, 현장으로 달려왔다. 먼저 지역 인사들과 노조 대표자들은 열사가 안치된 성남병원에 임시 상황실을 설치하고 임시대책위원회를 구성했다.

또한 규찰대도 조직했다. 규찰대는 4월 3일부터 4월 8일까지 하루 150~200여 명이 병원 앞 차도, 병원 정문·후문, 상황실 앞 등에서 조별로 나눠 밤새워 지켰다. 4월 9일부터는 인원을 줄여

100여 명이 교대로 규찰 활동을 벌였다. 이들은 한일·한양고무 등 파업 사업장 중심의 노동자 규찰대와 국민대 민주동문회, 국민대 학생, 성남지역 학생이었다. 이들은 경찰의 도발과 시신 탈취를 막고 질서 유지와 안내를 담당했다.

저녁 6시 30분경, 열사의 어머니, 여동생, 큰아버지가 성남병원에 도착했다. 어머니 정정원 여사는 도착 후 충격으로 실신했다. 그날 어머니는 수유동 친정에 갔다가 친구 집에 들른 뒤 저녁에 시장에 나갔다. 그때 어머니는 이웃 가게 아주머니가 빨리 집에 가보라고 하자 무슨 영문인지도 모르고 놀란 마음에 바삐 집으로 향했다. 집에는 딸 선미가 와 있었고, 김윤기 열사의 대학 친구 유재훈, 최인각 등이 어머니를 기다리고 있었다. 김선미는 고등학교 재학 중이었는데, 수업 중에 오빠 대학 친구들로부터 연락을 받았다.

부리나케 집에 들어온 어머니가 큰 충격을 받을까 염려하여 아들 김윤기 열사가 성남병원에 입원했다고만 전했다. 어머니는 다급하게 택시를 잡아타고 가던 중에 아들이 분신했다는 말을 듣고는 까무러쳤다. 그렇게 아끼고, 집안을 일으킬 아들이라 철석같이 믿었는데 죽었다니 믿기질 않았을 것이다. 딸이 건네준 청심환을 먹었지만 소용없었다. 어머니는 정신을 못 차리는 상태로 아들이 안치된 성남병원에 도착했고, 안타까운 사정 얘기를 들은 택시 기사는 택시비를 받지 않았다. 결국 몸을 가누

지 못해 응급실에 입원한 어머니가 정신을 차린 것은 다음 날이었다.

하지만 어머니가 아들의 얼굴을 본 것은 염이 끝난 뒤였다. 주변 사람들이 어머니가 큰 충격을 받을까 염려하여 불에 탄 아들의 모습을 보여주지 않은 것이다. 이때 어머니는 다시 까무러쳤다. 그 충격이 얼마나 컸을지 짐작하고도 남는다.

임시대책위원회는 성남병원 노동조합 사무실에서 '덕진양행 노동조합 위원장 고 김윤기 열사 분신대책위원회'(대책위)를 공식적으로 꾸렸다. 위원회 산하에 섭외, 재정, 홍보, 서울 치료 담당, 규찰, 안내, 유족 담당 등을 두고, 매일 상황을 점검하고 집회 및 장례를 준비했다.

저녁 8시 30분, '노동조합 탄압 분쇄 및 고 김윤기 열사 추모 범시민대회'가 개최되었다. 이때 500여 명의 노동자, 학생, 시민 등이 참여했다. 이 소식을 전해 들은 전태일 열사의 어머니 이소선 여사, 이한열 열사의 어머니 배은심 여사, 이재호 열사의 어머니 전계순 여사, 박종철 열사의 아버지 박정기 님, 박영진 열사의 아버지 박창호 님 등은 저녁 늦게 방문하여 정정원 여사를 위로하고 죽음을 애도했으며, 대책위 실무자들을 격려하고 떠났다. 이날 경찰서에 풀려난 덕진양행 노조 조합원들은 모두 성남병원 안마당에 설치된 천막에서 잠을 잤다.

4월 4일(화) – 분신 2일째

밤새 대책위가 만든 〈분신투쟁속보〉 제1호가 아침에 출근하는 노동자들에게 1만 부 이상 뿌려졌다. 이에 열사의 분신 소식을 접한 많은 노동자, 학생, 시민이 오전부터 분향소를 찾았다. 오전 11시경 에프코아 코리아 노동자 200여 명이 분향하고 약식으로 집회했으며, 12시 30분경 동원광학·천지산업·해성·창성정밀·덕천산업·효원 등의 사업장에 모인 500여 명의 노동자는 '구사대 폭력 규탄 및 고 김윤기 열사 추모 연대 집회'를 갖고 3시까지 공단 안에서 거리 행진을 벌였다.

성남노협 운영위원회는 각 노조에 "동지여 함께 가자 노동해방의 그날 위해"라는 검은색 현수막을 현장에 걸고 분향소를 설치하기로 결의하고, 규찰대를 편성하여 활동을 강화하기도 했다. 특히 국민대 학생들이 병원을 찾아 애도하고 헌신적으로 활동했으며, 덕진노조원들은 연세대와 국민대 집회에 참여하여 투쟁 경과를 보고했다.

이날 국민대 출신의 평민당 국회의원 장영달은 부대변인으로서 정부 측에 당시 실종 32일 만에 시체로 발견된 동방유량 노조지부장 윤이만과 분신한 덕진양행 노조위원장 김윤기의 정확한 사망 경위를 밝히라고 요구했다.

이날 대책위가 제작, 배포한 '열사의 뜻 이어받아 노동해방 앞

열사의 뜻
이어받아
노동해방
앞당기자!

분신투쟁속보

제1호
발행일: 1989. 4. 4.
발행인: 故김윤기열사 대책위

덕진양행 김윤기 위원장 분신 사망!

공장이전 철회를 위해 42일째 철야농성을 벌이던 덕진양행 노조위원장 김 윤기씨(26세)가 회사측과 4월 3일 고섭하던중, 협상이 결렬되자 오전 11시 30분 이에 항의 분신, 사망하였다.

하대원에 있는 덕진 노조는 지난 11월 29일 노조결성 이후 노조불인정, 관리자의 조합원 구타등 계속된 노조탄압에 맞서 싸워왔다. 그러나 1월 중순 회사측이 공장이전을 공고하게에 이르자 많은 조합원들은 서울로 이전근무할 수 없는 상황임에도 공장이전을 계획, 추진하여 "노동자의 생존권을 위협하고 노조를 파괴하려는 것"에 분노하여 2월 16일부터 파업농성에 돌입하였다. 파업이후에도 계속 협상이 결렬되어 오던 중 4월 3일 11시 20분경 시작된 마지막 협상에서 협상이 결렬되자 분노한 위원장의 이전 철회에 대한 확실한 답변을 요구하며 자기몸에 신나를 끼얹고 항의, 이정에서 불이 붙어 병원으로 옮겨진 중 사망하였다.

한편 현장에 함께 있던 고섭위원과 회사측 관리자들을 주방 쪽으로 피신하였으나 크게 화상을 입고, 기숙사방에서 23은 급히 피신, 조합원 1명은 백반타도, 이오영씨는 4층에서 연건물로 뛰어 내렸으나 목뼈가 부러지는 등 중상을 입었다.

부상자 6명이 성남병원으로 옮겨진 후 전경을 동원한 경찰은 나머지 6명을 병원으로 대책간다며 데리고 가버니 경찰서로 연행하여 사건조사를 하는 비열함을 보였다.

오후 2시 이후 성남병원에서 응급치료를 마친 중경상 환자 6명 (안덕철 쟁의부장, 이영수 부위원장, 이오영씨, 홍정해 조사홍, 계부장, 사장 이용추, 공장장 박상손)은 서울 한강성심병원으로 급히 후송하고, 사망한 위원장은 성남병원 영안실에 안치되었다.

이날 오후 성남지역 노조 위원장들과 지역단체 회원들은 분노와 절약속에 성남병원으로 모여 들어 오후 4시경에는 "덕진양행 위원장 고 김윤기 열사 분신 임시대책위"을 꾸미고 경찰에 대한 시신보호를 위한 구삽을 서는 한편 4시 30분 경찰서, 시청에 가 "연행자 정원 석방, 노조관련 유물 반환" "동 열사의 분신을 덕입어는 행위에 대한 항의방문을 하여 연행자 전원을 병원으로 데려왔다.

아울러 오후 거성 임시대책위 모임을 통해정식으로 대책위를 구성하여 경과정리를 하고 4월 3일 1차집회이후 매일 거성 성남병원앞에서 집회를 열기로 결의하였다.

이날 오후 8시 30분 성남병원에 모인 성남지역 노동자, 학생, 시민 500여명은 "노동운동 탄압분쇄및 고 김윤기 열사 추모 범시민 결의대회"를 오리엔트 위원장 사회로 개최하고, 덕진 부위원장의 경과보고, 김윤기열사 투쟁의 고인의 약력보고, 대책위 구성보고에 이어 오직시 위원장을 성명서을 통해 열사의 거룩한 죽음의 뜻을 살려 노동해방을 앞당겨 나가자고 다짐했다.

4월 4일 이후 매일 오후 거성에 성남병원앞에서 대책위 주최로 집회를 개최할 예정이다.

<약 력>

1964.   서울에서 부친 김진행씨와 모친 정정연씨의 2남 1녀 중 장남으로 태어남

         창신국민학교, 대광중학교, 보성고등학교를 거쳐 1983.2. 국민학교 무역학과에 입학

         우백운등에 따르며 대학생활을 하면서 여정의 모순된 현실에 대해 고민하기 시작했고, 성실하고 강상 긴은 일을 도맡아 하는 등 모범적이었다고 함

1985. 5. 독재정권에 반대하는 5.3 인천투쟁에 참가하여 구속되어 1년형을 선고받음

1987. 6. 한가을소유 노동현장에서 온 몸으로 싸워나감 결심

1988. 7. 덕진양행 입사

1988. 11. 29. 덕진양행 노조 결성, 위원장으로 선출됨

1990. 4. 3. 오전 11시 40분 협상결렬에 항의 분신, 사망

■ 성남병원 영안실에 안치된
  故 김윤기 위원장 의 시신.

김윤기 열사 분신 다음 날 고 김윤기 열사 분신대책위원회가 발행한
〈분신투쟁속보〉 제1호(1989. 4. 4.)

당기자'라는 전단지에는 다음과 같은 글이 담겼다.

누가, 또다시 우리의 형제를 죽음으로 내몰았는가?

우리는 이제 파렴치한 기업주의 공장 이전 책동에 맞서 47일간이나 강고한 투쟁을 벌여온 덕진노동조합 위원장의 분신 사망 소식을 접하고 충격과 함께 끓어오르는 분노를 금할 수 없다.

덕진 노동자들은 노동자의 피땀만을 강요하는 작업 현실에 맞서 작년 11월 29일 노동조합을 결성하였다. 하지만 노조라고 하면 눈에 가시 돋듯 하는 못된 기업주의 생리대로 덕진의 사장은 음험하고 집요하게 노조 탄압 책동을 벌여왔다. 그러다가 급기야 노동자들은 어떻게 되든 아랑곳 없이 덕진 사장은 공장 이전을 생각해 내고, 덕진의 노동자들은 노동자의 생존권을 위협하고 차가운 거리로 내몰려는 기업주의 공장 이전 음모에 맞서 끈질긴 투쟁을 벌일 수밖에 없었다.

노동자도 공장의 주인이건만 노동자에 대한 생각은 손톱만큼도 없이 적자라는 이유를 내세우며 땅값 비싼 서울로 이전하겠다는 사장의 주장은 노동자들에겐 전혀 설득력이 없었다. 생활의 터전을 보장받고 노동조합을 통해 최소한의 권리를 확보해 나가겠다는 노동자들의 요구는 너무나 정당했고, 그러기에 투쟁 또한 강인하게 진행될 수밖에 없었던 것이다.

하지만 덕진의 사장은 전혀 성의도 없이 협상에는 아랑곳하지 않고 자신의 이윤만을 악착스럽게 고집해 11번에 걸친 교섭은 모두 결렬되고 말았다. 오히려 파렴치하게도 사장은 직장 폐쇄 신고를 하고 조합원들을 업무 방해라는 죄목으로 고소까지 하는 작태를 보일 뿐이었다. 이에 덕진의 노동 형제들은 "우리는 이제 더는 물러설 곳이 없다!", "이제 마지막 협상이다!"라는 비장한 각오로 4월 3일 11차 협상에 임했다.

그런데 이것이 진짜 김윤기 동지가 주도하는 마지막 협상이 될 줄을 그 누가 알았단 말인가?

너무나 뻔뻔스럽게 끝까지 버티는 사장에 대항해 덕진의 노동자들은 어디로 물러설 수 있단 말인가?

우리 노동자들은 수십 년간의 독재의 폭압 속에서, 또 그 속에서 길들어져 온 악덕 기업주의 횡포 속에서 단 한 번도 우리의 요구를 평화스럽게 획득한 적이 없다. 항상 권력과 악덕 기업주의 탄압 속에서 이리 터지고 저리 터지며 살아왔다. 열사가 노동해방의 그 꿈을 품고 산화해 가신 지금에도, 공권력의 적대 행위에 맞서 맨주먹으로 싸워 나가고 있는 현대의 노동 형제들을 잊을 수가 없고, 공장 이전에 맞서, 노조 탄압에 맞서 힘들게 싸우고 있는 많은 우리의 노동 형제들을 결코 잊을 수 없다.

이에 우리가 가야 할 길은 어디란 말인가? 열사가 죽어서밖에 외칠 수 없었던 그 절규에 우리는 무엇으로 답해야 한단 말인가?

그렇다. 이제 정말 우리는 제2, 제3의 열사를 다시 만들어서는 안 된다.

이제 정말 우리는 끝끝내 살아 노동자들을 탄압하는 자들의 가슴에 비수를 꽂을 것이다. 열사의 이름에 먹칠을 하는 자들, 열사의 뜻을 욕되게 하는 자들, 우리는 용서치 않을 것이다. 독재 권력이든, 언론이든, 경찰이든, 결코 우리는 용서치 않을 것이다. 열사가 그 뜨거운 불길을 온몸에 감싸 안으면서 외칠 수밖에 없었던 우리의 생존권과 영원히 버릴 수 없는 민주노조, 꿈에도 그리는 노동해방의 그날을 향해 우리는 비장한 싸움의 결의를 다져야 한다.

말이 아니라 실천으로, 분열이 아니라 단결로써, 우리는 열사의 마지막 가시는 길에 응답할 것이다. 그 어떤 탄압과 어려움도 우리의 앞길을 가로막지 못할 것이며, 우리는 끝끝내 남아서 열사가 못다 이룬 뜻을 이루어 나갈 것이다. 우리 가슴 가슴에 엉켜 있는 슬픔과 분노를 모아 우리는 싸워 나갈 것이다.

그리하여 기필코 우리는 열사의 못다 감은 두 눈에, 뜨겁게 뜨겁게 타오르며 식지 않는 열사의 한 맺힌 가슴에 푸릇푸릇 싱그럽게 피어나는 4월의 햇살을 담아 노동해방의 꽃다발을 꼭 안겨 드리고야 말 것이다.

1989. 4. 4.

덕진양행 노조위원장 고 김윤기 열사 분신대책위원회

저녁 7시 30분 '노동운동 탄압 분쇄 결의 및 고 김윤기 열사 추모 제2차 범시민대회'가 1,500여 명의 노동자, 학생, 시민이 참여한 가운데 열렸다. 손길수 성남노협 의장 사회로 노동 의례와 이영숙 부위원장의 분신 투쟁 경과보고에 이어 덕진조합원이 김윤기 열사가 인천5·3민주항쟁으로 구속된 이후 1986년 7월 어머니에게 쓴 편지를 읽었다.

이 자리에 참석한 정정원 여사는 "아들의 죽음을 지키지 못한 어미로서 무슨 할 말이 있겠습니까? 나는 단지 윤기가 죽을 수밖에 없었던 이유가 무엇인지 알고 싶습니다. 할 일 많은 우리 윤기가 죽고 싶어 죽었습니까? 그것은 바로 이 나라의 못된 사장들과 그와 결탁한 노태우 정권 때문이라고 나는 생각합니다. 여러분! 이제는 죽지 맙시다. 죽지 말고 끝까지 싸워 윤기의 뜻을 이루어 냅시다!"라며 통곡했다.

이어 정구호 마로니가구 위원장은 "노동운동을 탄압하는 악덕 재벌 정주영을 처단하자!"라며 100여 일째 투쟁하고 있는 현대중공업 투쟁의 경과를 보고했다. 이어 김종태 열사의 어머니 허두측 여사가 나와서 "김윤기 열사는 훌륭한 삶을 살다가 부활한 것이며, 우리가 똘똘 뭉쳐 독재를 깨부수자!"라고 외쳤다. 이 외에도 지한규 오리엔트 위원장이 "열사의 뜻 되살려 임투 승리와 노동해방을 앞당기자!"라고 했고, 노래마을이 추모 노래를 불렀으며, 김정호 성남노동운동단체협의회(성남노운협) 의장의 연설이 이어졌다.

마지막으로 오길성 성남노협 의장이 〈열사 정신 계승 투쟁 결의문〉을 낭독했다.

〈열사 정신 계승 투쟁 결의문〉

노동자의 인간다운 삶을 외치다가 산화해 가신 고 김윤기 열사의 시신을 앞에 두고, 우리가, 이 땅의 노동자들이 이렇게 죽음을 각오한 투쟁을 벌여야만 하는 현실에 다시 한번 분노를 토해 냅니다.

87년 노동자의 인간 선언 이후 우리는 노동자도 이 사회의 주인으로서 당당히 나서야 함을 깨달았고 단결의 위력을 실감했습니다. 우리가 단결하고 투쟁해 나가는 길에는 장시간 노동, 저임금과 산업재해를 일소하고, 해고·공장 이전과 휴폐업에 맞서 싸워야 했고, 기업주와 한편인 정권에 대항하기 위해 감옥도 불사해야 했습니다.

덕진양행 고 김윤기 열사의 분신은 끊임없이 노동자의 목을 죄고 수족을 묶어버리는 이 굴레를 깨뜨리는 거대한 항거인 것입니다. 노조 불인정, 조합활동 방해에 이어 공장 이전까지, 갖은 술책으로 노동자의 생명줄을 끊고 노조를 파괴하려는 기업주에 맞서 고 김윤기 열사는 협상을 벌일 수밖에 없었습니다.

지금도 투쟁에 떨쳐 일어나 지치지 않고 싸우는 한일라켓 노동 형제들, 구사대 폭력에 맞서 노조 사수와 임금인상 쟁취를 위해 흔들림 없는 농성을 계속하고 있는 한양고무 형제들, 공동 임투로 노동자의 단결을 강화해 내고 있는 성남, 인천, 마산, 창원의 노동 형제들, 간악한 정권의 폭력 진압에 맞서 100일이 넘게 더욱 뜨겁게, 더욱 강고하게 단결, 투쟁해 나가고 있는 울산의 현대 형제들, 우리는 전국의 2,500만 노동 형제와 함께 고 김윤기 열사의 영정 앞에서 투쟁의 결의를 다시 한번 다져야 합니다. 이제 우리는 죽을 수도 없고 질 수도 없습니다. 승리의 햇살 속에서 우리 노동 형제들이 모든 애국시민과 함께 환한 웃음을 지을 수 있는 날을 위해 분노를 딛고서 힘차게 진군해야 합니다.

성남 노동 형제 여러분, 이 땅의 민주화를 위해 투쟁하는 모든 학생, 애국시민 여러분! 다함께 우리의 승리를 위한 결의를 다져 나아갑시다.

- 우리는 노동자의 힘찬 진군을 가로막는 자본과 권력의 어떠한 형태의 노조 탄압에 대해서도 한 치의 물러섬 없이 끝까지 투쟁한다.
- 우리는 고 김윤기 열사의 죽음을 더럽히는 언론과 경찰의 모든 기도를 기필코 분쇄한다.
- 우리는 열사의 뜻을 이어받아 일하는 자가 참주인 되는 세상을 위해 끝까지 투쟁한다.

1989. 4. 4.

김윤기 열사 분신대책위원회

1부 행사가 끝난 후, 저녁 8시 50분경부터 풍물패와 의장단을 선두로 1,000여 명은 성남시청까지 평화 거리 행진을 벌였다. 시청 앞에서 열사의 정신을 계승하여 노동해방을 향한 힘찬 투쟁을 전개할 것을 다짐하고 밤 10시경 해산했다.

이날《경향신문》,《조선일보》,《한겨레》등이 김윤기 열사의 소식을 전했다.《경향신문》은 "노사협의 중에 격분, 노조위장 분신 자살",《조선일보》는 "협상 중 노조위장 분신 자살",《한겨레》는 "협상 결렬 노조위원장 분신 사망"이란 제하의 기사를 실었다.

2부 김윤기 열사 장례 투쟁과 기념 사업

협상결렬 노조위원장 분신사망

성남 덕진양행 말리던 간부 4명·회사대표도 중화상

[성남=배경록·정상영 기자] 3일 오전 11시40분께 성남시 하대원동 127·2 의류생산업체인 (주)덕진양행 건물 4층 식당에서 이 회사대표 이봉주(47)씨와 김윤기(25) 노조위원장 등 5명이 공장 이전 문제를 놓고 협상을 벌였으나 결렬되자 노조위원장 김씨가 온몸에 벤졸을 뿌리고 분신을 기도, 병원으로 옮기던 중 오후 12시15분께 숨졌다. 또한 김씨의 분신 기도를 말리던 안덕칠(24·광의부장)씨 등 노조간부 2명과 회사대표 이씨도 김씨 몸에 붙은 불길이 번져 얼굴 등에 화상을 입었으며 이호용(26·성노협 문화부)씨가 번져나온 유독가스를 피하려다 4층 기숙사에서 뛰어내리다 척추골절의 중상을 입었다.

이날 사고는 자신들의 공장 이전 철회요구가 받아들여지지 않은 데 흥분한 노조위원장 김씨 등이 온몸에 벤졸을 붓고 라이터로 몸에 불을 붙이며 일어났다.

이 회사 노조는 지난 2월16일부터 회사측이 경비절감을 이유로 공장을 서울 강동구 길동 347·12 본사 건물로 이전하는 데 항의하는 파업농성을 43일째 벌여왔다.

이에 맞서 회사측은 지난 3월8일 직장폐쇄신고를 내고 3월18일에는 노조원 11명을 업무해죄로 성남경찰서에 고소하는 등 노사갈등이 심화돼 왔다.

이날 사고가 나자 김 위원장의 시신이 안치돼 있는 성남병원에는 성남지역 노동자·학생·시민 등 5백여명이 찾아와 '고 김윤기 열사 추모 범시민대회'를 가졌다.

김윤기 열사 사망 소식이 실린 《한겨레》 1989년 4월 4일 자

4월 5일(수) - 분신 3일째

오후 4시 장례 준비 상황을 점검한 대책위는 장례식을 4월 9일 오전 10시 신구전문대 운동장에서 치르기로 하고, 공단을 거쳐 덕진양행 앞, 성남시청 앞, 국민대 앞에서 노제를 지내기로 잠정 결정했다. 이와 함께 대책위는 열사의 헌신적 투쟁 정신과 노동해방의 염원을 받들어 성남 전 노동자, 학생, 시민의 단결된 힘으로 장례식을 치르기로 하고, 이에 소요되는 1,000만 원을 모금하기로 했다.

이날은 파업 투쟁 49일째 되는 날이었다. 이에 덕진노조원들은 다음과 같은 시를 지어 김윤기 열사를 기렸다.

〈산맥처럼 의연하여라〉

오늘 우리에게 남겨진 것은 움켜쥔 두 주먹

터져 오르는 함성과 분노에 이글거리는 눈동자

뜨겁게 타오르는 노동해방, 투쟁의 불꽃

위원장님의 미소는

소리 없는 실천의 확인이었다.

위원장님의 다사로운 손길은

동지의 피 어린 사랑, 해방되는 그날까지 투쟁할 것의 약속.

당신의 몸짓 하나 목소리까지

남아 있는 우리들 모든 기억은 이제 분노의 갈아세운

낯선 복수의 칼날

그대 온몸이 뜨겁게 불사름은, 그것을 우리는 사랑이라고

하자

불꽃으로 솟아오르는 몸짓은

피의 절규

무서운 장벽을 깨뜨려 솟구치는

노동자 계급의 힘찬 전진

동지여! 열사여!

사월 하늘 억장 가슴이 무너져 내린

시커먼 숯덩이의 그대 몸뚱어리 부둥켜안고

산 자의 복수는 깃발처럼 나부낀다.

동지여!

우리들 분노가 그대 주검 위에

눈물로 흩뿌려지고

열사의 분노가 지금

우리들 가슴마다에

움켜쥔 주먹마다에 치 떨리는 노여움으로

힘줄을 당긴다.

열사여!

그대 남겨진 일거리와 끝끝내 투쟁

걱정 말아요.

봉제공장 서러운 노동자와 함께

성남 십만 노동자와 함께

전국의 천만 노동자와 함께

노동자 계급 투쟁 완전한 해방의 그날까지

우리들 함께 갈 것을

우리들 모두 함께 전진할 것을

간악한 자본가들 목을 쳐

쓰레기통에 처박고 그대 이름을 부를 것을

그대 이름을 부를 것을

김윤기 위원장님! 김윤기 열사여!

우리들 가슴마다

산 자의 주먹마다

열사의 불꽃은 투쟁의 불기둥으로,

핏줄 따라 고동치며 해방의 길목을 밝혀주리니

약속합니다.

1차분 100일간의 결의했던 파업 투쟁

아직 절반도 넘어서지 못했는데

산 자여, 온몸으로 약속하지

죽을 수는 있어도 물러설 수는 없는 우리

우리들 해방 투쟁은 멈추지 않은 것을

노동자 계급의 완전한 해방을 위해

조직하자

투쟁하자

끝끝내 끝끝내 승리하자

덕진노조 파업 투쟁 49일

동지 일동

덕진양행 노동조합 고 김윤기 열사 분신대책위원회 구성(4월 5일 현재)

구분	성명 및 소속
고문	전민련 고문 백기완·박형규·이소선(전태일 열사 모친)·강희남·문익환, 허두측(김종태 열사 모친), (지선 스님), (명진 스님), (이오순: 송광영 열사 모친), (송건호), (김수환 추기경), (김승훈 신부)
지도위원	이해학(성남주민교회 목사), 김준기(신구전문대 교수), 이소피아(만남의집 수녀), 윤정석·배종렬·이영순·오충일·이창복·이부영(전민련 공동의장), 최은식(대한성공회 성남동 성당), (최충렬: 가톨릭 성남동 성당), (구행모: 성남 광주지역 기독교 교회 협의회), (김영자: 가톨릭 여성농민회), (이찬구: 평민당 성남 갑 위원장), (이윤수: 평민당 성남 을 위원장)
대책위원	**공동의장단** 단병호(서노협 의장, 전국 임투 본부장), 이영순(전노운협 공동의장), 오길성(성남노협 의장), 손길수(노총 성남지구협의회 의장) **1. 지역 노조 대표** 오길성(제화공), 지한규(오리엔트), 김학규(한국벨트), 이정랑(옥산), 박진구(가방공), 이수형(덕천), 원유은(돌핀), 최귀순(반포), 라병득(봉명), 정구호(마로니), 박광진(리오), 김성인(럭키), 이홍성(삼성), 양병일(효원), 홍순덕(소예), 박준훈(영문구), 이기원(영진), 박준홍(에이스), 엄길수(창성), 엄익재(토탈), 최종필(풍국), 최계순(한국스타), 길경옥(성남전자), 이길동(동원), 박경서(선양), 유선국(신기), 김남홍(동해), 임미정(국동), 오정호(영원), 안행순(에프코아), 김대수(대명), 지규형(한양), 김은숙(배이), 김은주(피죤), 양석관(대성운수), 김광일(고려당), 차상덕(고려피혁), 이춘섭(광성고무롤), 박순국(동성교통), 이시용(오텔코), 손길수(오피씨), 김윤택(오엠씨), 한흥연(둥진프라스틱), 전왕표(대웅제약), 조헌웅(에스콰이어캐주얼), 홍재만(보원무역), 이천석(부송정밀), 박건희(상영전자), 김용설(삼호물산), 김원기(선일기계), 차순배(성남병원), 류영규(안건사), 정해선(인하병원), 서정택(양친회병원), 김정남(조광피혁), 박용식(화성실업), 이호상(대한교과서), 김성근(에스콰이어), 김제(택시 분실장), 윤인철(대증택시)

구분	성명 및 소속
대책위원	**2. 지역 단체 대표, 지역 인사** 희문(포교원), 일루미나(만남의집), 김정호(노운협), 김광석(노운협), 김성배(노운협), 김해성(산자교회), 이상락(성민협준비위), 최경환(성민청), 한병훈(성청회), 이순우(성학연), 유연식(평민연), 권영환(주민교회 사선위), 서덕석(열린교회), 임용재(노점상연합회), 장현자(민여회), 전현철(성남교사협의회), 한숙자(기독청년협의회), 김수형(열린약국), 강봉주(강약국), 고순언(푸른치과), 김광식(신흥의원), 운경(연세산부인과), 조승문(노동상담소), 김영수(한겨레 남부지국), 박정동(한겨레 북부지국), 이영필(평민당 갑 지구당), 안양호(연세산부인과), 유한필(신흥의원), 기타 목사님들 **3. 학생 대표** 영원철(외대), 이보규(경원대), 임학섭(신구대), 김성삼(대유전문대), 임종석(전대협 임시의장) **4. 덕진조합원, 가족, 친지 대표** 이영숙(덕진노조 부위원장), 김영기(고 김윤기 열사 친동생), 박범관(고 김윤기 열사 친우 대표), 윤명선(국민대 민주동문회) **5. 전국 주요 민주단체, 지역, 업종별 노조 대표** 단병호(서노협 의장), 이석행(진주노련 의장), 서정용(경기남부 민연 의장), 이범영(민청련 의장), 김영곤(경기남부 민연 부의장), 임석순(경기남부 노련 의장), 김쾌상(경기남부 민연 부의장), 장중진(경기남부 노련 수원지부장), 정금채(경기남부 민연 부의장), 문종필(경기남부 노련 안산지부장)
실행위원	**실행위원장: 김해성** 실행위원: 손길수, 오길성, 김제, 지한규, 최경환, 김정호, 김영기, 박범관, 이기원, 정구호, 일루미나, 이상락, 홍순덕, 이영숙, 학생 대표 3명, 전민련 1명, 노동조합 전국회의 1명, 국민대 민주동문회 1명

2부 김윤기 열사 장례 투쟁과 기념 사업

구분	성명 및 소속
상황실	**상황실장: 이기원** 위원: 서협, 노협, 노운협, 청년, 학생, 국민대 민주동문회 섭외부: 김정호, 최경환, 권영환 홍보부: 정구호 서울 담당: 노운 단체, 지역 단체, 김영재 규찰 및 안내: 최종필, 정석호, 용성총련, 전병근 유족 담당: 박범관, 민유협, 김창덕, 일루미나 재정: 이상락, 지영이

※ 괄호 안은 교섭 중인 인사

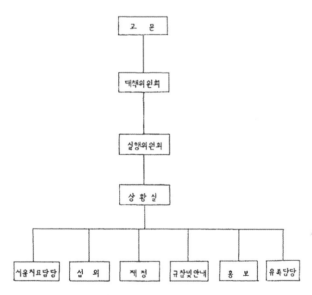

고 김윤기 열사 분신대책위원회 조직도

4월 6일(목) – 분신 4일째

대책위는 '덕진양행 노조위원장 고 김윤기 열사 장례위원회'(장례위)로 전환하고, 4월 9일 오전 10시 '고 김윤기 열사 민주노동자장'으로 7일장 장례를 치르기로 했다. 이날 '노동운동 탄압 분쇄 및 김윤기 열사 추모 제4차 범시민대회'를 개최하고, 참석한 500여 명의 노동자, 학생이 성남시청으로 대행진을 했다. 경찰은 이들을 막지 않았고 행진대의 뒤를 따랐다.

이들은 "김윤기를 살려내라.", "노조 탄압 분쇄하자." 등의 구호를 외치며 질서정연하게 성남시청까지 행진했다. 그사이 인원은 1,000여 명으로 늘어났다. 이들은 성남시청에 모여 간단히 집회했다. 이때 덕진 노동자가 나와 끝까지 투쟁할 것을 결의하고 시민들로부터 뜨거운 호응을 받았다. 오길성 성남노협 의장은 "자본과 권력의 어떠한 탄압에도 굳건히 맞서 싸우자."라는 결의를 발표했다. 이들은 마지막으로 〈임을 위한 행진곡〉을 부르면서 다시 병원으로 행진해서 돌아왔다.

이날 〈분신투쟁속보〉 제2호가 발행되었다. 여기에 18세의 이영숙 노조원이 쓴 "노동해방을 위해 떠나가신 위원장님께"라는 글이 실렸다.

〈노동해방을 위해 떠나가신 위원장님께〉

진달래가 흐드러지게 핀 춘 사월.

지금, 이 순간 제 곁에 계시지는 않지만, 저희 마음속 깊은 곳에 살아 숨 쉬고 계실 위원장님께 펜을 듭니다. 항상 밝고 인자하신 웃음으로 우리를 대해주시던 위원장님! 김윤기 위원장님!

다시 한번 큰 소리로 불러보고 싶습니다. 위원장님은 결코, 결코 숨을 거두신 것이 아닙니다. 위원장님은 잠깐 쉬러 가셨을 뿐이어요.

위원장님! 저희 덕진 노동자들은 언제나 노동자의 참삶을 갈망하시던 뜻을 이어받아 노동해방이 이루어질 수 있는 그날까지 투쟁할 것입니다.

저는 이전에 위원장님을 대하는 것이 간혹 부담스럽게 느껴졌던 적도 있었어요. 어떨 땐 밉기까지도 했으니까요. 조합원들의 의견을 수렴하려고 위원장님이 갖고 계신 주장을 마구 내세우지 못하던 모습을 옆에서 보면서 무척이나 보기가 안타까웠을 정도였어요. 위원장님은 언제나 인자하게 웃는 좋은 인상인데, 왜, 저는 대하기가 부담스러웠을까요? 위원장님이 말씀하시는 마음을 제가 이해하지 못했기 때문일 거예요. 지금 와서 생각해 보면 위원장님의 마음을 하나도 이해하지 못하고 제 의견만 내세우고 짜증만 부린 것이 정말 죄스러울 뿐입니다.

위원장님!

왜, 위원장님만 숨을 거두셔야 했습니까?

26세의 젊은 나이에 공장 이전 철회를 요구하며 싸우신 위원장님만 왜 떠나신 것이냐고요. 자기만 잘났다고 고개를 뻣뻣이 들고 다닐 이봉주라는 작자가 저는 미워 죽겠습니다.

저는 이번에 알았어요. 자본가의 속성을 알고 우리는 얼마나 인간 취급을 받지 못했는지 알았어요. 위원장님이 이전에 힘주어 해주시던 말씀이 하나하나 다시금 새롭게 느껴집니다.

위원장님!

위원장님이 사랑하는 저희 덕진 조합원들은 위원장님이 그렇게 갈구하고 갈구하시던 노동해방의 그날까지 위원장님의 뜻을 소중히 기리며 끝까지, 끝까지 투쟁하겠습니다.

1989. 4. 5.

덕진양행 조합원 이영숙

이에 더하여 '김윤기 열사 추모가'인 〈저기 서슬 푸른 칼이 되어 살아오는 동지여〉라는 곡이 실렸다. 이 곡은 백창우가 작사·작곡한 것이다. 그는 어린 시절 서울 노원구 상계동에 살다 성남으로 이사온 후 광주대단지 사건을 겪었는데, 이는 그의 삶에 많

백창우가 작사·작곡한 김윤기 열사 추모가
〈저기 서슬 푸른 칼이 되어 살아오는 동지여〉

은 영향을 미쳤다. 그런 그였기에 노동운동가 김윤기 열사의 분신이 남다르게 느껴졌을 것이다. 그는 고등학교 졸업 후 목사가 되고자 신학대학에 진학했지만, 한 학기만 다니고 중퇴했다. 그는 1980년에 〈사랑〉이라는 곡을 발표하면서 본격적으로 작곡가로 데뷔했다. 그는 김광석의 〈부치지 않은 편지〉, 이동원의 〈내 사람이여〉, 임희숙의 〈내 하나의 사람은 가고〉, 윤설하의 〈벙어리 바이올린〉, 유익종의 〈그대 가는 길〉, 김원중의 〈꿈꾸는 사람만이 세상을 가질 수 있지〉, 안치환의 〈겨울새〉 등을 비롯한 많은 노래를 작사, 작곡했다.

4월 7일(금) – 분신 5일째

이날 대책위는 구체적인 장례 절차와 준비 상황을 점검하고, 신구전문대 – 성남시청 앞(노제) – 덕진양행 – 성남공단을 지나 국민대로 향하는 장례 길을 최종적으로 결정했다. 이에 따라 장례식 관련 팸플릿도 제작했다. 여기에 누가 지은지 모르는 〈못다 한 외침〉이란 추모시가 실려 있다.

〈못다 한 외침〉
여보게

가진 자의 더러운 욕심으로 계획된

공장 이전이 결국

꽃같이 젊은 한 생명

이승에서 저승으로

이전시키고 마네 그려

ㅡ공장 이전 철회하여 민주노조 사수하자!

외치다 외치다 해도 모자라

탄압에 시너를 뿌리고

불꽃으로 불꽃으로 나는 가네

여보게

먹고살기 위해 우린 싸운다지만

생존은

목숨 걸지 않으면 쟁취될 수 없네

ㅡ이 한목숨 다 바쳐서 노동해방 앞당기자!

생존을 구걸하지 않기 위해선

싸워야 하니 싸워야 하니

싸워서 끝내 승리

해방된 그날이 와야 하니

서러워 말게

나머지는 살아남은 동지들의 몫

여보게

파업 투쟁 100일을 함께 결의한

젊었거나 아직은 어린 나의 동지들

이제 고작 시작이니

투쟁의 깃발 내리지 말아 주게

─강철같이 연대하여 노조 탄압 분쇄하자!

벅차다고 생각하는 그 순간이 고비일세

우리는 어차피 맨몸뚱이 맨손으로 일어섰으니

저들이 얕보는 건 우리의 배고픔이 아니라

1천만 노동자가 하나 되지 못함

한목소리로 어깨 지어 떨쳐 일어서지 못함

그뿐이네 그뿐이네

젊었거나 아직은 어린 나의 동지들

그대는 오직 연대를 외치며 대열의 맨 앞에 서 있어 주게

여보게

이 척박한 한반도의 남단에서

생산하며 투쟁하는 일꾼이며 투사들

내가 가는 길 외롭지 않아

이제 가면

전태일부터 최윤범까지

앞서간 모든 동지 다 볼 것이네

보면 내 조국 해방의 날

멀지 않았다 크게 크게 이를 것이니

살아남은 그대 동지들이여

그대들은 부디 나를 위해

나를 위해 울지 말고

조직하라

투쟁하라

하여 끝내 끝끝내

승리하라.

하지만 오후 7시 김병량 성남시장이 방문하여 고인에 대한 보상과 치료비, 장례비 등에 대해 노동부나 회사 측에서는 별다른 대안이 없다고 밝혀 장례위는 보상 문제가 해결되지 않으면 장례식을 연기할 것이라는 의견을 전달했다. 이날 처음으로 장례 연기 관련 발언이 나왔다.

한편, 덕진 노동자들이 기획한 '덕진 노동자의 밤' 행사가 개최되었다. 이날 박영진 열사의 아버지 박창호 님이 '단결해야 우리는 산다'라는 요지의 연설을 했다. 덕진노조 조합원 함영례가 〈노동해방을 위해 떠나가신 위원장님께〉라는 글을 낭독했고, 여동생 김선미가 오빠에게서 받은 편지를 읽어 내려갔는데, 그가 끝내 울음을 참지 못하고 흐느끼는 바람에 모든 사람이 고개를 떨구고 울면서 가슴 아파했다. 이후 율동과 함께 노래 부르기, 풍물놀이 등이 이어졌다. 생전 열사의 육성이 담긴 테이프를 틀었다.

〈노동해방을 위해 떠나가신 위원장님께〉

거친 비바람이 험난하게 몰아쳐도 꿋꿋하게 떨치고 나가시던 위원장님.

밤하늘 찬란하게 별처럼 빛나며 하늘 위에서 노동해방을 염원하고 계실 위원장님.

왜 위원장님은 사랑하는 저희를 등지고 혼자만 힘들고 모진 고통의 굴레를 지고 떠나셨습니까. 당신이 잠든 이 땅에는 악과 모순, 험난한 세계만이 있을 뿐입니다. 아직도 노동자의 서러움이 배어 있건만 찾아도 불러봐도 위원장님은 보이질 않습니다. 우리와 함께 이 세상의 많고 많은 탄압에 맞서 싸워 투쟁하기를 약속하시더니 그 멀고 먼 곳으로 혼자 떠나셔야 했단 말입니까.

위원장님의 눈빛은 항상 지상의 모든 인간을 사랑하고, 불의에 부딪혔을 때는 당신의 눈은 정의감으로 불타셨습니다.

당신이 그토록 하신 말씀은 4월 3일 불꽃으로 타올라 이 세상 모든 이에게 잊히지 않을 만큼 또렷하게 새겼습니다.

"노동해방", "독재 타도"

자본가를 쓸어버리기 위해서라면 이 한 몸 다 바쳐 아깝지 않다고 말씀하셨지요. 그렇습니다. 당신의 죽음은 결코 헛되지 않을 것입니다. 당신은 이 땅의 노동자를 일깨우고 노동해방의 길을 열어 놓으셨습니다. 당신이 그렇게 염원하던 노동자 세상을 찾아 당신은 그렇게 가셨습니다. 저희 살아남는 목숨들, 위원장님과 함께하여 47일간의 투쟁보다 몇 배 더 꿋꿋한 투쟁을 만들어 갈 것입니다.

위원장님!

저희도 당신의 뒤를 따르렵니다. 지금 당장이라도 환한 웃음을 지으며 달려와 우리를 안아주실 것만 같은 위원장님. 이제 슬퍼하지도 절망하지도 않을 것입니다. 왜? 누가? 우리 위원장님을 죽음으로 몰고 갔는가만을 생각하며 살렵니다. 그리고 박살 낼 것입니다. 우리 위원장님을 우리에게서 앗아간 사장 놈들과 독재정권을 박살 낼 것입니다.

덕진노조 조합원 함영례

4월 8일(토) - 분신 6일째

이날 대책위는 최종적으로 장례식의 무기한 연기를 결정했다. 회사, 노동부, 시 당국의 무성의한 태도에 그렇게 결정할 수밖에 없었다. 정정원 여사 또한 이에 찬성했다. 신구전문대 운동장에 '고 김윤기 열사 민주노동자장'이 마련되어 있었지만, 협상이 타결되지 않았기에 어쩔 수 없었다. 이런 사실이 언론사에 배포되지 않았는지, 1989년 4월 9일 자《한겨레》에 장례식 관련 광고가 실렸다.

이후 대책위는 성남시청을 항의 방문하여 시장에게 위원장 분신과 장례식 연기에 대한 책임을 추궁했다. 그런데 이 과정에서 시청 직원 100여 명과 충돌이 일어났다. 대책위 일행은 성남시청에서 철야농성에 돌입했다. 그날 밤 10시에 시청에서 대책위원 2명과 회사, 노동부 관계자가 참석하여 협의했으나, 열사가 죽음으로 외쳤던 기만적 공장 이전 철회 등 5개 항의 요구가 전혀 받아들여지지 않아 결렬되었다.

한편, 이날 오후 7시에 1,000여 명이 참석한 가운데 '고 김윤기 열사 추모 및 현대중공업 노조 탄압 분쇄 범노동자 대회'를 열었다. 대회가 끝난 후 평화시위가 시작되었는데, 남문주유소 앞에서 전경 40여 명이 최루탄을 쏴댔다. 이때 시위 참가자 최성곤이 도망치다가 5미터 앞에서 전경이 쏜 최루탄에 뒷머리를 맞아 긴급 후송되어 4시간 동안 뇌수술을 받았다. 그 외에도 최루탄과 전경의 구타로 20여 명이 다쳤다.

이날 민주노동자 고 김윤기 열사 장례위원회는 '열사의 뜻 이어받아 공장 이전 분쇄하고 노동해방 앞당기자!'라는 전단지를 제작, 배포했다.

신구전문대 운동장에 마련된 장례식장 모습(위)과
《한겨레》 1989년 4월 9일 자에 실린 고 김윤기 열사 장례 광고

〈열사의 뜻 이어받아 공장 이전 분쇄하고 노동해방 앞당기자!〉

오늘 우리 앞엔 또 한 동지의 죽음이 있다.

자본가의 노조 탄압, 파괴 책동인 공장 이전에 맞서 '목숨으로 공장을 지키겠다'던 덕진양행 노조위원장 김윤기 열사의 서슬 푸른 죽음의 항거가 있다.

식량과 전화 차단, 직장 폐쇄, 가족에 대한 협박과 고소 등 온갖 가지의 비열한 책동 속에서도 10여 명의 조합원과 꿋꿋이 투쟁하며 "이 한목숨 다 바쳐 공장 이전을 철회시키고 온몸으로 노동해방을 앞당길 것"이라던 동지의 당찬 함성이 귓가에서 사라지기도 전에, 파업 투쟁 100일을 결의하고 그 반도 못 채운 47일째의 날에 열사는 그렇게 먼저 산화해 가셨다.

누가 우리의 노동 형제 김윤기를 죽음으로 몰고 갔는가? 누가 우리에게서 그 선한 눈빛의 김윤기를 앗아갔는가? 어린 소녀들을 쥐어짜 자신의 배를 불리고, 정당한 노동자의 권리를 되찾고자 결성한 노조를 탄압하기 위해, 아니 뿌리째 뽑아 버리기 위해 노동자의 생존이야 아랑곳없이 일방적으로 공장 이전을 결정해 버린 자본가이다. 그뿐만 아니라 어느 날 갑자기 공장문을 닫고 "너희는 보따리를 싸고 나가"라는 자본가의 파렴치한 행동을 두둔하고, 오히려 피해자인 노동자만 탄압하는 공권력과 노태우 정권이야말로 김윤기 열사를 죽음으로 내몰았던 주범이다.

최근 건국 이래 최대 규모라는 1만 4,000여 폭력 경찰, 백골단과 초계비행정, 헬기까지 동원한 현대중공업 노동자들에 대한 살인적 강제 진압에서 보는 바와 같이 이러한 자본가와 독재정권에 의해 받는 노동자들의 고통은 노동운동에 대한 전면적 탄압으로 더욱 가중되고 있다.

김윤기 열사의 분신 투쟁은 노동자가 더는 고통 속에 억눌려 살 수는 없으며, 자본가와 독재정권의 기만과 탄압책을 온몸으로 뚫고 나가야 한다는 처절한 항거였던 것이며, 이 항거의 외침은 노태우 정권이 감행하고 있는 노동자 탄압과 민족민주운동에 대한 본격적인 도발에 직면한 우리를 투쟁으로 떨쳐 일어서게 하고 있다.

이제 김윤기 열사의 장례를 맞이하여 우리 덕진 노동 형제들은, 성남 10만 노동 형제들은 열사의 뜻을 기리고 투쟁으로 되살려 내기 위해 어떤 결의를 다져야 하는가?

■ 공장 이전, 위장 휴폐업은 단지 덕진·한일만의 문제가 아니다. 언제 어느 사업장의 노동자에게도 내리쳐질 수 있는 노동자 탄압의 수단이며, 우리 사회의 이중적 억압이라는 구조적 모순의 결과라는 점에서 덕진·한일 노동 형제들이 중심이 되어 성남의 전체 노동자와 함께 거침 없

는 "공장 이전 철회, 위장 휴폐업 분쇄 투쟁"을 전개해야
한다.

■ 공장 이전, 휴폐업 분쇄 투쟁은 결코 한 사업장의 자본가
와 노동자의 투쟁으로 제한될 수 없다. 세창물산 위장폐
업의 투쟁 사례에서도 드러나듯 명백히 위장폐업임이 밝
혀지고 시정 명령이 내려졌음에도 불구, 시정 명령은 한
낱 종이에 불과할 뿐, 자본가는 처벌되지 않는 현실이 이
를 증명하고 있다. 노조 탄압과 노동자의 생존권을 짓밟
는 자본가의 파렴치한 행동은 마땅히 처벌되어야 하며,
이를 두둔, 방조하는 반노동자적 노태우 정권에 대해 단
결, 투쟁해야 한다.

성남의 10만 노동자 형제들! 일천만 노동자 동지들!
김윤기 열사의 못다 한 외침은 이제 우리의 가슴에 "노동해
방"이라는 선명한 목소리로 살아 울리고 있으며, 열사의 죽
음은 투쟁의 끝이 아니라 이제부터 시작임을 알리는 진군
의 북소리로 울리고 있다. 열사가 못다 이룬 노동해방의 외
침! 이제 우리의 불끈 쥔 두 주먹 속에 되살려 노조 탄압, 공
장 이전 완전 분쇄, 철회 투쟁으로 나아가자!

• 열사의 뜻 이어받아 노조 탄압 분쇄하자!

- 노동운동 탄압하는 노태우 정권 타도하자!
- 열사의 뜻 이어받아 노동해방 앞당기자!

1989년 4월 8일

민주노동자 고 김윤기 열사 장례위원회

4월 9일(일) - 분신 7일째

4월 9일 새벽 1시경, 대책위와 덕진노조원 등 30여 명이 성남시청에서 시 당국의 성의 있는 대처를 촉구하며 농성 중이었는데, 술에 취한 시청 직원 등 150여 명이 농성장에 난입하는 바람에 몸싸움이 벌어졌고, 대책위원들과 노조원들이 집단 구타를 당했다. 이 과정에서 성남노협 섬유 업종 간사 오명록, 김해성 목사 등이 다쳤다.

이날은 장례식을 치르기로 한 날인데, 무기한 연기되자 이에 분노한 노동자, 시민, 학생이 이날 정오에 신구전문대에서 김윤기 열사 추모 및 폭력 경찰 규탄 집회를 열었다. 이 자리에서 장례식 연기 경위를 설명하고, 현대중공업 투쟁 보고를 통해 노동운동 탄압에 대한 투쟁 결의를 새롭게 다졌다. 또한 4월 7일 조국의 자주, 민주, 통일과 학원 자주화를 외치며 분신, 산화한 서울교대 고 남태현 열사의 유서 낭독과 정정원 여사가 열사의 주검을 더럽히는 무리와 꿋꿋하게 싸워달라는 당부 말씀을 전했다.

집회 후 참석자들은 성남시청까지 평화 행진을 갖기도 했는데, 전경이 교문을 나서려는 참석자들에게 최루탄을 무차별적으로 퍼부었다. 이때 학교 앞 골목의 복덕방에서 다른 노인들과 환담하던 71세의 손순복 할아버지가 얼굴 정면에 최루탄을 맞아 앞니가 4개, 광대뼈·턱뼈가 부러지고 코뼈가 내려앉는 중상을 입는 등 부상자가 속출했다. 이에 분노한 노동자, 시민, 학생이 시내로 진출하여 파출소 4곳, 현대자동차 대리점 등을 부수고 시청 앞에서 투석전을 벌였다.

한편, 손순복 할아버지 상태를 확인하러 병원에 온 경찰은 얼굴에 최루탄 자국이 선명한데도 최루탄 때문이 아니라 돌에 맞은 것이라 주장했다. 더욱이 가족이 경찰서에 찾아가 치료 보상을 요구했는데, 경찰 측은 "딸을 잘 키워야지, 왜 우리한테 억지냐?", "당신의 동생이 불법시위에 가담해서 일어난 일이다."라며 오히려 협박조로 일관했다고 한다.

4월 10일(월) – 분신 8일째

오후 7시경, 노동자와 학생 300여 명이 성남병원에서 집회를 가졌다. 이때 각 사업장의 투쟁 경과보고, 사례 발표가 있었으며,

8, 9일 이틀간 투쟁 경과보고와 부상자 상황을 발표했다. 장례식 연기 배경 및 열사의 뜻을 받들어 '공장 이전 철회' 등의 요구가 관철될 때까지 끝까지 투쟁할 것을 결의했다.

김윤기 열사를 두 번 죽일 수 없다!
열사의 뜻을 이어받아 끝까지 투쟁하자!

성남의 노동자, 학생, 시민 여러분!
민주노조를 탄압하기 위한 회사 측의 '공장 이전' 책동에 맞서 공장 이전을 분쇄하기 위해 투쟁하다가 분신, 산화하신 고 김윤기 노동 열사의 장례가 덕진양행 회사 측, 성남시 당국, 노동부 성남사무소 측의 무성의하고도 열사의 죽음을 더럽히는 작태로 무기한 연기되었습니다.

술에 취한 시청 직원들 난입! 폭력 경찰의 최루탄 직격 난사!
열사의 분신 직후부터 성의 있는 협상을 촉구한 대책위의 요구에 이봉주 사장, 성남시 당국, 노동부 측은 어떠한 대화의 자세도 취하지 않았습니다. 이에● 겁먹은 성남시장은

● 장례식이 무기한 연기되고 4월 8~9일 이틀 동안 있었던 대규모 규탄 집회와 행진 등을 뜻한다.

"최선의 노력을 다하겠다.", "협상 시간에 노동자, 시민, 학생의 시청 농성을 허락한다."는 말을 하고 사장을 대신한 덕진양행 전무와 함께 협상 장소에 나올 수밖에 없었습니다. 하지만 시장과 전무는 대책위에서 제시한 5개 항의 요구사항(1. 덕진양행 공장 이전 철회, 2. 조합원에 대한 고소 취하, 3. 파업 기간 중의 임금 지급, 4. 유족에 대한 보상, 5. 부상자 치료 및 보상) 중 유족에 대한 보상, 부상자 치료 및 보상만 부분적으로 받아들이며, 그것도 "보상 책임은 느끼지 않으나 위로금 조로 1년 분할로 지급하겠다."는 비인간적인 작태를 보였습니다.

시장과 전무의 책임 회피와 단 몇 푼의 돈으로 김윤기 열사의 숭고한 죽음을 더럽히는 이들의 태도는 열사를 두 번 죽이는 행위입니다! 이들의 파렴치한 태도에 분노한 농성 투쟁 참가자들은 '5개 항의 즉각 수락'을 요구하며 투쟁의 대업을 더욱더 굳건히 하였습니다.

그러나 저들은 협상에 성실한 자세를 보이기는커녕 농성 참가자들을 강제 해산하기 위해 사복경찰과 술에 취한 시청 직원을 150여 명 난입시켰습니다. 이들은 욕설과 집단 구타를 자행하여 오명록 노동 형제는 아랫배가 심하게 다쳐 병원에 입원 치료를 받기까지 하였습니다. 시청 직원들의 이 같은 만행에도 불구하고 "우리의 투쟁은 정당하다.",

"열사의 뜻을 이어받아 끝까지 투쟁하자!"라는 강철 같은 결의로 시청 직원을 내쫓아 버리고, 이를 조종한 시장으로부터 공개 사과를 하게끔 했습니다.

더구나 우리를 분노하게 만든 것은 열사의 죽음을 모두 함께 기리고 전 성남 시민과 함께하려는 평화 대행진과 시청에서의 면담 노력을 최루탄 직격 난사로 20여 명을 부상시키고(이 중 최성근 씨는 머리에 직격탄 난사로 뇌수술 예정), 9일에는 시위와 무관한 손순복 할아버지(71세)가 얼굴 정면에 직격 난사로 인하병원 입원에 이르게 하는 살인적 만행을 자행하였습니다.

물러서지 않으리! 열사의 뜻을 이어받아 노동해방의 길로!

이에 우리는 이러한 상황에서 형식상의 장례만을 치를 수 없어 열사가 온몸으로 요구한 공장 이전 철회 등의 5개 항 요구가 실질적으로 관철될 때까지 회사, 노동부, 시청, 경찰에 대한 적극적인 응징 및 규탄을 감행할 것입니다.

성남 노동자 여러분! 50만 성남 시민 여러분!

우리 모두 열사의 뜻을 잇는 대열에 동참합시다.

열사의 죽음을 더럽히는 회사, 폭력 경찰, 노동부, 시청에 대한 응징에 다 같이 동참합시다!

그리하여 열사를 떳떳이 우리 곁에서 떠나보내고 아울러

열사의 뒤를 이어 이 땅의 민주화와 노동해방을 앞당기는 그날까지 노력해 나갑시다!

- 우리의 요구 -

• 열사의 뜻 이어받아 노동해방 앞당기자!
• 열사의 뜻 더럽히는 사장, 노동부, 경찰을 응징하자!
• 최루탄 직격 난사와 평화시위 가로막는 폭력 경찰 물러가라!
• 회사는 공장 이전 철회 요구 등 5개 항을 즉각 수락하라!
• 노동운동 탄압하는 노태우 정권 타도하자!

1989. 4. 10.

고 김윤기 열사 분신대책위원회

4월 11일(화) – 분신 9일째

이날 대책위는 4월 10~11일 회사, 성남시, 노동부와의 협상 결과를 발표했다.

1) 덕진양행 47일 간의 농성에 대한 경과보고와 노조 탄압에 대한 사죄, 해명이 없는 점.

2) 퇴거 불응, 업무 방해로 덕진 노조원 11명에 대한 고소 취

1989년 4월 10일 신구전문대에 마련된 고 김윤기 열사 민주노동자장에서
구호를 외치는 동료 노동자들(위)과 장례식에 함께한 노동자, 학생

1989년 4월 10일 장례식장에 마련된 영정을 바라보고 있는 큰이모님(위)과
민주노동자장에 전시된 고 김윤기 열사의 분신 당시 입었던 옷

하 의사가 없는 점.

3) 공장 이전 철회에 대한 태도의 변화가 없는 점.

4) 경찰의 직격 최루탄 난사 및 평화회의에 대한 폭력적 진압
   은 열사의 죽음을 더럽히는 것이므로 이러한 입장에서 장
   례식 강행은 무의미하다고 결정했다.

이에 열사가 요구한 '공장 이전 철회' 등이 관철될 때까지 투
쟁을 감행할 것을 결의했다.

4월 12일(수) - 분신 10일째

이날 〈분신투쟁속보〉 제4호가 발간되었다. 오전 11시경 유가
족·덕진노조원·국민대 민주동문회 등 11명은 여의도 평민당 중
앙당사에서 농성을 시작했다. 이들은 "우리는 왜 평민당 중앙당
사에 들어왔는가?"라는 성명서를 통해 다음과 같은 요구사항을
발표하며 이를 받아들일 것을 촉구했다.

- 경찰 당국은 즉각 사과와 함께 책임 있는 대책을 마련하
  여 제시할 것.
- 회사는 공장 이전 철회 등 5가지 요구 조항을 받아들일 것.
- 성남시는 지난 8일, 9일 시청 직원들이 노동자와 대책위

위원들에게 가한 집단 구타에 대해 공개 사과할 것.

• 성남경찰서는 8일, 9일 시위대 폭력 진압에 대해 공개 사
과와 함께 부상자 치료를 책임질 것.

• 평민당은 김 열사의 분신에 대한 책임을 회피하고 있는
회사와 노동부, 성남시청에 조사단을 파견할 것.

평민당은 이를 받아들이고 곧바로 성남시청과 경찰 당국에
전화하여 폭력 진압 및 집단 구타에 대해 항의했고, 오후 3시경
에는 부대변인과 인권위원회 위원장이 덕진노조 문제 해결에 적
극적으로 협조할 것을 약속했다.

이후 유가족 및 관련자들의 지지 방문으로 농성자는 20여 명
으로 늘어났다. 이들은 회의실에서 농성을 계속하면서 당사 곳
곳에 대자보와 선전물을 붙였다. 또 오후 6시경에는 취재차 들
른《한겨레》사회부 기자에게 덕진노조의 평민당사 농성 건을
기사로 내보내 줄 것을 요청했다. 이에 기자는 농성 기사와 함께
덕진을 비롯한 중소 사업장들의 공장 이전과 위장 휴폐업 및 무
노동 무임금 문제 등을 특집으로 다루겠다고 약속했다. 실제《한
겨레》1989년 4월 13일 자 신문에 "장례 대책 마련 촉구, 분신 김
윤기 씨 유가족 농성"이란 제목의 기사가 실렸다.

오후 7시경 성남병원에서는 대책위원회 주최로 '고 김윤기
열사 정신 계승 및 폭력 경찰 규탄 대회'가 열렸다. 이 자리에는

유가족 평민당사 농성 소식을 전한
《한겨레》 1989년 4월 13일 자

300여 명의 노동자, 시민, 학생이 참여했다. 이날은 장례식 연기
이후 첫 집회로, 국민대 학생들은 버스를 이용하여 단체로 참여
했다. 또한 성남지역 노동자들은 3시경 한일라켓에서 파업 사업
장 연대집회를 마치고 집회에 참여했다.

규탄대회는 민중 의례에 이어 장례식 연기 이후 상황 보고와
규탄 연설로 이어졌다. 이때 '공장 이전 철회'가 관철되지 않았
고, 회사·노동부·시청 측의 무성의와 경찰의 직격 최루탄 난사,
폭력 행위에 맞서 적극적으로 싸워 나갈 것을 결의했다. 이와 함
께 평민당 중앙당사에서의 상황을 보고했다.

규탄대회 후 300여 명의 노동자·학생·시민은 회사·경찰·노동부·시청 측의 행위를 규탄하고자 병원에서 중앙파출소까지 평화 행진을 했는데, 전경은 최루탄을 난사했고, 김수호(국민대 중문 3)를 연행했다.

4월 13일(목) – 분신 11일째

평민당 당사에서 농성 중이던 아주대학생들과 덕진노조원은 '노동운동탄압 규탄 집회, 투쟁 경과'를 보고하는 한편, 현재 위장 휴폐업 철회 투쟁을 벌이고 있는 디씨전자 등 다른 사업장과 연락을 취하여 공동 투쟁에 나설 것을 제안했다.

이날 오후 3시경, 덕진노조 측과 평민당 원내부총무 이해찬 의원 간에 면담이 이뤄졌다. 이 자리에서 덕진노조는 중재 의뢰와 아울러 덕진노조 문제를 전국 차원에서 여론화해 달라고 평민당에 요청했다.

이에 오후 7시경 덕진노조 측은 평민당 인권위원회 오대영 부위원장에게서 14일 안으로 조사단을 파견하겠다는 다짐을 받고, 그렇게 되면 농성을 일부 풀겠다고 밝혔다.

4월 14일(금) - 분신 12일째

오후 4시경 성남 관광호텔에서 산자교회 김해성 목사 등 대책위 대표와 덕진양행 회사 측 전무 등이 참석한 가운데 세 번째 교섭이 이뤄졌다. 이때 회사 측은 다음과 같은 협상안을 제시했는데, 기존 태도에서 한 발짝도 나아간 것이 아니었다.

- 공장 이전 철회 건: 관리자 포함 봉제부반 20명 선 유지.
- 고소 취하 건: 협상이 타결되면 고소를 취하할 용의가 있음.
- 파업 중 임금 지급 건: 생활보조금 조로 얼마쯤 지급할 용의 있음.
- 임금 인상 건: 임금인상분 소급 지급은 회사에 일임할 것.

이에 덕진노조 측은 다음과 같이 요구했다.

- 1개 라인 완전가동하고 인원은 30명 선으로 할 것.
- 유족 보상금 7,000만 원 선 제시.

하지만 협상은 이렇다 할 결론을 내지 못하고 결렬되고 말았다. 이날까지 모인 성금이 1,300여만 원에 달했다.

4월 16일(일) - 분신 14일째

평민당 인권위원회가 교섭 중재에 나섰지만, 타협은 이뤄지지 않았다.

4월 17일(월) - 분신 15일째

김윤기 열사의 모교에서 발행되는 《국민대학보》는 1989년 4월 17일 자에 그간의 상황에 관해 다음과 같이 보도했다.

지난 4월 3일 덕진노조 위원장 김윤기(무역 83) 동문이 공장 이전을 내세워 노조를 파괴하려는 사장(이봉주)의 태도에 분개, 온몸에 시너를 뿌리고 분신하였다.

이에 성남지역 노조위원장 등과 지역 단체 회원들은 4월 3일 오후 4시 성남병원 내에 '덕진양행 위원장 고 김윤기 열사 분신 임시대책위'를 조직하고 경찰에 의한 시신 탈취를 막기 위해 규찰을 서는 한편, 매일 7시경 '노동운동 탄압 분쇄 및 김윤기 열사 추모 범시민대회'를 개최하고 있다. 또한 김윤기 위원장 분신 이후 대책위원회에서는 공장이전 철회, 유족 보상, 부상자 전원 치료·보상, 조합원에 대한 고소 취하(업무 방해), 파업 기간 중 임금 지급 등 5개 항의 요구사항을 가지고 회사 측, 시 당국, 노동부 관계자 등과 협상을 벌였다. 또한 4월 9일 예정되었던 장례식은 요구사항이 관철될 때까지 무기한 연기되었다.

한편 덕진노조원, 유가족협의회, 국민대 대책위 20여 명은 지난 12일부터 평민당사를 찾아가 지금까지 농성을 벌이며 김대중 총재와 면담을 했으나, 별다른 진전이 없었다. 이어 4월 14일 협상에서 대책위는 사장·노동부 관계자, 시 당국에 공장 이전 철회, 파업 기간 중 임금 지급 등 최소한 두 가지 사항을 요구했으나, 사장이 이를 거부함으로써 협상은 또다시 결렬되고 말았다. 이렇듯 노동자들은 당연한 자신의 권리마저도 자본가들에 의해 빼앗기고 있으며 시신마저도 제때 묻지 못하는 상황이다.

시청 시위

지난 4월 8일 덕진노조원 등 30명의 노동자는 시청에 가서 5개 요구사항을 내걸고 회사 측과 교섭을 벌였으나 결렬되고, 계속해서 시청에서 농성을 벌였다. 농성 과정에서 이를 저지하려는 경찰과 시 직원들에게 구타를 당해 오명록 씨, 김해성 목사 등 여러 명이 부상을 당했다.

신구전문대 집회

4월 9일 12시, 장례식이 무기 연기되었고, 대신 '고 김윤기 열사 추모 및 폭력 경찰 규탄대회'가 1천여 명의 노동자, 학생이 참석한 가운데 성남시 신구전문대에서 열렸다. 이날 규탄대회에서 김 위원장의 어머니 정정원 여사는 "악독한 경찰 박살 내자!", "군부독재 타도하자!"라고 구호를 외치며 울음을 터뜨려 집회 참가자들을 숙연하게 하였다. 이어 덕진조합원들은 "위원장님의 뜻을 이어받아 진정한 노동 해방의 그날을 위해 끝까지 투쟁할 것"을 주장했다.

집회 후 교문을 나서려는 참석자들에게 경찰은 직격 최루탄을 무차별 발사했으며, 이 과정에서 손순복 할아버지(71세)가 직격탄을 얼굴 정면에 맞아 코뼈가 부서지는 중상을 입는 등 다수의 부상자가 발생했다. 이에 분격한 노동자, 학생, 시민은 시내로 진출하여 파출소, 현대자동차 대리점 등을 타격하고 시청 앞에서 치열한 투석전을 전개하였다.

4월 15일 성남병원

오후 6시 30분, 노동자, 학생, 시민 등 5백여 명이 참석한 가운데 전날 있은 면담 결과를 밝히며 협상 의지를 보이지 않는 회사 측을 규탄하는 집회를 가졌다.

법대 결의대회

법대 비상총회인 '고 김윤기 선배 열사 추모 기간 선포 및 등록금 동결 완전 쟁취 결의대회'가 지난 4월 6일 2호관(현 북악관) 303호에서 개최되었다. 이날 총회에서 이철(법 4) 군은 '김윤기 열사의 삶과 투쟁 과정'을 통해 열사는 사고하는 지성, 행동하는 지성을 보여준 자상한 선배였음을 회상했다. 또한 학생회장 김명연(법 4) 군은 "학내·외 민주화 투쟁을 쟁취하는 것이 열사의 뜻을 기리는 것인 동시에 열사가 부활하는 것"이라고 천명하였다.

4월 20일(목) – 분신 18일째

회사 측의 교섭 불성실로 타결이 이뤄지지 않자, 유가족과 덕진노조원들은 사장이 입원해 있던 한강 성심병원에 찾아가 항의했다.

4월 21일(금) – 분신 19일째

평민당 인권위원장과 분신대책위의 중재로 교섭이 타결되었다. 이날 성남시청 시장실에서 회사 측과 보상금 4,000만 원 지급, 성남공장 이전 철회, 파업 기간 중 임금 50% 지급, 노조 간부 9명에 대한 고소 취하 등 6개 항에 합의했다. 이에 따라 4월 23일 오전 10시에 장례식을 치르기로 했다.

4월 23일(일) - 분신 21일째

성남에 있는 신구전문대에서 1,000여 명의 지역 노동자, 학생, 시민이 참여한 가운데 민주노동자장이 거행되었다. 공단 내 사업장에는 검은 현수막이 고인의 넋을 위로하며 행렬을 이루었다.

이날 오전 10시 신구전문대 운동장에서 '고 김윤기 열사 민주노동자장'이 치러졌다. 공동장례위원장 오길성이 사회를 보았다. 개식사, 영정 입장, 민중 의례, 이영숙 덕진노동조합 부위원장의 약력 보고, 김해성 장례집행위원장의 경과보고에 이어 김윤기 열사의 육성이 확성기를 통해 장례식장에 울려 퍼졌다. 이후 계훈제 전국민족민주운동연합(전민련) 고문, 이기원 영진노동조합 위원장, 안덕철 덕진노동조합 부위원장, 이해학 주민교회 목사, 박창호 민주화운동유가족협의회(현 유가협) 고 박영진 열사 아버지, 이태복 국민대 민주동문회 회장 등의 조사가 있었다.

이후 성남지역노래패연합준비위원회가 〈추모의 노래〉를 합

고 김윤기열사 민주노동자장

동지여 함께가자 노동해방의 그날까지!

일시 : 1989년 4월 9일(일요일) 오전 10시
장소 : 성남신구대학교 대운동장

영구행렬 : 신구대 → 성남시청 → 공단 →
덕진양행 → 서울국민대 → 파주기독공원묘지

민주노동자 고 김윤기열사 장례위원회

고 김윤기 열사 장례위원회가 제작한 고 김윤기 열사 민주노동자장 안내문. 장례식 일정이 '9일'에서 '23일'로 수정되어 있다.

1989년 4월 23일 치러진 고 김윤기 열사 장례식

창했고, 신경림 시인의 조시 〈임은 갔어도 그 눈동자는 살아서〉
가 낭독되었다. 이어 어머니 정정원 여사의 가족 인사, 손길수
공동장례위원장의 호상 인사, 이후 각계 대표들의 분향 및 헌화
가 이어졌다. 모든 공식 행사가 끝난 후 씻풀이굿(진혼굿)이 진행
되었다.

〈임은 갔어도 그 눈동자는 살아서〉
—고 김윤기 열사를 기리며

기름밥을 먹어본 사람은 안다.
먼지투성이의 봉제공장에서
품을 팔아본 사람은 안다.
하루 13시간 넘는 작업에 시달리고 나면
시꺼먼 가래침과
허탈과 분노만이 남는다는 것을

일당 4,800원에 젊음을 팔며,
책 한 권 사 읽을 여유도 없이
환한 웃음조차 짓지 못하는
체념과 타협 속에서 살아갈 수 없다고
노조를 만들었다.

끝없는 공작과
탄압을 물리치고 뭉쳤다.
덕진노조의 깃발 아래 하나가 되었다.
싸우지 않고서는
아무것도 받아낼 수 없다는 것을

불어 터진 라면으로 끼니를 때우면서,
스티로폼 위에서 새우잠 자면서도
외롭지 않았다.

물러서면 죽음밖에
기다리는 것이 없었기에
연대투쟁의 뜨거운 가슴을 나누는
동지들이 있었기에
우리는 쓰러질 수 없었다.

노조를 끝내 인정하지 않고
공장을 옮기려는 사장의 속셈도
우리의 투쟁을
멈추게 할 수 없었다.

아, 아, 김윤기 위원장!

그는 우리의 희망이었다.

아무것도 될 것 같지 않았던

암담함 속을 앞장서서 헤쳐 나간

우리의 선봉이었다.

공장 이전의 치사한 위협에도

무릎 꿇지 않고

승리의 결의에 차 있었다.

그는 우리의

믿음직한 형이요, 오빠요,

성실하고 철저한 동지였다.

그러나 이제 우리는……

앞장서서 싸움을 이끄는

그 의연한 모습을 다시 볼 수 없구나……

그 맑은 웃음을

다시 찾을 길 없구나……

그 단호한 목소리를

다시는 다시는 들을 수 없구나!

숨 막히는 억압과 착취에 맞서
싸울 때마다 속으로 키워 온 불씨가
활활 피어나
열사를 집어삼키고 말았구나.
노동자가 주인 되는 세상을 가로막는 것들을
깡그리 태워버리려고
스스로 불꽃이 되었구나!

임은 갔어도
그 눈동자는 시퍼렇게 살아서
우리가 이어나갈 싸움을 지켜보는구나,
일꾼 세상을 앞당기라고
어서 앞당기라고 우리를 몰아세우는구나!

열사여, 열사여, 열사여……
이 땅을 뒤엎는 함성으로 오소서,
일꾼 세상을 일으키는 바람으로 오소서,
통일 조국에 피어날 꽃으로 오소서,
다시 한번 부활하소서, 부활하소서!
김윤기 열사여, 열사여, 열사여.

장례식은 오후 1시 신구전문대를 출발하여 성남 중앙시장 앞에서 노제를 치르고 덕진양행을 거쳐 모교인 국민대에서 2차 노제를 지냈다. 오후 늦게 장지인 경기도 파주군 탄현면 기독교공원묘지에 안장됐다.

1989년 5월 8일 자《국민대학보》는 4월 23일에 치러진 고 김윤기 열사의 장례식 상황을 자세히 보도했다. 관련한 내용은 다음과 같다.

'고 김윤기 열사 민주노동자장'이 지난 4월 23일 성남과 본교 등지에서 유가족, 노동자, 시민, 학생 등 2천여 명의 애도 속에 거행되었다. 8시 40분 성남병원에서 관을 옮기는 발인식이 있었고, 이어 10시 50분 신구전문대에서 장례식이 개최되었다.

먼저 이영숙 덕진노조 부위원장의 김윤기 열사 약력 소개와 장례집행위원장 김해성 목사의 덕진 투쟁과 분신에 대한 경과보고가 있었다. 계속해서 전민련 공동의장 이창복 씨와 영진산업 노조위원장 이기원 씨, 덕진노조 안덕철 씨, 신구전문대 김준기 교수, 송광영 열사의 어머니 등의 조사 낭독 후 신경림 씨가 쓴 조시를 성남지역 민주청년연합 여성부장 이희옥 씨가 낭송하였다.

또한 김윤기 열사의 어머니 정정원 여사는 인사말을 통해

1989년 4월 23일 고 김윤기 열사 운구 행렬

"윤기의 뜻인 노동해방 조국통일을 위해 죽지 말고 싸워달라."고 울부짖어 참가한 사람들의 눈시울을 뜨겁게 했다. 이후 장례식은 분향 및 헌화와 씻풀이굿(혼을 달래는 굿) 등이 진행됐다.

장례식 후 행렬은 종합시장에서 노제를 한 후 덕진양행에 들렀다가 오후 5시경 본교(국민대)에서 노제를 개최하였다. 이날 장례식 행렬에는 대형 걸개그림과 70여 개의 만장, 1백여 개의 피켓 등이 따라 열사의 거룩한 뜻을 기렸다. 이후 장지인 파주 기독교공원묘지에 열사를 안치시켰다.

1989년 4월 23일 국민대 민주광장에서 치러진 고 김윤기 열사의 노제

요구사항 타협

4월 23일 장례식이 치러지게 된 것은 4월 21일 사장과의 면담을 통해 요구사항이 부분적으로 타협되었기 때문이다. 타협 사항을 보면, 공장 이전 철회 문제는 20명의 노동자가 일할 수 있는 공장을 성남에 유지하기로 했으며, 유족 보상 문제는 4천만 원을 지급하기로 하였다. 또한 쟁의 기간 중 임금에 대해서는 50%를 지급하기로 했으며, 조합원 고소 문제는 협상 후 고소를 취하하기로 합의를 보았다.

이번 협상에 있어 아직도 해결되어야 할 사항은 공장의 한 개 라인을 완전히 가동하기 위해서는 최소한 30명 이상이

2부 김윤기 열사 장례 투쟁과 기념 사업

1989년 4월 23일 국민대 정문을 통과하는 고 김윤기 열사 운구 차량(위)과
운구 차량을 따르는 국민대 학생들

필요하다는 것이다. 이영숙 씨는 20명으로의 공장 운영은 하청업체일 수밖에 없으므로 계속적인 투쟁을 벌여나가겠다고 했다.

한편 장례식 후 덕진조합원, 성남지역 민족민주운동 단체, 노동운동 단체 등은 김윤기 열사 추모사업회를 건설하기로 했다.

열사 추모사업

'고 김윤기 열사 추모사업 및 기금 마련' 행사가 지난 5월 4일부터 20일까지 경상대학학생회와 무역학과 주최로 계속될 예정이다. 5월 4일부터는 '고 김윤기 열사 장례식' 사진전이 2호관 로비에서 시작되었으며, 볼펜·라이터·손수건·티셔츠 등을 판매하고 있다. 5월 8일부터는 비디오 〈천만 노동자여 총단결하라〉 외 9편이 상영된다.

5월 19일 총학 주최의 북악통일노래자랑에 노동자, 도시빈민이 참가하여 학생과 함께 어울리고, 5월 20일에는 열사 정신 계승 아우성 공연 및 탈공연패와 추모 시낭송, 시화전이 개최될 예정이다.

2. 성남 김윤기열사기념사업회 결성과 활동

장례 이후 덕진노조 해체

장례를 치른 이후 덕진노조 조합원들은 한 달 후부터 성남공
장을 가동한다는 합의사항만 믿고 서울 길동공장으로 출근했다.
길동공장은 성남공장과 비슷하게 1층은 자재 창고, 2층은 사무
실, 3층은 작업장으로 사용되었다.

그런데 1989년 6월로 접어들자, 사측은 돌연 성남공장 가동
과 노조원들에 대한 법적 책임을 묻지 않겠다는 약속을 저버렸
다. 이영숙·안덕철 부위원장은 구속되었고, 조합원들은 고소당
했다. 끝까지 남은 박순자·박은주·조금숙·최지연·함영례·이영
숙 등 6명의 조합원은 구속자 대책을 논의하는 한편, 경찰과 검
찰에 불려 다니며 조사를 받으면서도 회사 측에 이렇다 할 빌미
를 제공하지 않기 위해 출근도 빠지지 않았다.

이런 가운데 회사 측은 그해 7월경 일방적으로 조합원들을 해

고하기 위한 징계위원회를 열겠다며 회사 내에 공고문을 붙였다. 조합원들은 사전 논의와 합의 없는 징계위원회는 무효라며, 참석하지 않겠다는 공고문을 사측 공고문 옆에 붙였다. 조합원들은 합의사항에 따라 구속자를 석방하고, 성남공장을 당장 가동하라며 사장 면담을 요구했다.

이에 회사 측은 마지못해 면담을 수용했다. 조합원들은 효과적인 대응 방법을 고민하다가 침묵시위를 하기로 했다. 사장실에서 열린 면담에서 조합원들은 의자 대신 바닥에 앉아서는 아무런 말도 하지 않고 눈도 깜빡이지 않은 채 사장을 노려봤다. 처음에는 못 본 체하던 사장은 1~2분이 지나자 손을 부르르 떨고는 사장실을 나가버렸다.

그 뒤 공장장은 의도적으로 작업시간 중에 조합원을 만나겠다는 공고문을 회사 벽에 붙이는가 하면, 조합원들이 회사 매직펜을 사용한다는 등 조합원들의 활동에 시비를 걸었다. 그들의 방해는 하루도 그냥 넘어가는 날이 없을 정도였다. 이후 사측은 현장 노동자들을 한두 명씩 내보내다가, 8월에는 임시휴업을 하겠다는 공고문을 붙였다.

회사 측이 일방적으로 통근버스 운행을 중단하는 바람에 조합원들은 성남에서 길동까지 먼 길을 일반 버스를 타고 출근했지만, 회사 철문은 굳게 닫혀 있었다. 이에 조합원들은 철문 앞에서 농성을 시작했다. 회사 측 관리자들은 통행에 지장을 준다며 시비를 걸었고, 분노로 가득 찬 조합원들은 그들과의 몸싸움을 마다하지 않았다.

조합원들은 온종일 굶으며 몸싸움까지 벌여 지칠 대로 지쳤는데, 밤이 되면서 8월인데도 건물 바닥의 찬 기운이 그들을 괴롭혔다. 이때 성남 김윤기열사기념사업회 준비위 상근자 임현주(고려대 80)가 먹을 것과 바닥에 깔 것들을 가지고 현장을 찾았는데, 근처에 잠복해 있던 경찰이 임현주를 경찰차에 태워 연행하려고 했다. 이에 조합원들은 경찰차 아래로 기어들어 가거나 경찰과 몸싸움을 벌여 그의 연행을 겨우 막았다. 낮부터 계속된 몸싸움에 조합원들의 몸과 마음은 상처투성이가 됐다.

성남과 달리 지지와 지원해 줄 연대 동력이 없는 길동 투쟁은 6명의 조합원만으로는 역부족이었다. 결국 덕진노동조합은 회사 측이 노조 파괴를 목적으로 삼았던 공장 이전을 막아내지 못했다. 회사 측은 1989년 8월 중순이 되자 조합원 6명을 제외한 노동자들은 모두 임시로 퇴사시키고는 조합원만으로 1주일 동안 공장을 가동한 후 직장 폐쇄 조치를 단행했다. 이에 조합원들은 회사 측의 약속 이행과 기만적인 직장 폐쇄 철회를 요구하며 7일 동안 투쟁했다. 하지만 1989년 9월 1일 서울 길동에서 덕진노조 투쟁은 끝내 막을 내리고 말았다. 그 뒤 회사 측은 공장을 재가동했다.

이후 몇몇 조합원은 길동 투쟁을 마무리하고 김윤기열사기념사업회에 합류하여 활동을 이어나갔다.

성남 김윤기열사기념사업회 준비위원회 결성과 활동

덕진노조, 성남지역 노동조합, 국민대 민주동문회와 유가족을 중심으로 김윤기 열사의 투쟁과 정신을 올바로 계승하기 위해 기념사업회를 결성하기로 했다. 먼저 1989년 6월 5일 준비위원회를 발족하여 열사의 추모사업과 노동운동 단체의 역할을 지역 내에서 자리매김하기 위한 사업들을 펼치기로 했다.

준비위원회는 먼저 1989년 7월 9일 김윤기 열사가 묻힌 파주군 기독교공원묘지에 묘비를 세웠다. 덕진노조 부위원장 2명이 구속된 상황에서 제2대 노조위원장 박순자가 이를 주도했다. 묘비 제막식에서 김윤기 열사의 한을 풀어주기 위해 성남에서 함께 활동했던 김영준이 무명천에 불을 붙여가며 '살풀이춤(부활춤)'을 추었다. 박순자 위원장은 이영숙 부위원장에게 다음과 같이 편지로 당시 상황을 전했다.

영숙 언니 보세요.

어제는 위원장님 묘소에 다녀왔습니다. 묘비도 세웠고요.

위원장님을 뵐 면목이 없었어요. 우리 모두 함께 가야 하는

1989년 7월 경기도 파주군 탄현면 기독교공원묘지 내
김윤기 열사 묘비 제막식

데 두 분이 구속됐고요. 그래서 우리는 모두 위원장님을 자
세히 그리고 두 눈 크게 뜨고 바라보지 못했어요.

어머님의 통곡 소리와 우리의 소리 없는 흐느낌은 지금도
가슴이 멜 정도예요.

성남지역에서 많은 분이 갔어요. 70명 정도는 되고, 또 차
를 두 대 더 빌렸어요.

진혼굿을 영준 형이 했답니다. 진혼굿을 하자 김종태 열사
어머님, 김윤기 열사 어머님, 지역 여러분 모두 엉엉 울어서
다음 차례가 식사였는데 다들 제대로 먹지 못했어요.

이상이 묘비제막식 보고입니다.

......

건강 조심하시고요, 단투(단식 투쟁) 하지 마세요. 속 버리면 어쩌려고 그러세요.

우리 친구들 이름 적어 넣을게요.

순자, 은주, 금숙, 영숙, 영례, 지연, 정애 잊어버리지 않으셨죠.

1989. 7. 10.

순자

준비위원회는 1989년 11월 14일에 사업회 기금을 마련하고자 1990년도 달력을 제작, 판매했다. 이외에 준비위원회는 다음과 같은 일을 해나갔다.

1989. 7~8. 지역노동자 대상 노동교실·문화교실 각 5회 개최

1989. 10. 7. 노동악법개정 투쟁 및 전노협 건설을 위한 1차 강연회

1989. 11. 1. 노동악법개정 투쟁 및 전노협 건설을 위한 2차 강연회

1989. 11. 8. 성남노동운동단체협의회 재건식 참여

1989. 12. 2. 노동자교양강좌 개설(매주 목요일)

2부 김윤기 열사 장례 투쟁과 기념 사업

성남 김윤기열사기념사업회 출범과 활동

1989년 12월 23일(토) 오후 6시 경원대 C동 계단강의실에서 유가족, 덕진노조 조합원, 성남지역 노동자, 지역 인사, 국민대 민주동문회, 5·3동지회(인천5·3민주항쟁동지회) 등 200여 명이 참석한 가운데 김윤기열사기념사업회가 발족했다. 이날 행사는 진혼굿, 위원장 생전 비디오 상영, 덕진노조 투쟁 보고 순으로 진행되었다. 이날 성남시 중원구 상대원동 김윤기열사기념사업회 사무실에 현판을 내걸었다. 다음은 기념사업회 발족문이다.

〈김윤기열사기념사업회 발족문〉

생전의 그는 덕진양행 노동조합의 위원장이었다. 사회구조의 모습을 올바로 이해하는 과학적 의식으로 무장되고, 노동운동의 발전을 위하여 노동자 조직의 적극적 단결체로서 섬유를 기점으로 산별 조직체계를 구현하고자 실천의 선봉에 서서 전진하는 의연한 노동운동가였다. 타협할 수 없는 적과의 투쟁 속에서 5·3인천투쟁 시에는 감옥에 갇히기도 했던 그는 민중해방투쟁의 전사였으며 영원한 노동자의 지도자였다.

김윤기 열사는 과학적 실천 사상만이 운동의 진정한 승리를 약속할 수 있다는 신념 속에서 스스로 과학적 무장에 게

1989년 12월 23일 경원대(현 가천대)에서 개최된
성남 김윤기열사기념사업회 발족식

을리하지 않았다. 노동조합의 위원장으로서, 대중 지도자로서 조합원을 조직 주체로 이끌어 세운 탁월한 지도자였으며, 지역 단위 및 전국 단위에서 노동자가 하나 되기 위한 동일한 노동 조건에 근거한 산별 조직체계 건설에 주력할 것을 역설하며 성남지역 섬유 업종의 단일노조 건설을 구상하였다.

그래서 덕진 투쟁을 통하여 단결을 강화해 나가고자 파업 현장의 프로그램을 지역 노동자 특히 섬유 업종 노동자를 중심으로 마련하여 지역의 임투 전야부터 투쟁을 유지하고 확대했다.

영세 업체인 덕진양행이 1988년 11월 29일 노조의 결성부터 그 한계를 예견하면서도 투쟁을 통해 그 한계를 공개적이고 대중적으로 제기하였다. 지역 내 연대 역량의 조직화를 통한 7일간의 파업 투쟁 결과 노동조합 인정을 받아냈으며, 이후 공장 이전 철회 투쟁 또한 자본과 권력의 폭압적인 탄압에 맞서 싸우며 지역 내 임금인상 투쟁의 열기를 연대 투쟁으로 발전시켰다. 47일간의 기나긴 파업 투쟁 기간에 적은 수이기는 하지만 단 한 사람의 이탈자도 없는 단호한 투쟁대열의 모범을 제시하였다.

우리는 그의 분신 앞에 최소한 두 가지는 검토하고 지나가야만 한다.

첫 번째는 우리가 좀 더 적극적으로 단결 연대하여 투쟁하였더라면 그를 죽음으로부터 구출할 수 있었다는 자책이다. 이것은 완전한 해방의 그날까지 살아서 투쟁하는 모든 노동자의 뼈아픈 자책이어야 할 것이다.

또 하나는 그가 자기 몸에 시너를 붓고 스스로 불꽃을 당겼다고는 하지만, 실제적으로는 자살이 아닌 자본과 권력으로부터의 살해였다는 점이다. 노동자의 조직적 단결의 보장은커녕 기본적인 생존권마저도 부정당하는 시대 현실의 암울함, 폭력과 억압과 거짓으로 무장된 가시덩굴의 노동현장 속에서 자본가와 공권력은 합작하여 우리의 고운 미소를 앗아갔으며, 우리의 다정한 동지를 살해한 것이다. 분노와 적개심 속에 망연히 눈물 떨구던 한 계절을 지내고 이제 우리는 어떻게 그 곱던 미소, 다정한 동지를 되살려낼 것인가를 가슴 맞대고 뜻으로 세워 일으켜 내지 않으면 안 된다.

덕진 투쟁 동지들은 서울로의 힘겨운 출퇴근과 준법투쟁 등의 와중에 많은 지역 노동자의 뜨거운 성원으로 김윤기 열사기념사업회를 발족시켜 김윤기 위원장이 우리에게 남기고 가신 뜻을 함께 풀어가고자 사무실을 마련하였다.

근 석 달에 가까운 기간 동안은 내부 조직체계 정비와 앞으로의 사업에 대한 몇 가지 실험을 거쳐보면서 지역 노동운동에의 기여를 모색하기로 했다. 앞으로 기념사업회 사업은 덕진 투쟁과 김윤기 위원장이 제기하였던 문제로부터 출발하여 노동운동 단체로의 입지를 분명히 자리매김할 것이다.

김윤기열사기념사업회의 사업은 크게 두 축으로 이루어질 것이다.

첫째는 김윤기 위원장 분신 산화의 지역적 상징성을 기반으로 하는 기획 사업들을 통해 노동자의 의식 강화와 실천을 강화할 것이다. 시, 소설 등의 공보사업 또는 백일장, 집회나 선동대회 개최 등.

다음으로 노동조합의 강화와 지역 노조협의회 및 앞으로 구축될 전국 조직들을 밑에서 받쳐주는 지원사업으로 노동자의 해방 사상 확대에 주력하는 교육사업 및 노동자 문화 확대를 위한 조직사업에 총력을 기울일 것이다.

마지막으로 기념사업회는 여타 지역의 노동운동 단체들과 협력하여 지역의 현안에 능동적으로 참여하여 지역 노동운동 발전에 함께 보조를 맞추는 것도 중요한 임무임을 확인하고자 한다.

다시 한번 기념사업회의 발족이 있기까지 직·간접적으로 도움을 주신 노동 형제들께 감사의 말씀을 드리며 기념사업회의 사업에 많은 동참이 있기를 바라는 바이다.

(1) 초창기 활동(1989. 12.~1991. 12.)

김윤기열사기념사업회는 김윤기 위원장을 기억하고 정신을 계승하는 데 뜻을 같이하고자, 덕진노조 투쟁을 지원했던 지역 노동자들을 중심으로 성남시 중원구 상대원동에 사무실을 마련하여 30여 명의 회원을 모집함으로써 1989년 12월 23일 단체 시작을 알렸다.

덕진노동조합 위원장 박순자를 기념사업회 초대 회장으로 선출하고, 사무국장은 덕진노조 부위원장 이영숙, 그 외 집행위원들로 구성했다. 기념사업회는 발족문에서 밝힌 바와 같이 활발한 활동을 펼쳤다.

첫째, 회원들의 노동 현장 적응과 활동을 지원하는 현장반과 학습을 통한 인식과 정세 파악을 위해 시사토론회반을 운영했다.

둘째, 덕진노조의 연장선에서 섬유 업종의 산별노조를 조직화하도록 지원했다. 이에 성남의 섬유 업종 노동조합 수련회를 기획하여 기업별 노조의 벽을 허물고 단결과 공동의 연대감을 높여 1990년 임투 전야의 분위기를 끌어올렸다.

셋째, 섬유 업종 노동조합에 각각의 풍물패를 조직하여 노동자 문화와 노동조합의 든든한 문화선봉대 역할을 하도록 했다.

넷째, 성남지역 노동운동 단체의 연대활동을 이끌던 성남노운협에 적극적으로 참여하여 지역 노동 현안에 공동 대응하고 노동조합의 활동을 지원했다.

1989년 12월 23일 성남 중원구 상대원동에 마련된
김윤기열사기념사업회 사무실 개소식

다섯째, 고유사업이라 할 수 있는 성남노동열사 공동 추모제
를 추진하고자 매년 '4월 8일부터 4월 14일까지' 1주일 동안을
'열사 정신 계승 실천 주간'으로 설정하고, 추모제 및 다양한 행
사를 진행했다. 첫 추모제는 1990년 4월 8일 열렸는데, 김윤기를
비롯하여 김종태·최윤범 등을 기렸다. 1991년 두 번째부터는 성
남노동열사 공동 추모제에서 김종태는 빠지고 김윤기와 최윤범
만 대상으로 했다.

김종태는 부산 출신이지만 상경하여 미아리에 거주하다가 광
주대단지로 강제 이주를 당했다. 이후 그는 성남에서 노동자의

삶을 살면서 노동운동가로 성장했다. 1980년 6월, 5·18민주화운동의 진실을 알게 되어 그 참상을 널리 전하려 활동하던 중 형사들에게 쫓기는 상황이 되자 유인물을 뿌리고는 미리 준비한 석유를 뒤집어쓰고 산화했다. 당시 그의 마지막 외침은 "노동3권 보장하라, 비상계엄 해제하라!"였다.

　그런데 발족식에서 제시한 기념사업회의 방향성에도 불구하고 현실에서는 위상에 대한 견해에 차이점이 존재했다. 한쪽은 '섬유 업종 지역노조를 이끄는 역할'을 강조하고, 다른 한쪽은 섬유 업종뿐만 아니라 '지역 노동자 전체를 대상으로 노동자의 의식화와 조직화'에 집중해야 한다고 보았다. 당시는 섬유 업종 간 연대가 미약하나마 지속되고 있었으나, 섬유 업종 지역노조 결성에 대한 합의를 끌어내지는 못했다. 더욱이 그러한 계획이 구체화하지 않은 상태에서 막연한 논의만 이뤄져 한계를 벗어나지 못했다.

　결국 이는 기념사업회의 역량을 분산시키는 결과를 초래했고, 두 가지 중 어느 것도 결정하지 못한 채 표류하고 말았다. 당시 덕진노조의 노동자들은 섬유 업종의 기반을 지켜야 한다며 기념사업회 방향이 덕진노조의 연장선에서 발전해야 한다고 생각했다. 그러나 당시 덕진노조는 서울공장에서 투쟁(길동 투쟁)하고 있었기 때문에 기념사업회와 실천적으로 결합하기엔 많은 어려움이 있었다. 이후 조합원들은 덕진노조를 정리하고 기념사업회

1990년 4월 8일 김윤기·김종태·최윤범 성남 노동 열사의 첫 공동 추모제에서
인사말을 하는 정정원 여사(위)와 추모제 장소를 가득 채운 사람들

에 모두 편입되었으나, 구체적인 활동이 없었기 때문에 덕진노조의 재생산화는 이뤄지지 못했다.

그러다가 1990년 7월 수련회를 한 후 집행부 내부에서 불협화음이 일기 시작했다. 당시 상반기 기념사업회 평가를 통해 회원 관리 차원에서 그들과 함께할 수 있는 일을 모색하던 과정에서였다. 불협화음의 가장 큰 요인은 초창기 기념사업회의 사업 중에서 회원 교육이 활성화되지 않았기 때문이었다.

당시 회원 사업으로 현장반과 시사토론회반을 둔 목적은 회원들의 건강한 현장 활동을 지원하고 서로 결합할 수 있도록 하자는 것이었다. 그런데 운영 과정에서 동력을 잃고 말았다. 현장과의 교류가 막혀 있었기 때문이었다. 현장에 기반을 두지 않은 상태에서는 어떠한 활동도 힘을 얻을 수 없었다. 회원들의 취업을 독촉하고 간헐적이나마 현장 논의를 했으나, 지속적·조직적으로 이뤄지지 않았다.

회원 교육의 내용과 깊이를 두고서도 시빗거리가 발생했다. 기념사업회가 하나의 정치적 입장을 갖는 사람들의 집합체여야 한다는 의견과 현재의 대중사업을 정치적 입장으로 관철해서는 안 된다는 의견이 충돌한 것이다.

1991년으로 접어들면서 회원 사업이나 다른 단체와 연대 투쟁을 시도했지만, 내부적인 문제로 추모제 사업 이외는 다른 사업을 진행하지 못했다. 노동단체는 크게 전문단체와 회원단체로 나뉜다. 전문단체는 교육·선전 등 전문성을 띠고 실무를 중심으로 운영되지만, 회원단체는 부서 활동 등을 통한 대중사업을 주로 수행했다. 노동운동 단체는 대부분 회원제를 통하여 대중사업을 수행했고, 기념사업회도 회원제로 출발했다.

그런데 기념사업회는 일반적인 단체 역할의 변화된 요구뿐만 아니라 내부 한계로 회원제의 문제점이 드러났다. 회원제로 출발한 기념사업회가 초기부터 회원에 대한 방안을 마련하지 못한 것이 주된 원인이었다. 시간이 지날수록 회원이 줄어들었고, 새로운 회원조차 확보하지 못했다. 기념사업회는 운영과 사업 차원에서 새롭게 변화해야 했다.

이에 기념사업회는 토의를 거쳐 새로운 방향을 설정하고, 1991년 10월에 사무실을 성남시 중원구 금광1동 147번지로 이전했다. 사무실은 교육 공간과 사무 공간을 별도로 마련했고, 비용을 고려하여 1991년 도산해 해산된 이기원 영진산업 노조위원장의 개인사업체와 함께 사용했다. 규모가 커짐에 따라 집세도 월 12만 원에서 35만 원으로 늘어났다. 당시 기념사업회의 수입은 국민대 민주동문회에서 매월 지원한 30만 원과 소액 회비로 충당했다. 나머지는 국민대 축제 때 김윤기열사기념사업회 이름으로 주점을 여는 등의 수익사업으로 채웠다. 그럼에도 재정이 부족해서 기념사업회 상근인력의 임금은 지급될 수 없었다.

(2) 전문 노동단체 시기(1992. 1.~1995.)

1991년 7월부터 진행된 평가를 통해 기념사업회는 회원 중심의 단체에서 전문성을 갖는 노동운동 단체로 전환하기로 하고, 1992년 1월 정기총회에서 규약 개정을 추진했다. 기존 '제2장 회원'을 삭제하고, 제5조 구성에서 '본 단체는 실무자와 후원회원으로 구성한다.'로, 제6조 실무자에서 '본 단체에서 위의 목적에 동의하고 상근이 가능한 실무역량으로 구성한다.' 등으로 규약을 수정하여 이전의 회원조직에서 실무자 중심의 전문단체로 전환했다.

이와 함께 1992년 사업계획을 대외사업, 노조 지원사업, 단체 내 조직 및 교육사업 등 세 가지로 구분했다. 이를 위해 사무실 이전을 기점으로 단체의 공간을 최대한 활용하여 대중과의 접촉면을 확대하고자 했다. 이에 미조직 사업장의 노동자들을 결집할 방안을 모색하고, 이를 통해 조합 기반을 강화하고자 했다. 이때 기념사업회는 실정에 맞는 모임을 개발·모색했다. 특히 교육사업은 선진노동자들의 고민을 조직화하여 주체적으로 해결할 수 있도록 실천 방안 모색을 주요 목표로 삼았다. 이를 위해 임투 교육을 시행하고, 기획 교육 등을 추진하고자 했다.

상근 활동가로는 박순자 회장, 덕진노조 투쟁에 결합했던 이성문(이호형), 국동노조 부위원장 출신인 한상희(윤용주), 영진산업노조 교육부장 출신 김영준이 결합했다. 이후 이성문은

1992년 6월 제1회 자료회원의 날
팸플릿

1992년 7월 제2회 자료회원의 날
팸플릿

1992년 대선을 전후로 문화 활동을 지속하기 위해 서울노동자문화예술단체협의회로 옮겨갔다. 이후 노현숙, 서재원 등 상근자가 들어와 기업경영분석 등의 활동을 이어갔다.

사업계획의 변화에 발맞추어 1992년 6월 12일 제1회 자료회원의 날 행사를 개최했다. 기념사업회가 회원제에서 상근자 중심으로 재편되면서 기존 회원을 자료회원이라 했다. 행사에서는 공장 노동자와 관련한 〈노마 레이(Norma Rae)〉(1979), 〈구로아리랑〉(1989) 등의 영화를 감상하거나 정치 사랑방, 해방모임 등의 다채로운 프로그램을 운영했다. '자료회원제 운영 계획'은 다음과 같았다.

1. 자료의 신속한 전달: 자료에 대한 질의응답과 제안 사안
   에 대한 시사토론
2. 매주 1회의 정치 사랑방 개최(자유 참여, 늦은 9시): 회원들
   끼리 자유로운 질의응답과 토론을 할 수 있도록 한다.
3. 매월 1회의 자료회원의 날 개최(의무적 참여, 늦은 7시 30분)
4. 사물에 대한 인식과 해석력, 비판력 강화를 위해 영화감
   상 토론회 개최(자유 참여, 늦은 7시 30분)
5. 회원들의 요구와 필요에 따라 교육, 설명회, 간담회 등을
   비정규적으로 설치한다.

상반기 평가를 통해 하반기에는 새롭게 '해방모임'을 진행했
다. 1992년 8월 27일 해방모임 설명회를 거쳐 9월 3일 제1회 해
방모임을 진행했다. 해방모임은 '음치로부터의 해방-희망의
노래', '자기로부터의 해방-3분 발언', '무식으로부터의 해방-
하반기 정세와 노동운동' 등의 프로그램을 격주로 운영했고,
1992년 말까지 지속됐다.

아울러 기념사업회는 1992년 12월 제14대 대통령 선거 당시
성남지역 노동자 정치단체와 함께 '백기완 선거운동본부 성남지
부'를 결성하고 선거운동 활동을 했다.

1992년 9월 제1회 해방모임
팸플릿

1993년 8월에는 열사정신 계승과 민주노조 강화를 위해 월간
《현장》을 창간했다. 자료집 소개 글에는 《현장》을 창간하게 된
경위가 자세히 기술되어 있다. 내용은 다음과 같다.

작년 하반기에 '해방모임'이라는 자료집을 발간했지만, 중
간에 대선과 기타 내부 역량의 부족으로 중단되었습니다.
그래서 이번 자료집은 '해방모임'의 부족한 부분을 보충하
고 좀 더 알차고 재미있게 제작하고자 합니다.
자료집 발간을 추진하면서 작은 고민이 있었습니다. 다름
아니라 지역단체들도 자료집을 발간하고 있는데, 기념사업

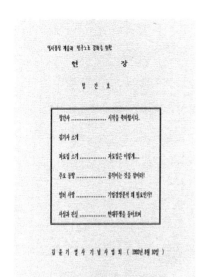

1993년 8월《현장》창간호

회까지 자료집을 발간하여 부담을 주지 않을까라는 것입니다. 그러나 지역의 많은 노동자가 김윤기열사기념사업회가 무엇을 하는 곳인지 잘 모르고, 노동자들의 일상적인 고민을 함께하지 못하는 한계가 있어 작은 부분이라도 교류하고자 용기를 내었습니다.

자료집은 ① 김윤기열사기념사업회 동향, ② 일터 사랑: 지역 노조 소식, 필요한 정보, 현장 상황과 분석, ③ 사실과 진실: 신문에 실린 사건과 분석, ④ 주요 동향 : 주요 사안에 대한 보고와 해설, ⑤ 기획: 노동운동진영의 장기적 과제(예: 노동통제방식, 임금체

2부 김윤기 열사 장례 투쟁과 기념 사업

계 분석, 산별노조 등), ⑥ 즐거운 세상살이: 상식과 정보, 세상 사는 이야기 등으로 구성했다.

하지만 《현장》은 1993년 11월 4호를 끝으로 발행이 중단되었다. 가장 큰 문제는 역시 재정 부족이었다. 기념사업회는 노동 현장과 결합력을 높이고 수익을 확보하고자 우황청심원·십전대보탕·회충약 등을 명절 선물로 판매했고, 연하장·수첩 등의 판매 수익금으로 사무실 운영비를 충당하고자 했지만 여의찮았다. 상근 활동가들은 각자 생활비를 마련해야만 했다. 자녀 둘을 둔 김영준은 전국노동운동단체연합 재정위원장을 맡고 있으면서, 명절에 홍주·북한 술 등을 팔아 이를 해결하려 했다. 1993년 말 박순자 회장도 결혼하고 1995년에는 상근 활동가 대부분이 가정을 꾸리게 되면서 기념사업회에 전념하기가 어려워졌다.

더욱이 1990년대 중반에 성남 노동운동은 급속히 약화하기 시작했다. 성남지역 민주노조들은 중소 규모 기업을 기반으로 했으므로 조직력이 취약했고, 1999년 하반기 이후 정부와 사용자의 강경한 노동 통제 정책에 적절히 대응할 수 없었다. 아울러 이 시기에 한국경제의 구조 변동도 한몫했다. 구조조정이 저임금의 노동집약적 제조업들에 집중되면서 성남공단의 많은 사업장이 폐업하거나 지방으로 이전하여 노동운동의 기반 자체가 축소되었다.

역사 정신 계승과 민주노조 강화를 위한

현 장

복 간 호
(5, 6월호)

인사말....... 복간호를 발간하며
주요동향....... 양봉수 동지의 분신과 현대자동차
　　　　　　　노동자들의 파업투쟁
　　..... 한국통신의 노조탄압과 노동조합의투쟁
노조탐방....... 한화전자 정보통신 노동조합
기획.......... 지자제, 노동자는 무엇을 할 것인가?
현장의 소리 .. 지금의 나
고양.......... 여성문제 해결의 모색과 대안
문화란 .... 읽어볼만한 책
　　　　　　　[우리가 알아야할 코민테른의 역사]
　　　　　　　재미있는 비디오 .
　　　　　　　[아버지의 이름으로]
재정보고....... 김기사 재정을 보고 합니다.
광고
김기사를 소개합니다.

김 윤 기 열 사 기 념 사 업 회

경기도 성남시 중원구 금광 1동 147번지(☎ 47-8431)

1995년 6월 《현장》 복간호

이런 가운데 1995년 초 상근자 가운데 한 명이었던 김영준이 가족 생계 문제로 기념사업회를 떠나갔다. 당시 그가 기념사업회 해소에 대한 의견을 제안했지만, 받아들여지지 않았다. 이에 상근자로 박순자 회장, 한상희(국동노조 부위원장), 서재원(학출 활동가) 등이 남아 기념사업회를 운영했다. 이런 가운데 1995년 6월 《현장》을 복간했다.

그 뒤 기념사업회가 소속된 전국노동단체연합(전국노련)이 1995년 8월 대표자회의에서 '변혁운동진영 단일정치조직 건설'을 결정하면서 기념사업회 또한 노동자 정치조직 건설을 표방하게 되었다. 그해 12월 기념사업회는 그들이 추구하는 노동자 정치조직은 전업적인 활동가, 실무자에 의해서 구성되고 운영되는 것이 아니라 회원에 의해 만들어지고 운영되는, 회원이 주체가 되는 조직이라 정의했다. 이에 걸맞은 강령과 규약을 만들고 지도부를 구성하며 사업의 계획, 집행 등은 회원이 자신의 권리를 실현하고 책임을 지는 가운데 이뤄져야 한다고 강조했다.

그러면서 사업으로 ① 정치신문사업, ② 소모임 사업, ③ 분기별 강좌 사업, ④ 추모사업 등을 내세웠다. 그중에서 정치신문사업은 현재 기념사업회의 역량에서 최소의 투자로 최대의 효과를 볼 수 있는 사업이라고 평가되었다. 일단은 4면짜리 타블로이드판 신문으로 약 1,000부 정도를 월간으로 발간하고자 했다.

1996년 1월《성남노동자》신문을 추진하여 창간 준비호를 발행하고, 2월에 2호를 발행했다. 필요한 경비는 후원의 밤, 회원의 날 등을 통해 마련했다. 하지만 신문사업은 결국 재정 부족으로 이어가지 못했다. 몇 달씩 월세가 밀리고 각종 공과금, 심지어는 전화비마저도 제대로 낼 수 없을 만큼 재정은 최악의 상태였고, 회원은 대부분 생계 문제로 상근이 거의 불가능한 상태여서 사무실은 비어 있기 일쑤였다.

이런 가운데 1996년 10월부터 기념사업회 해소에 관한 의견이 제시되었고 4개월에 걸친 열띤 토론이 진행되었다. 이에 참여한 인사들은 박순자 회장, 한상희, 이현승 고대 출신 활동가, 회원 신연숙(소예산업노조), 이은화(국동노조) 등이었다. 당시 해소를 찬성하는 측과 반대하는 측으로 의견이 갈렸다. 찬성하는 측은 세 가지 이유를 제기했다.

첫째, 노동단체로서의 기념사업회 운동의 한계였다. 노동단체 운동으로는 이제 현실운동에 개입하고 대중운동과 결합할 수 없으며, 전국적 노동자 정치조직을 만든다는 당면 과제를 해결할 전망이 없다는 주장이었다.

둘째, 좌파운동의 정치적·이념적 내용의 부재 문제였다. 기존 PD 노선이 지향했던 좌파적인 정치·이념의 내용이 실패와 파산한 이후 새로운 이념으로 채워야 한다는 생각을 내비쳤다.

셋째, 기념사업회를 해소한 후 회원들 각자가 정치적 신념과 동의에 기초하여 정치결사로 새롭게 탈바꿈해야 한다는 주장이었다.

이렇듯 기념사업회의 운영 정상화를 위한 여러 방안이 모색됐지만, 뚜렷한 해결책을 찾지 못했다. 물론 이는 재정 부족이 가장 큰 요인이었지만, 그것이 전부는 아니었다. 기념사업회의 활동 전망이 불투명하다는 것도 크게 작용했고, 이로 인한 회원들의 무력감도 큰 영향을 끼쳤다. 당시 이러한 문제의 타개책으로《성남노동자》신문 발행을 꾀했으나, 지역 내 노동자들에게 별다른 호응을 얻지 못했다.

이런 가운데 사무실 운영을 포기하고 다른 형태로 전환하는 것이 좋겠다는 제안이 나왔다. 문제는 주변의 동의를 끌어내는 것이었다. 이에 옛 실무자와 유가족, 후원회원을 개별적으로 만나거나 간담회를 열었다. 이를 통해 기념사업회 해소에 관해서는 어느 정도 공감대가 형성되었지만, 추모사업에 대해서는 생각이 달랐다. 기념사업회가 이마저 포기할 수 없고, 국민대에 맡기는 것은 좋은 방안이 아니라는 생각에서였다.

그러면서 자연스럽게 추모사업 문제로 논의가 좁혀졌고, 여러 제안이 논의되었다. 결국 대중사업은 최소한으로 줄이고 추모사업은 유지하기로 했다. 옛 실무자와 후원회원의 도움 약속이 영향을 크게 미쳤다. 추모사업회 회장은 신생노조 출신인 신청자가 맡기로 했다. 또한 사무실 기금 마련에 대한 호소가 예상했던 것보다 큰 반향을 불러일으켰다.

1997년 2월 말~3월 중순까지 기념사업회 사무실 이전 기금을 모아서 4월 2일 김윤기열사 8주기 추모제를 지내고 사무실을 이전했다. 이날 기념사업회는 감사문을 통해 "동지들의 사랑, 더는 흔들리지 말고 누구보다도 열심히 한길을 걸어가라는 통렬한 일깨움으로 생각하여 가슴 깊이 새겨두렵니다. …… 해방의 내일과 투쟁의 오늘, 결코 잊어서는 안 될 어제의 우리네 삶과 운동의 생생한 쟁점과 고민을 항상 함께 나누고자 합니다."라며 각오를 새롭게 다졌다. 하지만 기념사업회는 의지만으로는 유지하기 어려운 점이 적지 않았다.

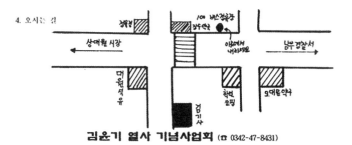

김윤기 열사 기념사업회 (☎ 0342-47-8431)

1997년 4월 이전한 김윤기열사기념사업회 사무실 약도

(3) 김윤기열사기념사업회 해산

기념사업회는 1997년 4월에 사무실을 이전한 뒤 4인 중심으로 운영되었다. 이들은 대중사업에 대한 요구를 최소화하고 소모임 위주로 운영하려 했다. 추모사업에 역점을 두되 대중사업의 활로를 위하여 후원회원을 조직하려고 노력했다. 그러나 실무자 중 이현승이 그만두면서 소모임과 후원회원 모임을 이끌어 갈 역량이 부족하게 되었다.

이후 남게 된 3인(신영자, 신청자, 이은화)은 심각하게 기념사업회 운영 포기를 검토했다. 논의는 굴곡과 굴곡을 거듭했다. 거기다가 국민대에서 지원되던 운영자금도 모호해져 어려움은 더욱 커졌다. 결국 열사정신만큼은 이어가는 걸 최우선 과제로 하되 현재 역량으로 사무실 운영은 힘들다는 데 합의하게 되면서 어려운 가운데 7년간 활동해온 기념사업회는 해산했다.

2부 김윤기 열사 장례 투쟁과 기념 사업

3. 국민대 김윤기열사기념사업회 발족과 활동

　김윤기 열사 장례식 직후 국민대 총학생회를 중심으로 경상대학생회, 무역학과, 청문회를 비롯하여 졸업한 선배들이 앞장서 김윤기열사기념사업회를 구상했다. 이에 1989년 12월 23일 기념사업회가 발족했고, 1990년 2월 26일 국민대 총학생회 중앙운영위로부터 특별기구로 승인을 받았다.

　기념사업회는 가장 먼저 1990년 4월 추모 1주기 행사에 집중했다. 기념사업회는 이를 통해 김윤기 열사의 활동을 대중에게 알리고 성남 김윤기열사기념사업회와 긴밀히 연대하며, 학내에서 노동운동에 대한 논의를 활성화하고자 했다.

　1990년 4월 3일 첫 추모식이 열렸다. 당일 열사의 노동 현장 생활부터 분신 투쟁 이후의 장례 과정, 덕진양행 파업 시 모습, 성남섬유노동조합연합 결성 과정 등을 담은 사진을 전시했다. 또한 기념사업회 기금 마련 및 홍보를 위해 학생회관 미네르바에서 일일 찻집을 열었고, 2호관 로비에서는 노조 파업 시 열사

1992년 6월 20일 국민대
김윤기열사기념사업회가 발행한
《연대의 깃발》 창간 준비호

의 모습, 분신 이후 장례식 등을 담은 비디오테이프를 상영했다.
이러한 행사는 5주기까지 이어졌다.

이와 함께 성남 노동운동가 오명록이 본관 101호 강당에서
'김윤기 열사의 생전 투쟁 과정과 이후 과정 그리고 현재의 노동
운동'이란 주제로 강연했다. 이날 추모행사가 끝난 후에 추모 집
회를 전개했는데, 이는 이후로도 국민대의 첫 투쟁으로 기록되
었다.

1992년 6월 20일 기념사업회는 《연대의 깃발》 창간 준비호를
발행했다. 1994년 5주기 때는 기념사업회·제26대 총학생회·무
역학과가 공동으로 김윤기 열사 5주기 추모준비위원회를 꾸려

2부 김윤기 열사 장례 투쟁과 기념 사업

노동해방 열사 故김 윤기

5주기 추모제

열사의 뜻 이어받아 노동해방
쟁취하자!!!
농민에겐 수입개방 노동자에겐 임금억제
김영삼정권 타도하자!!!

故김윤기 열사 제5주기 추모 준비 위원회

1994년 3월 〈노동해방 열사
고 김윤기 5주기 추모제〉 팸플릿

행사를 진행했다. 추모제는 1994년 3월 29일부터 31일까지 진행되었다. 첫날 추모제 행사에서 총학생회장 김경호는 인사말을 통해 "학생 시절 노동운동가로서의 삶을 원했던 열사의 뜻을 되새겨보고, 노동해방이 우리 대학생과는 과연 무관한 것인가를 짚어보자."라고 했고, 기념사업회 위원장 이병렬은 "5주기 추모제는 열사들의 살아온 삶을 돌이켜보고 21세기를 맞이하는 우리 청년 학도의 사람에 대한 진지한 고민의 자리로 만들고자 한다."라며 의미를 강조했다. 이날 참석한 정정원 여사는 격려사를 통해 다음과 같은 글을 남겼다.

〈윤기를 아는 모든 이에게〉

윤기가 내 곁을 떠난 지 벌써 5년이란 세월이 흘렀군요. 그 때를 생각하면 얼마 안 된 것 같은데, 하루하루 지나가는 세월은 꿈만 같습니다. 길을 걷다가 어린아이들을 보아도 윤기 어릴 때 생각이 났고, 차를 타고 가다가 듬직한 젊은이를 보아도 큰아들 생각을 하면서 그렇게 다섯 해를 살았군요.

88년도에 남편을 잃고 겨우 여덟 달 지난 89년엔 아들을 잃었으니 억장이 무너지는 아픔은 그 누구도 모르는 고통이었습니다. 하지만 세월이 흐르는 동안 수많은 아들이 생겼고, 그 아들들이 윤기와 함께하기에 고맙기만 합니다.

앞으로도 윤기를 알고 있는 모든 이가 윤기에 대한 생각을 변치 말았으면 합니다. 물론 어미인 저도 아들이 하는 일을 모르고 하려던 일을 늘 꾸중했지만, 지금은 조금이라도 이해했으면 얼마나 좋았을까 하는 생각에 가슴이 아픕니다.

다들 처지가 다르고 생각도 다른 점이 있겠지만, 윤기의 마음은 모든 사람이 다함께 잘 살았으면 하는 것이었고, 그래서 하나밖에 없는 목숨을 버리면서 해야 할 일이 무엇인가를 생각했다는 사실, 잊지 말아야겠죠.

5주기를 맞이하는 이번 추모식을 빌려 윤기를 아는 이들에게 그리고 얼굴도 보지 못한 선배의 추모식을 준비하는 많은 아들에게도 '고맙다'고 그동안 못했던 몇 마디 말을 해봅니다.

2부 김윤기 열사 장례 투쟁과 기념 사업

1994년 3월 국민대 김윤기열사기념사업회와
국민대 총학생회가 주최한 김윤기 열사 5주기 추모제

3월 29일 오후 2시, 본관 101호 강당에서 이태복(주간《노동
자신문》발행인) 선배가 '변혁운동 속에서 학생운동에 대한 평가
와 과제에 대하여'라는 주제로, 다음 날인 3월 30일 오후 2시에
는 통일문제연구소 백기완 소장이 '80년대 변혁운동에 대한 평
가와 과제, 90년대 변혁운동 전망'이란 주제로 강연했다. 또한
4월 3일에는 추모 집회뿐 아니라 금촌 기독교공원묘지를 찾아
성묘도 진행했다. 이날 행사는 국민대 민주동문회도 자리를 함
께했다.

한편, 청문회원이자 김윤기 열사의 선배 이재준(경제 79, 청문회

11기, 1986년 총학생회장)이 1992년 4월부터 김윤기 이름으로 국민대 장학금 통장을 만들었다. 당시 금융실명제가 실시되기 전이었는데, 통장 이름을 동아리 방 번호인 419로 하여 몇 년간 조금씩 돈을 모았다. 그 뒤 2001년 청문회원 30여 명이 ① 장학 사업, ② 시민사회단체 후원, ③ 사회적 약자 지원 또는 자원봉사활동, ④ 김윤기 열사 기일 관련 행사 지원을 목적으로 소모임을 결성하고 동문회를 통해서 학교에 장학금을 지급했다.

2002년에는 학교 측에 직접 가칭 '김윤기 열사 장학금'이란 이름으로 장학금 200만 원을 지급했다. 그해 8월 27일 회원이 증가하여 ①과 ④를 결합하여 '김윤기 열사 장학회'를 정식 발족하고, ②와 ③의 사업은 후일로 기약하기로 하여 소모임은 발전적으로 해체했다. 이후 2012년까지 10년 넘게 매년 장학금 200만 원을 지급했다. 그 뒤 여러 여건에 부딪혀 2013년 3월 26일 쌍용자동차 대한문 농성장을 방문하여 김정우 지부장에게, 재능교육노조의 혜화동 집회 현장에 후원금을 전달하고, 그 외 기금은 정정원 여사에게 전달하는 것으로 장학회 사업을 정리했다.

그런데 2000년대 들어 학생운동이 변화하면서 기념사업회의 학내 추모행사도 축소되었다. 하지만 교내 문제에 전연 관심을 기울이지 않은 것은 아니었다. 기념사업회는 2008년 4월 조춘화 국민대 노조위원장이 학교 측으로부터 최종 해고 통지를 받자, 동아리연합회와 함께 '조춘화 노조위원장 해고'의 부당함을 알리는 '릴레이 대자보' 운동을 전개했다. 1997년 10월 2일 국민대 목요특강 강연자로 숙명여대 이경숙 총장이 예정되었는데, 조춘화 노조위원장 등이 강사의 전력을 밝히며 그의 강연을 저지하여 끝내 취소되었는데, 학교 측이 이를 문제 삼아 그를 부당 해고한 것이다.

2010년에는 국민대에서 김윤기 열사에게 명예졸업장을 수여했다. 당시 청문회 지도교수였던 무역학과 강신돈 교수, 경상대학장 김인걸 교수가 써준 명예졸업 추천서를 학교 측에 제출했다. 그 뒤 2010년 2월 24일(수) 오전 11시 국민대학교 콘서트홀에서 진행된 졸업식에서 학부생 행사가 끝나고 석사 졸업식이 있기 전에 별도로 졸업생들 앞에서 김윤기 열사의 어머니 정정원 여사가 명예졸업장을 대신 받았다.

기념사업회의 업적 가운데 하나는 2015년 4월 6일 26주기 추모식과 겸하여 파주 기독교공원묘지에서 마석 모란공원으로 묘를 이장한 것이다. 파주 묘지는 불광동에서 버스를 갈아타야 했고, 언덕 꼭대기에 있어서 올라가기 힘들기도 했지만, 파주 묘지에 계시던 5·18민주화운동 관련 김의기 열사, 김종태 열사, 송광영 열사가 그해에 모두 이천 민주화운동기념공원 묘역으로 이장하여 김윤기 열사만 남은 상황이 되었기 때문이다. 마침 정정원 여사는 박종철 열사의 아버지 박정기 님이 알선해 준 모란공원에 한 자리를 구매해 두기도 했다.

2010년 2월 24일 국민대 졸업식 당시 이성우 총장으로부터 고 김윤기 열사의 명예졸업장을 받는 정정원 여사(위)와 졸업식에 참석한 가족과 동문들(아래). 옆은 국민대가 수여한 명예졸업증서다.

2015년 4월 6일 파주 기독교공원묘지에서 고 김윤기 열사 유해를 이장하기 전 제를 올리는 장면(위)과 마석 모란공원으로 이장한 뒤 정정원 여사가 평토하는 모습

2015년 4월 6일 마석 모란공원에 새롭게 조성된 고 김윤기 열사 묘소

　　정정원 여사는 김윤기 열사의 묘소를 모란공원으로 옮긴 것
에 대해, "민주화운동을 했던 많은 원혼끼리라도 서로 술도 한잔
하며 반갑게 만날 테니 행복하고 외롭지 않을 듯해서 너무 좋았
어요."라며 매우 만족해 했다.

2부 김윤기 열사 장례 투쟁과 기념 사업

4. 국민대 총학생회 김윤기 열사 추모 집회

1990년 5월 1일 '7000 북악 학우 일동'은 김윤기 열사 1주기를 맞아 민주광장에 '고 김윤기 노동해방 열사 추모비'를 세웠다. 추모비에는 "생산의 주인이지만 가장 고통받고 억눌려온 노동자의 해방을 위해 타오르는 불꽃에 온 몸을 던져 더욱더 찬연히 빛나는 김윤기 선배의 넋을 기리며 여기 우리 삶의 터전에 그 뜻을 영원히 이어가고자 추모비를 세운다."라고 적혀 있다. 이날 행사에는 이규석 총장과 교무위원을 비롯하여 정정원 여사도 참석했다.

국민대 총학생회는 1991년 4월 3일 오후 2시 열사 2주기를 맞아 처음으로 '김윤기 노동해방 열사 정신 계승 및 91년 자주국민 구국투쟁 선포식'을 민주광장에서 열었다. 이날 집회에 참석한 정정원 여사는 "노동자들의 몸부림을 폭력으로 짓밟으려는 독재에 맞서 열심히 투쟁하는 학생들이 윤기의 한을 풀어주길 바란다."라고 했고, 함께 참석한 김종태 열사의 어머니 허두측 여

1990년 5월 국민대 민주광장에서 이규석 총장과 정정원 여사가 참석한 가운데
열린 고 김윤기 노동해방 열사 추모비 제막식(위)과 추모비

사는 "하나로 단결할 때 한 줌도 안 되는 자본가를 무찌를 수 있을 것"이라며 집회 분위기를 고조시켰다. 이날 총학생회장 윤건영(무역 4)이 투쟁 결의문을 낭독한 후 500~600명의 학생이 교문으로 진출, 최루탄과 페퍼포그에 맞서 "열사의 뜻 이어받아 노동운동 탄압하는 노태우 정권 타도하자.", "강고한 노학연대로 민중 운동 탄압 분쇄하자." 등의 구호를 외치며 전경 200여 명과 40여 분 동안 투석전을 벌였다. 이후 추모식은 매년 4월 3일을 전후로 열사 주간으로 정하여 치러졌다. 행사 내용은 대부분 첫 추모식과 크게 다르지 않았다.

1992년 4월 3일에는 민주광장에 300여 명이 모인 가운데 '김윤기 열사 3주기 추모식 및 92년 자주북악 구국투쟁 선포식'이 치러졌다. 이날에도 정정원 여사가 참석하여 "김윤기 열사는 노동해방을 위해 분신까지 했으나, 그에 비해 집회에 모인 학우의 숫자가 얼마 안 되는 것을 보니 안타깝다."라며 끝내 눈물을 보이고 말을 잇지 못했다. 이어 고대 출신으로 노동운동을 하다 숨진 유재관 열사의 어머니 반귀분 여사는 "내 아들처럼 알려지지 않은 숨겨진 열사도 학생들이 기억해 주면 좋겠다."라고 했다. 이어 총학생회장 김창배(금속재료 3)가 '구국투쟁 선언문'을 낭독한 후 학생들과 함께 교문에서 화형식을 했다. 이후 학생들은 후문 쪽 육교까지 진출해 화염병을 던지며 "열사의 뜻 이어받아 노동해방 앞당기자." 등의 구호를 외치며 시위를 벌였다.

1997년 3월 31일부터 4월 3일까지 국민대 민주동문회, 총학생회, 김윤기열사기념사업회가 공동으로 제1회 북악열사합동추모식을 진행했다. 이전에는 김윤기와 이청수 열사의 추모식이 치러졌는데, 이번부터는 김윤기·조우용·임전식·이청수 열사의 합동 추모를 위한 4·3추모제가 열린 것이다. 열사 정신 계승 주간에는 민주광장과 북악관에서 사진 전시회와 추모 집회를 개최했다. 추모 집회 중 교외로 진출을 시도하여 교문에서 2시간 동안 전경과 대치했는데, 사회과학대 학생 한 명이 전경이 던진 화염병에 머리를 맞아 열아홉 바늘을 꿰매는 일까지 벌어졌다.

1998년 4월 1일부터 3일까지 제2회 4·3북악열사합동추모제가 열렸다. 4월 1일에 2호관과 공대에 김윤기·조우용·이청수 열사의 영정이 설치되었고, '4·3 바로 알기'를 주제로 4·3 50주년 추모사업팀장 박찬식이 강연했고, 인권 영화 〈파업전야〉(1990), 〈어머니, 당신의 아들〉(1991), 〈레드헌트〉(1997) 등이 2호관 로비와 미네르바에서 상영되었다. 4월 2일에는 제주지역 총학생회협의회와 4·3 선전단 총학생회가 함께 정문에서 4·3 관련 선전전을 벌였다. 4월 3일에는 새날 공연을 시작으로 추모제를 진행하고 길음역까지 4·3항쟁에 대한 전단을 돌리며 'IMF 재협상'과 'YS 사법처리', '양심수 석방' 등의 구호를 내건 평화시위 및 선전전이 있었다.

1999년 3월 29일부터 4월 2일까지 제3회 4·3북악열사합동

추모제를 열었다. 이해는 김윤기 열사 10주기였던 만큼 다채로운 행사가 진행되었다. 교내 건물별로 합동분향소가 차려져 김윤기·조우용·임전식·이청수 등 열사들의 정신을 기렸다. 특히 이해에는 열사정신계승단이 꾸려져 학원자주, 국가보안법, 한일 어업협정 등 다양한 주제로 거리 선전전을 펼쳤다. 또한 열사의 활동을 담은 합동자료집을 1,000부 이상 제작, 배포했다. 4월 1일에는 조형대 중강당에서 추모 노동영화제와 강연회가 개최되었고, 마지막 날인 4월 2일에 정정원 여사 등이 참석한 가운데 민주광장에서 합동추모제를 지냈다.

2002년 3월 29일부터 4월 7일까지 국민대 민주동문회, 총학생회, 김윤기열사기념사업회 등은 북악열사합동추모위원회준비위를 결성하고 제6회 북악열사합동추모제를 진행했다. 이때는 조우용 동지 추도식(3월 29일), 북악열사합동추모제(4월 3일), 김윤기 열사 묘소 추도식(4월 7일) 등이 있었고, 국민대 교내 건물마다 북악의 다섯 열사(이청수·권운상·김윤기·임전식·조우용)의 합동분양소가 차려졌으며, 합동자료집을 제작하여 토론회를 열기도 했다.

2003년 4월 3일 낮에는 국민대 민주광장에서 다섯 열사의 합동 추모제가 열렸고, 오후 7시 30분부터는 국민대 민주동문회가 밤 행사를 주최했는데, 김윤기 열사와 학생 시절 함께 투쟁했던 선배들과 동기들이 참석하여 열사의 삶과 투쟁을 선해서 그 자

리에 모인 재학생들과 다른 졸업생들에게 감동을 선사했다. 그
해 4월 13일에는 김윤기 열사의 파주 묘소에서 가족, 유가협 회
원 가족, 졸업생, 재학생, 덕진양행 노동자, 인천5·3민주항쟁 동
지 등 50여 명이 함께 참배했다.

2009년 김윤기 열사의 20주기 추모일을 맞아 김영배(경영 4)
학생이 신문에 기고한 글을 소개한다.

내가 김윤기 열사를 알게 된 것은 대학에 입학하고 한 달이
갓 지났을 때였다. 그 당시에는 4월 중에 '김윤기 열사 추모
성묘'라는 행사가 있었다. 한 선배가 성묘에 함께 가자는
제안을 했지만, 나는 선뜻 따라나서지는 못했다. 그 후 반년
이 지나 추석이 되었을 때 또다시 제의받았고, 그제야 나는
김윤기 열사 성묘에 동참했다. 그렇게 김윤기 열사를 처음
으로 만났다.

김윤기 열사는 1983년 우리 학교 무역과에 입학했던 선배
이다. 김 열사는 당시 치열했던 민주화 투쟁에 앞장서다가
1년여의 세월을 감옥에서 보내기도 했고, 출소한 뒤에는 자
신의 안위를 챙기려 하기보다 인간 이하의 삶을 살고 있는
노동자의 현실을 바꾸기 위해 공장으로 뛰어들기도 했다.
그는 공장에서 비참하게 생활하고 있는 노동자의 현실을
몸으로 느끼며, 노동자의 인간다운 삶을 위해 노동조합을

만들고 위원장을 맡았다. 또한 파업을 진행하며 계속되는 회사의 회유와 협박에 분노해 끝내 분신으로 삶을 마쳤다. 이것이 내가 성묘하러 가기 전 김 열사에 대해 들었던 설명이었다. 대단한 사람, 거친 투사. 이런 이미지의 김윤기 열사를 떠올리며 그의 산소에 찾아갔다. 그러나 파주에서 마주하게 된 그는 웃는 얼굴이었다. 감옥에 다녀오고, 공장에서 노조를 만들어 파업하다 분신까지 한 사람의 얼굴로는 보이지 않았다. 티 없이 맑게 웃고 있는 사진을 보며, 그가 어떤 마음으로 인생을 살고 주변의 사람들을 대했는지 느낄 수 있었다. 그는 착한 사람이었다. 크고 착한 마음으로 이 세상의 모든 사람과 삶을 함께하고 더 나은 세상을 만들고자 했던 사람이었다. 성묘에 다녀온 이후, 그는 열사라기보다 내가 닮고 싶고, 배우고 싶은 '형'으로 내 마음에 자리 잡았다.

윤기 형이 노동해방을 외치며 돌아가신 지 벌써 20년이 지났다. 우리 사회에도 민주주의가 자리 잡았고, 노동자도 인간답게 살 수 있도록 더 좋은 세상을 만들겠다는 윤기 형의 뜻은 꾸준히 사람들에게 이어져 사회를 바꾸는 원동력이 됐다. 하지만 아직도 비정규직 문제로 알 수 있듯이 노동자는 차별과 배제를 당하며 살고 있고, 검찰과 경찰이 촛불시민을 공권력으로 억누르는 현실에서 민주주의가 압박당하

2017년 4월 국민대 총학생회가 주최한 김윤기 열사 28주기
추모식 당시 소감을 밝히는 정정원 여사

고 있다. 이번 4월 3일(금) 학교에서는 김윤기 열사의 뜻을
기리고, 더 폭넓게 계승하려는 취지에서 '김윤기 열사 20주
기 추모의 밤'을 진행한다. 많은 동문이 참석할 예정인 이
자리에 재학생도 많이 참석해 김윤기 열사의 정신과 이 사
회의 문제를 더 깊게 느끼고 함께 고민하기를 바란다.

—《국민대학보》 2009년 3월 30일 자

김윤기 열사 추모제는 2009년을 마지막으로 잠시 중단되었
다가, 8년 만인 2017년 4월 김윤기 열사 추모비 앞에서 열린 추모

　　　　　　　　　　　　　2부 김윤기 열사 장례 투쟁과 기념 사업

실천하는 국민대 학생 모임 비상구가
제작한 〈고 김윤기 열사 29주기 추모식〉
(2018. 4. 3.) 팸플릿

〈김윤기 열사 30주기 추도식〉
(2019. 4. 6.) 안내 팸플릿

식으로 다시 이어졌다. 이날 오랜만에 추모식에 참석한 정정원 여사는 "사람들이 대의를 위해 죽은 아들을 기억해 주지 않는 것에 대해 속상했는데, 오랜만에 추모식을 열어 줘서 아들이 새로운 삶을 사는 것 같은 기분이 들었다."라며 소감을 밝혔다.

2019년 4월 6일(토) 오후 4시 국민대학교 김윤기 열사 30주기 추모기획단은 국민대 종합복지관 B101호실에서 김윤기 열사 30주기 추모제를 진행했다.

5. 김윤기기념사업회 창립과 사업계획

김윤기기념사업회 창립

김윤기기념사업회는 2024년 3월 23일 오후 3시 서울시 중구 정동 소재 전국민주노동조합총연맹(민주노총) 12층 중회의실에서 35년 만에 새롭게 '다시 함께 꾸는 꿈'이라는 주제로 출범식과 창립총회를 개최했다. 창립총회는 김윤기기념사업회가 주최했고, 전국민족민주유가족협의회(유가협), 민족민주열사·희생자추모(기념)단체연대회의(추모연대), 전국대학민주동문회협의회(전민동), 민주유공자법제정추진단, 성남 노동운동 동지, 5·3동지회, 민주화운동기념사업회 등이 참여했다.

〈창립선언문〉
얼마나 더 죽어야 하나? 얼마나 더 쓰러져야 하나?
노동해방의 그날은 이토록 숱한 아픔을 지나야 오려는가?

꽃다운 26세의 나이에 산화해 갔다.

노동자의 하나밖에 없는 몸뚱이와 가쁜 숨통을 조여오던 자본가 권력의 착취와 탄압에 맞서 노동자의 햇새벽을 알리고자 했던 덕진양행 노조위원장 김윤기. 노조를 파괴하려 성남에서 땅값 비싼 서울로 공장 이전을 획책했던 술수에 반대하고 노동자가 세상의 주인임을 선언하고자 파업을 시작했고 마지막 저항으로의 몸부림, 그것은 분신이었다.

그가 사랑하는 동지와 가족을 떠난 지 35주년을 맞아 성남 노동 현장에서 같이했던 덕진양행 노동 형제들, 인천 5·3민주항쟁 때 같은 투쟁으로 구속되었던 동지들 그리고 대학에 입학하여 세상에 눈을 뜨고 투쟁의 결의를 다졌던 국민대학교의 민주동문들은 노동자가 인간다운 생활을 누릴 수 있는 사람 사는 세상을 만들기 위한 노력과 실천을 다짐하며 열사가 생전에 꿈꾸었던 노동해방의 뜻을 기리고, 살아계신 어머님과 가족의 슬픔과 아픔을 위무하고자 다시 빛나는 이름으로, "다시 김윤기"를 외치며 2024년 3월 23일 민주노총 12층에서 우리는 "김윤기기념사업회"를 세운다.

2024년 3월 23일 민주노총에서 거행된 김윤기기념사업회 출범식

김윤기기념사업회의 사업계획

(1) 국민민주포럼 '모색' 운영

'모색'은 국민대 동문과 김윤기기념사업회 회원들이 함께 새로운 사회적 의제를 공유하고 더 나은 사회를 위해 활동과 실천의 방향을 모색하는 대화의 장을 마련하는 데 목적을 두었다.

'모색'은 연 4회 포럼을 개최하고, 봄에는 민주주의 순례, 가을에는 워크숍을 포함하여 총 6회를 진행한다. 쟁점이 되는 현재의 사회적 의제 관련 연사 초청 강연이나 회원 개인의 인생 포럼 등 다양한 주제로 진행한다.

(2) 김윤기 추모도서 발간

김윤기의 사후 35년이 넘었지만, 흩어진 자료들만 있을 뿐 정리된 기록이 없어 늦기 전에 하루빨리 평전 형태로 집필하도록 한다. 국민대 선후배, 성남노동운동, 5·3동지회 등 김윤기와 인연이 있는 사람들 20~30명에게서 관련된 기록을 모으고, 이것을 종합하여 평전을 집필한다.

(3) 김윤기 상 제정

김윤기의 민주주의와 노동해방을 위한 열사의 정신을 이어가며 활동하는 사회운동가나 노동운동가를 선정하여 상을 수여하며 김윤기의 뜻과 활동을 널리 펴도록 한다.

(4) 소모임 지원 활동

회원들이 자발적으로 학습, 연구, 취미, 등산, 운동 등의 다양한 모임을 하도록 촉구하며, 5명 이상 모이면 첫 모임에 일정한 식비 등의 모임 비용을 지원하고, 모임 성격이나 여건에 따라 1년간의 활동을 지원하며 자발적인 모임을 격려한다.

(5) 각종 민주행사와 유가족 행사에 참여와 협력

○ (촛불행동참여) 다양한 사회운동 사안에 촛불시민으로서의 참여

○ (유가족 행사) 민주유가족 행사에 참여 및 연대

○ (민주동문회) 전국 대학 민주동문회의 활동에 연대

(6) 기타 회비와 기금 운영, 커뮤니티

○ (회비 및 기금) 회원들의 회비 모금 및 기타 기금 운영

○ (커뮤니티) 회원들이 참여하는 SNS 커뮤니티 운영

김윤기기념사업회의 2024년 활동

(1) 각 행사 및 활동

○ 3월 23일 김윤기기념사업회 발족: 많은 분의 뜻과 정성을 모아 사업회를 발족하고 유길용(국민대 건축 79)이 회장으로 선임되었다.

○ 매월 운영위원회 회의: 매월 둘째, 넷째 월요일 오후 8~9시에 운영위원회를 진행했는데, 6월 24일 운영회의 이후 매월 1회로 조정함(네 번째 월요일 저녁 8시).

○ 4월 7일 김윤기 35주기 추모제: 기념사업회의 첫 사업으로 70여 명이 참석한 가운데 35주기 추모제를 마석 모란공원에서 진행했고, 열사 영정 앞에서 유길용 회장이 기념사업회 보고를 마쳤다.

○ 5월 17일 운영위원과 기획위원 상견례 겸 회의: 인사동 '천
  강에 비친 달'에서 운영위원과 미래기획위원회의 첫 상견
  례를 갖고 사업회의 대략적인 운영 방침을 논의했다.
  - 연회비: 10만 원을 원칙으로 하되 필요에 따라 특별후원
    이나 모금을 진행하기로 함.
  - 6월 초에 각 위원회 모임 시작: 자천 타천으로 ① 모색포
    럼위원회와 ② 추모도서 발간위원회 선출, 활동 시작.
○ 11월 30일 합동송년회(제3회 모색포럼과 함께 진행): 오후 7시,
  문화공간 '온'에서 60여 명이 참여한 가운데 "독립운동, 이
  종철 선생에게 새로 듣는다"라는 주제로 이회영 선생의 손
  자 이종철 선배의 강연을 듣고 송년 모임을 진행함.
○ 민주유공자법 제정 촉구 진행
  - 5월 17일 오후 2시 전민동 긴급 기자회견
  - 5월 24일 오후 2시 국회 본청 앞 계단 전민동 기자회견
  - 5월 27일 오전 10시 국회 정문 앞에서 국회 본청까지 삼보
    일배
  - 5월 28일 국회 본회의 통과됨(그러나 5월 29일 윤석열 대통령
    거부권 행사)
  - 6월 8일 오후 3시 제33회 민족민주열사·희생자 범국민 추
    모제 실시
  - 이후로 국회의사당 앞 3문에서 피케팅 시위를 진행 중

- 매월 여의도 천막문화제 참석: 회장과 사무처장은 매월 참석
- 민주유공자법 시민위원회 참여: 국회 정무위와 행안위에 정무 활동
- 촛불행동에 참여: 국민대 민주동문회 깃발 아래 집결

(2) 각 위원회 활동

① 모색포럼위원회 활동

○ 제1회 모색포럼: 53명 참여

- 일시: 5월 30일(목) 오후 7~9시

- 장소: 엔피오피아홀

- 주제: 과거 민주화운동을 돌아보고 미래의 진보적 가치를 생각한다.

- 발표: 정성헌(전 민주화운동기념사업회 이사장)

○ 제2회 모색포럼: 30명 참여

- 일시: 8월 24(토)~25(일)

- 장소: 충남 예산 사과와인 은성농장

- 주제: 토크콘서트―나의 청춘, 현재 그리고 꿈꾸는 미래

- 발표: 유정길(김윤기기념사업회 회장)

○ 제3회 모색포럼(합동송년모임과 함께 진행): 60여 명 참여

- 일시: 11월 30일(토) 오후 7~9시

- 장소: 문화공간 '온'

- 주제: 독립운동, 이종철 선배에게 새로 듣는다.

- 발표: 이종철(이회영 선생의 손자)

② 추모도서 발간위원회

○ (편집회의) 3월 23일 기념사업회 발족 이후 10여 회 편집회
의 실시

○ (기록 수집) 성남노동, 5·3동지, 국민대 관련 30여 명에게 김
윤기의 기록 요청 수집

○ (집필) 이계형 교수가 대표 집필

○ (출판 편집 및 비용) 휴머니스트 출판사에서 편집 및 출간 비
용 전액 출연. 2025년 4월 출간.

김윤기기념사업회 운영위원회

- 회장: 유길용(정길)(건축 79)
- 사무처장: 김창덕(법학 84)
- 감사: 권오광(5·3동지)
- 이사: 권용석(사회 11), 권혁철(정외 83), 김선미(가족), 박유진(경영 94), 이영숙(성남 김기사), 이재영(5·3동지)
- 운영위원: 박찬준(법학 84), 이갑진(금속 84), 허명균(영문 87), 황국진(불교 89)(가나다 순)

국민대 민주동문회 회장: 김창덕

모색포럼위원회: 위원장 박정순

- 위원: 박정순(법학 86), 김명연(법학 86), 김정환(국문 86), 김창덕(법학 84), 박주원(무역 85), 박태준(중문 86), 이윤복(기설 86), 이재영(5·3동지), 황국진(불교 89)

추모도서 발간위원회: 위원장 김영준

- 위원: 김영준(성남 김기사), 권용석(사회 11), 권재형(전자공학 82), 김선미(가족), 김수영(5·3동지), 김학원(휴머니스트), 유정길(건축 79), 이갑진(금속공학 84), 이계형(국사 92), 이선화(의상 83)

소모임위원회: 위원장 주재선

- 위원: 주재선(시디 84), 이갑진(금속 84)

후원: 농협은행 301-0349-2133-21 김윤기기념사업회

연락: 김창덕

나 대신 어머니

목소리 흩어진 나 대신 어머니
몸뚱이 스러진 나 대신 어머니
청춘에 불꽃 된 나 대신 어머니
오늘도 부르네 윤기야 민주야

나 대신 투쟁하고 나 되어 살아가고
고운 얼굴도 수줍은 미소도
주름에 내어주고 백발에 뒤덮여
너로 사는 게 내가 사는 일

어머니 오늘도 윤기야 민주야
어머니 날마다 윤기야 민주야

기억의 저편에 묻힌 이야기들
가슴에 새겨진 그리움
못다 한 순간들이
내가 남긴 큰 꿈이

나 대신 투쟁하고 나 되어 살아가고
고운 얼굴도 수줍은 미소도

주름에 내어주고 백발에 뒤덮여
너로 사는 게 내가 사는 일

어머니 오늘도 윤기야 민주야
어머니 날마다 윤기야 민주야

— 김선미

나는
스물여섯,
덕진양행
노조위원장
입니다

어머니 정정원 여사의
투쟁기

1. 인터뷰: 어머니에서 사회운동가로•

김윤기 열사의 죽음과 어머니 정정원 여사의 삶

좀 힘든 얘기인데, 당시 김윤기 열사의 사망 소식을 듣고 어떠셨습니까?

믿어지지 않았지요. 당시 집에 오니 국민대 학생 몇 명이 기다리고 있었어요. 그리고 그 학생들이 나에게 어딜 같이 가자고 하는 거였어요. 그래서 어딜 가냐고 물었더니 성남을 간다는 것이에요. 집 밖에 택시를 대기해 놓고 있더라고요. 그 택시를 타고 가면서 처음엔 윤기가 좀 다쳐서 성남병원을 간다고 하더군요.

• 김윤기 평전을 준비하면서 우리는 35년이라는, 스물여섯 김윤기의 삶보다 더 오랜 시간 한국 사회운동의 현장에서 활동을 해온 어머니의 노력에 주목하지 않을 수 없었다. 이에 2024년 10월 4일 김윤기 열사의 어머니 정정원 여사와 긴 시간 인터뷰를 했고, 그 내용을 정리해 싣는다. 참여자: 김윤기기념사업회 회장 유길용, 김윤기열사 추모도서 발간위원회 회장 김영준, 김윤기 열사 여동생 김선미.

그래서 어딜 얼마나 다쳤냐고 채근했더니 분신하여 사망했다는 말을 듣게 되었어요. 나는 택시 안에서 너무 놀라 절규하다 거의 실신 상태로 까무러쳤어요. 그다음 날에야 정신을 차려 영안실에 내려갔어요. 그렇게 21일 동안 영안실에 있다가 장례를 치렀던 거예요.

성남병원에서 장례 내내 우리 언니하고 막내 여동생이 와 있었어요. 특히 우리 막내 여동생의 성격이 예민해서 내가 울면 동생은 견디지 못해 실신하곤 해서 그 앞에서 울지도 못하고, 밖에 나가서 실컷 울다가 들어오곤 했어요.

수많은 성남의 노동운동을 하는 분과 국민대 학생, 사회인사가 방문을 해주셨어요. 그리고 유가협 식구들도 많이 다녀가고, 특히 이소선 여사도, 5·3동지회 사람들도 다녀갔어요. 초기에 김종태의 어머니를 비롯한 유가협 식구들이 정말 많이 위로를 해주셨어요. 끝나고 김종태의 어머니가 당신 아들이 묻혀 있는 금촌 기독교공원묘지를 소개해서 처음에는 윤기를 거기에 안장하게 되었어요.

김윤기 열사가 분신하고 난 뒤에 어머니는 어떻게 사셨어요?

매일 울면서 살았지요. 그리고 항상 유가협 식구들과 함께 참으로 많은 시위에 참여했어요. 그때는 시위에 학생들이 정말 많이 참여했잖아요. 특히 유가협 깃발을 들고 우리가 앞에 나서면 전경이 함부로 하지 못했어요. 그렇게 날마다 시위에 따라다니며 참여했어요. 당시에는 윤기를 생각하며 힘든 줄 몰랐지요. 지금 50대인 막내 선미보다 젊을 때였으니까요. 윤기 아버지가 돌아가신 뒤, 그나마 나에겐 큰 희망이었던 윤기가 죽고 나니까, 이제 정말 보이는 게 없었어요.

윤기가 죽은 뒤에 막내 선미가 학교 가고, 둘째 영기는 방위를 보내놓고 집에서 혼자 누가 듣거나 말거나 날마다 엉엉 울고 살았습니다. 그러다 윤기가 사망하고 한 달 뒤인 5월 4일에 서울교대 남태현 학생이 분신했고, 또 같은 날 노동운동을 하던 김종수 씨가 분신했어요. 아들이 죽었던 때처럼 가슴이 터지는 것 같은 고통이었어요.

89년, 90년은 많은 분이 분신하고 돌아가셨지요.

그렇게 매일 울며 지내는데 김종수 열사가 죽었을 때 박영진 열사의 아버지로부터 전화가 왔어요. 윤기 죽은 지 한 달 좀 넘어 마음이 진정됐는지 물어보시고는 김종수 씨가 죽었는데 그 어머니 곁에서 위로의 말씀 좀 해주면 안 되겠냐고 부탁을 하더군요. 그래서 가려고 산꼭대기에서 비탈길을 내려오는데 다리가 떨려서 기다시피 내려왔어요. 김종수 어머니를 만났는데 위로할 말이 없었어요. 그저 함께 부둥켜안고 펑펑 우는 게 위로하는 일이었어요.

그리고 이후 90년 4월 4일에 강민호 씨가 공장의 기계에 말려들어 죽었어요. 그래서 강민호 어머니를 만나 위로해 드리곤 했어요. 같이 울다 강민호 어머니는 나에게 어떻게 그리 1년을 살아 버텼냐고 묻더군요. 그래서 이렇게 내 아들처럼 죽은 이들을 만나고 그 가족들을 만나면서 맨날 끌어안고 울며 살다 보니까 1년이 지났다고 말했어요. 그렇게 위로하며 다니다 보니 이 나쁜 세상이 애지중지 키운 좋은 아들을 다 잡아가는구나 하고 한탄했어요.

어머니께서 이렇게 많은 활동에 참여하신 일은 정말 대단합니다. 김윤기 열사의 활동은 5~6년이었는데, 어머니는 1989년부터 2024년 지금까지 35년 넘게 활동하셨어요. 당시 김윤기 나이보다 훨씬 긴 세월을 한국 사회의 민주화운동에 참여해 오셨습니다.

나도 이제 아흔 살이 가까워져 한 3년 정도 뒤에는 더 못 다닐 것 같아요. 몸이 너무 힘들어요. '오뉴월 하룻볕도 무섭다.'는 속담처럼 작년하고 올해하고 몸이 많이 달라요. 그동안 오라는 집회에는 무조건 다 갔어요. 정말 많이 다녔지요. 울기도 많이 울고, 따라다니면서 진경과 싸움도 많이 했어요. 전경의 옷을 붙들

고 울고불고 흔들고 하면, 이해성 있는 아이들은 그래도 "어머
니 왜 그려셔요." 하며 받아주기도 하지만, 그냥 확 뿌리치며 팽
개치는 애들도 있었지요. 그렇게 35년간을 거리에서 살았던 것
같아요.

최근에도 민주유공자 예우에 관한 법률(민주유공자법)을 통과
시키려고 여의도에 천막을 쳐놓고 농성하고 있지만, 그전에도
여의도에서 천막농성을 했어요. 그래도 먹고 살아야 하니까 둘
째 아들 영기의 딸을 업고 시골 가서 남의 고추밭에 가서 일하
고, 고추 40kg을 따서 자루에 담아 든 채 아기를 업고 버스 타고
돌아와서 아들네 집 가서 자고, 고추를 경동시장까지 가서 팔고,
다시 경동시장에서 여의도까지 버스를 갈아타고 천막에 돌아와
농성하곤 했어요.

유가협의 실무를 그때부터 한현우가 맡아서 애를 많이 쓰며
활동했는데, 그때 업고 다니던 손녀딸이 이쁘다고 현우가 신발
을 사준 적이 있어요. 그런데 지금 그 손녀딸이 벌써 남자 친구
도 생겨서 시집간다고 해요. 벌써 그렇게 시간이 흘렀어요.

활동하면서 주변에서 험한 말도 듣고 힘든 일이 한둘이 아닐 텐데요.

운동하다가 사망한 사람들의 소식을 들으면 내 자식이 죽는
것처럼 가슴이 후벼파는 듯합니다. 금지옥엽으로 키운 자식들의

희생을 보며 정말 더는 이런 일이 있으면 안 된다는 생각으로 거리에 나가고 집회도 참여했어요. 그렇게 활동하면서 유가협에서 만난 많은 어머니와 아버지를 보면서 서로 얼마나 큰 위로와 의지가 되었는지 몰라요. 그런 과정에서 정말 위대하고 대단한 분을 많이 만나게 된 것이 내 삶의 큰 보람이었어요.

그런데 때로 가까운 친척에게서 내가 빨갱이 단체에 관계하는 것이라는 말을 들을 때마다 처음엔 정말 힘들고 분한 마음이었어요. 그러나 이제는 '그런가 보다' 하고 넘어갑니다. 진짜 빨갱이 단체라면 모르겠지만 그렇지 않다는 생각이 확실하고, 윤기와 나의 활동이 사회를 더 낫게 만드는 데 큰 역할을 한다고 분명히 확신하니까 아무렇지도 않아요. 오히려 그들이 안타까울 뿐이지요. 우리 윤기도 자기 의지로 정정당당히 싸우다 죽었다고 생각해서 나도 당당합니다. 아들도 당당하니 나도 당당합니다.

혼자서 돈 벌랴, 자식들을 돌보랴, 정말 고생하시면서 활동해 오셨어요. 그동안 집안 살림은 어떠셨는지요. 자식들이 어머니를 많이 이해해 주던가요?

여동생 선미는 오빠의 뜻을 잘 이해하고, 나의 활동을 많이 도와주고, 지금까지 오빠 관련 일에도 열심히 참여하고 있어요. 내

딸이지만 참 괜찮은 딸이라고 생각해요. 그런 딸을 적극적으로 지원하며 돕고 함께하는 우리 사위도 참 고맙지요. 그런 사위가 없지요.

경제적으로는 여전히 힘들게 살았지요. 돈도 벌어야 했고, 집회에도 나가야 했으니까요. 윤기가 죽은 뒤에는 영기나 선미나 아직 어려서 학비도 벌어야 했고 생활비도 벌어야 해서 안 해본 일이 없었어요. 보신탕집도 다니고, 한식집도 다니고, 여러 식당에도 다니며 일했고, 심지어 스탠드바의 허드렛일로 벌면서 겨우겨우 살았지요. 그래도 친정아버지가 쌀을 대주시면서 물심양면으로 도움을 주셨어요. 참 고마웠지요. 우리 아버지는 80세가 되시던 1995년에 돌아가셨어요. 6~7년 사이에 남편도, 아들도, 아버지도 다 돌아가신 거지요. (침묵)

35년 동안 활동하며 지치지 않으셨어요? 나이도 드시고 오래 했으니 그만두고 싶지 않으셨을까요?

자식의 일이니까요. 지칠 수 없어요. 자식이 죽으면서까지 하려고 했던 일입니다. 내가 뭐는 못할까요. 자식을 낳아본 사람은 그 아픔을 알 거예요. 그래서 내가 지팡이 짚고 못 다닐 때까지 해야 한다고 생각했어요. 그런데 이제 아흔 살이 가까우니 쉽지 않은 것 같아요.

더 나은 사회를 위한 정정원 여사의 활동

김윤기 열사의 묘소를 파주 금촌의 기독교공원묘지에서 남양주의 모란
공원으로 옮기셨어요.

사회운동을 하는 사람들은 자기 이익을 위해서가 아니라 사
회와 사람들을 위한 뜻으로 일한 것이잖아요. 그런데 파주에 따
로 혼자 있으니 너무 외로울 것 같았어요. 한번은 박종철 열사의
아버님이 모란공원을 알선해 주셨어요. 그래서 한 자리를 미리
구해 두었습니다. 소개해 준 윤기의 묫자리는 평지라 아주 좋았
어요.

사실 파주에는 김의기 열사, 김종태 열사, 송광영 열사가 계셨
는데, 5·18민주화운동에 관련된 분들이라 후에 모두 광주와 다
른 묘역으로 이장했어요. 그러고 나니 윤기만 혼자 덜렁 남았던
거예요. 그리고 그곳에 갈 때면 불광동에서 버스를 갈아타야 했
고, 꼭대기에 있어서 올라가기도 힘들었어요.

한번은 화분을 2개 사서 들고 올라가는데 꼭대기라 너무 힘들
어서 겨우 올라가 나무를 심어놓고 해가 질 때까지 그냥 한없이
울다가 내려왔어요. 2015년 4월에 모란공원으로 옮긴 뒤에 훨씬
좋았어요. 그리고 같이 민주화운동을 했던 많은 원혼끼리라도
서로 술도 한잔하며 반갑게 만날 테니 행복하고 외롭지 않겠다

는 생각이 들어서 너무 좋았어요. 그런데 나도 들어갈 자리를 마련해야 하는데 걱정이에요.

이후에 국민대 민주동문회나 인천5·3민주항쟁 동지들, 성남에서 노동운동을 했던 윤기의 동료들이 어머니도 만나러 오고 묘소도 자주 찾아왔지요? 그분들의 활동은 어땠나요?

인천5·3민주항쟁의 이승민 부부나 성남의 박순자나 이영숙도 나에게 그렇게 잘할 수 없어요. 꼬박꼬박 찾아와주고 만나면 용돈 주고 그랬어요. 그리고 성남의 덕진에서 교육부장을 하다가 김윤기기념사업회 회장을 했던 박순자는 가끔 우리 시골에 와서 김장도 해주고 가져가고 했고, 나도 해마다 쌀도 조금씩 주곤 했지요. 모두 "어머니, 어머니" 하고 따르고, 각별히 챙겨줬어요. 내 옆에 아들은 없지만 오히려 더 많은 아들, 딸이 생겼어요. 그래서 하도 고마워 어머니께서 주신 땅 서너 마지기에서 나오는 쌀을 조금씩 가끔 보내 주곤 할 뿐이에요.

35년이 지나는 동안 민주화운동 분위기도 많이 바뀌었지요. 어머니가 느끼기에는 그 변화가 좀 어떠신가요?

많이 바뀌었죠. 옛날에는 학생들도 정말 치열하게 싸웠던 것 같아요. 덕분에 지금 많이 나아졌지요. 수많은 거리 시위에 항상 앞장서 왔던 유가협 식구들은 그야말로 한 가족처럼 지냈지요. 내가 고통스러워할 때 가장 큰 위로가 되어준 사람들이고, 또 그분들 가족들이 괴로워할 때 서로 위로해 준 분들이니까요. 친척 이상이지요. 오히려 친척들은 이해 못 하는 것을 우리는 서로 깊이 이해하기 때문에 더 각별하게 35년간 고통과 즐거움을 함께해온 사람들입니다. 너무도 고맙고 소중한 분들입니다. 그분들이 아니었으면 나는 이렇게 서 있을 수가 없었을 거예요. 내 삶을 지탱하는 버팀목이 되신 분들이니까요.

최근 용산참사나 세월호참사, 이태원참사 때 돌아가신 분들의 부모님들은 그 주제로 따로 활동하십니다. 그래도 서로 오가며 돕고 있어요. 유가협에 용산참사의 세 가족이 오시기도 했어요. 이제 모두 나이들이 들어서 차를 빌리지 않으면 다닐 수가 없어요. 정말 오랜 기간 훌륭하게 활동하신 많은 아버지, 어머니가 돌아가시고 안 계신 분을 생각하면 허전하고 그리워요. 나도 이제 그분들을 따라가는 일만 남았지요.

오랫동안 유가협 활동을 하시면서 특별히 기억에 남는 일이 있으신가요?

우리는 하나하나 정말 큰 사건으로 모인 사람들입니다. 그러니 사건이야 많았지요. 그런데 기억도 가물가물하네요. 당시 한창 싸울 때는 정말 치열했어요. 특히 송광영 열사의 어머니가 참 치열했던 일이 잊히지 않네요. 형사들이 무전기 들고 연락하면 가서 빼앗아 바닥에 팽개치며 싸우기도 할 정도로, 키는 조그만 분이 야물고 말씀도 잘하시고 대단했어요. 그런데 문익환 목사님이 돌아가시고 2~3일 뒤에 송광영의 어머니가 갑자기 머리 아프다고 하시더니 금방 돌아가셨어요. 참으로 서운하지요.

살 만한 사회를 만들려고 애써오시면서 힘들고 괴로운 일도 많고, 보람되게 느낀 일도 많으셨을 텐데요.

제일 힘들고 괴로운 일이야 아들이 생각날 때였지요. 초기에는 지금의 선미보다 젊은 시절이라 온갖 곳을 다니며 싸우고 부대끼는 일에도 힘든 줄 몰랐어요. 기쁜 일은 윤기의 묘를 금촌에서 마석으로 옮긴 일이었어요.

내 활동이 특별히 사회에 도움이 된 게 있는지는 모르겠어요. 그저 나의 활동이 윤기가 생각하는 뜻이고, 돌아가신 많은 분의 뜻이라고 생각하여 싸운 것밖에 없었습니다. 세상이 좀 나아졌으면 다행이라고 생각합니다. 그런데 요즘 윤석열 대통령으로 바뀐 것을 보면서 우리가 이제껏 뭘 했나 하는 생각에 기가 막히고 크게 상심이 들기도 합니다.

3부 어머니 정정원 여사의 투쟁기

그리고 성남도 그렇고 국민대도 김윤기기념사업회가 있다가 없어질 때도 힘들었지요. 그래서 항상 기념사업회가 있는 학교가 참으로 부러웠어요. 이한열, 박종철, 전태일 등의 기념사업회가 잘 돌아가는데, 우리는 기념사업회도 없어서 그게 제일 속상했거든요. 그런데 이제 윤기의 기념사업회가 꾸려졌으니 나도 떳떳하게 자랑할 수 있게 되어 기뻐요.

앞으로 어머니께서 바라시거나 기념사업회에 기대하시는 게 있으면 말씀해 주세요.

내가 바라는 두 가지 소원이 있는데, 첫째는 민주유공자법이 최종 통과되는 것입니다. 우리가 보상을 바라는 것이 아니에요. 단지 우리 아들과 같은 활동이 사회적으로 정당하고 정의로웠다는 평가를 받는 게 중요하다고 생각해요. 그래서 윤기가 바라는 민주화되고 모두 평등하게 잘 사는 사회가 되면 좋겠다는 생각밖에 없어요. 최근 광화문에서 촛불시위를 보면 많은 젊은이가 윤기 때와는 다른 활기와 활력이 느껴져 힘도 나고 고맙게 생각합니다. 두 번째는 김윤기기념사업회를 만드는 것인데, 2024년 올해 만들어져 열심히들 활동하셔서 그 하나는 이루었어요.

어머니의 큰 활동으로 김윤기 열사와 뜻을 함께하는 많은 사람이 큰 힘을 얻고 있습니다. 힘 있으실 때까지 애써 주시기 바랍니다. 긴 시간 동안 말씀하기 힘드셨을 텐데 수고하셨습니다. 감사합니다.

2. 전국민족민주유가족협의회 활동

민가협, 유가협 가입과 활동

정정원 여사는 김윤기 열사가 인천5·3민주항쟁으로 투옥되었을 때는 아들을 어떻게든 살리고자 민가협에서 활동했다. 민가협은 국가폭력 피해자, 장기수, 노동자, 대학생 등을 망라하는 가장 광범위한 구성원을 가진 가족운동 조직이다. 1985년 서울 미문화원 점거 사건, 1985년 구로동맹파업, 1986년 민청련 사건 등과 관련하여 각기 투쟁하던 가족들이 서로 격려하고 뭉치면서 민가협이 설립되었다.

1986년 정정원 여사는 아들이 구속되었다는 청천벽력 같은 소식을 듣고 큰 충격을 받았다. 하지만 이내 정신 차린 그는 5·3인천시위 구속자 가족들과 함께 행동했다. 이들은 '가족 호소문'과 구속자 폭행·고문 사실을 폭로하는 '성명서' 등을 냈다.

특히 그는 1주일 만에 김윤기가 인천교도소에 갇혀 있다는 소식을 듣고 한걸음에 그곳으로 달려갔다. 거기에는 이미 연락을 받은 구속자 가족들이 와 있었다. 그런데 정부 당국이 면회를 허락하지 않는다며 가족들은 문밖에서 발을 동동거리고 있었다.

이때 정정원 여사는 용기를 내어 철문을 올라가서는 넘어가고자 했다. 이에 경찰들이 허겁지겁 달려오더니 사고 날 것을 염려하여 구속자 가족들의 면회를 허락한 적이 있다. 그는 김윤기 열사가 옥중에 있던 1년여 동안 민가협에서 다양한 활동을 펼쳤다. 이때만 해도 그는 유가협의 활동은 그저 남의 일이라고 생각했다.

그런데 1989년 4월 3일 김윤기 열사가 회사 측과의 노사 협상 중에 분신한 이후로 유가협에서 활동하기 시작했다. 유가협은 1986년 8월 전태일기념사업회 창립총회에서 시국 사건과 관련해 숨진 자녀를 대신해 그 부모들이 자녀의 명예를 회복하고, 자녀의 뜻을 이어가기 위해 만들어졌다. 초대 회장은 전태일 열사의 어머니인 이소선 여사였다.

이 무렵 그는 삼선교에 거주했는데, 집 근처에 살던 송광영● 열사의 어머니 이오순에게 많은 도움을 받았다. 이오순은 박영

● 송광영(1958~1985)은 전남 광주 출신으로, 전두환 군부독재 시기인 1985년 9월에 경원대(현 가천대) 법학과 2학년으로 광주학살 책임자 퇴진과 학원안정법 철폐를 외치며 산화해간 열사이다.

　　　　　　　　　3부 어머니 정정원 여사의 투쟁기

진● 열사 아버지 박창호, 김종태●● 열사 어머니 허두측 등 유가
협에 소속된 여러분을 소개해 주었다. 다들 자식들로 인해 마음
에 깊은 상처를 가지고 있지만, 자식들이 이루지 못한 세상을 만
들고자 애쓰던 분들이었다. 이에 그 또한 힘을 낼 수 있었다.

〈유가협 창립선언문〉

오늘 우리는 '민주화운동유가족협의회'의 창립을 선언합니
다. 사랑하는 자식, 남편, 형제를 잃고 창자를 끊는 듯한 슬
픔에 눈물이 마를 날이 없었던 우리 유가족들은 지금 이 모
든 아픔을 딛고 고인들이 썼던 민주의 가시관을 받아 쓰는
경건한 마음으로 오늘 이 자리에 모였습니다. 우리 유가족
들은 지난 1970년 전태일의 분신 이래 이 나라의 민주화와
민중의 생존권 보장을 요구하다 스스로 혹은 권력에 의해
민주제단에 희생이 된 고인들의 죽음을 계기로 이 시대의
참담함을 누구보다도 뼈저리게 경험하였습니다. 또한 고인

● 박영진(1960~1986)은 충남 부여 출신으로, 서울 독산동 신흥정밀 재직 중 1986
년 3월 임금 인상 파업을 주도하다가 경찰에 쫓기자 "근로기준법을 지켜라. 살
인적인 부당노동행위 철회하라. 노동 3권 보장하라."를 외치며 분신했다.

●● 김종태(1958~1980)는 부산 출신으로, 어려서 서울 미아리로 이사한 후 광주
대단지로 이주했다. 그곳에서 한울야학을 설립, 활동했는데, 1980년 6월 광주학
살 증언을 듣고 이대역사거리에서 광주학살의 진상을 알리는 내용의 유인물을
배포한 후 분신했다.

1986년 8월 12일 전태일기념관에서 열린
민주화운동유가족협의회 창립대회

들이 하나뿐인 생명을 바쳐가면서까지 목말라 외치던 바를
살아 있는 가족들이 함께 실천해 나가는 것만이 그들의 원
혼을 위무해 줄 수 있는 길이라 생각하였습니다. 돌이켜 보
면 8·15해방 이후 지난 40여 년 동안 남북분단이라는 비극
적 상황에서 우리 사회의 민주·민권운동은 4·19혁명 이래
광주항쟁을 지나 오늘에 이르기까지 피와 눈물로 얼룩진
그야말로 형극의 길을 걸어왔습니다. 굳이 민주주의라는
나무는 피를 먹고 자란다는 말을 상기하지 않더라도 그동
안 우리는 모두 광명한 이 땅의 민중이 인간답게 살 수 있

3부 어머니 정정원 여사의 투쟁기

는 그날을 위해 너무도 많은 고통과 희생을 감내하며 살아 왔습니다. 그럼에도 불구하고 아직도 이 나라의 주인이어 야 할 민중은 당연히 누려야 할 자유와 마땅히 획득해야 할 권리를 유보당하고 착취당한 채 최소한의 생존을 유지하기 위한 몸부림조차 무참히 짓밟히고 있는 참담한 상황이 계 속되고 있습니다. 이 척박한 땅 위에 진정한 민주의 꽃을 피 우기 위해 앞으로 얼마나 더 많은 피와 눈물을 흘려야 할지 를 생각하면 우리 유가족들은 심장의 피가 역류하는 듯한 슬픔과 분노를 가눌 길이 없습니다. 이제 우리 유가족들은 이 슬픔과 분노를 압제에 저항하는 용기로 승화시키면서 고인들이 자신들의 생명을 던져 고발했던 이 사회의 모든 모순의 극복을 위해 더욱 많은 사람이 동참하기를 바랍니 다. 그들의 육신은 한 줌의 흙이 되었지만, 불굴의 자주혼은 이 땅의 통일과 진정한 민주를 갈망하는 모든 이의 가슴에 파고들어 요원의 불을 사르는 불씨가 될 수 있기를 간절히 기원합니다. 지금 진정한 자유와 인간다운 삶을 갈망하는 민중의 함성은 그 어느 때보다도 고조되어 있습니다. 우리 가 해야 할 일은 이처럼 고양된 민주화 열기를 결집해 독재 의 아성을 강타하는 것입니다. 우리 모두의 힘이 한데 뭉쳐 질 때 민주화를 저지하려는 그 어떠한 책동도 여지없이 분 쇄되고 말 것입니다. 이제 우리 가족들은 고인들이 생전에 그리도 목메어 외치던 민족통일과 민중이 주인 되는 새날을 위해 앞장서 투쟁할 것을 온 세상에 선언하는 바입니다.

1986년 8월 12일

민주화운동유가족협의회

유가협은 처음에는 10명의 회원으로 시작했는데, 이후 군사독재에 자식을 잃은 부모들의 모임으로 확대되었다. 창립 직후 유가협은 민가협 한 귀퉁이에서 곁방살이하다가 이듬해인 1987년 합정동 마리스타수도원의 배려로 자그마한 사무실을 갖게 되었다.

이후 정정원 여사를 비롯한 유가협 회원들은 파출부 생활을 하며 번 돈 등과 몇몇 인사에게서 받은 그림과 글을 팔아 모은 돈으로 1989년 12월 17일 서울 종로구 창신동에 20여 평 규모의 독립된 '한울삶'을 마련했다. 신영복 선생이 서화전 때 기증한 글씨 '한울삶'을 만남의 집 이름으로 정했다. "이 집은 한 울타리에서 한 가족처럼 같이 사는 집, 한울삶이어야 해."라는 의미였다. 정정원 여사도 한울삶을 드나들며 유가족들과 교류하면서 안정을 찾아갔다.

정정원 여사가 유가협에서 본격적으로 활동한 것은 1990년 이후이다. 1990년 5월부터 유가협은 연세대를 시작으로 서울대·성균관대·고려대 등 대학가의 대동제를 돌며 장터를 열었다.

서울 종로구 창신동에 자리한 전국민족민주유가족협의회
생활공동체 '한울삶' 입구

이는 재정을 마련하려는 목적도 있었지만, 유가협 활동을 알리려는 의도도 있었다. 이들은 떡볶이, 순대, 어묵 등을 팔았는데, 정정원 여사는 진한 국물 맛을 우려낸 어묵을 팔았다. 장터는 학생들에게 인기가 좋았다. 유가협 어머니들은 학생들의 얼굴을 살핀 뒤 유가협을 아는 것 같은 기색이면 아낌없이 퍼주었다.

장터 천막에는 대형 사진을 둘러치고 주변에는 열사 대자보를 전시했는데, 학생들에게 희생자 자료집인《나의 죽음을 헛되이 하지 말라!》를 나눠주었다. 1990년 한 해 동안 세 차례의 대동제 장터에서 얻은 수익금은 빚을 갚는 데 썼다. 이후 유가협은 15년 동안 대학가 축제에 맞춰 해마다 장터를 열었다. 서울 소재

1990년 11월 24일 문익환 목사 석방 환영회 겸
유가협 후원회 현판식

총학생회가 장터를 요청하거나 총학생회와 각 대학의 열사 기념
사업회 학생들이 일을 도왔다.

1990년 11월 24일 한울삶 골목에서 문익환 목사 석방 환영회
와 함께 유가협 후원회 현판식을 열었다. 초대 후원회장은 문익
환 목사가 맡았다. 이후 후원회원은 300명까지 늘어났다. 십시
일반으로 돈을 만들어 봉고차도 샀다. 후원회가 생기고 나서 재
정도 좋아졌다.

정정원 여사는 1991년 1월 7일 한울삶에서 개설된 제1기 가
족교실 동지반에 입학했다. 이때 우리나라의 현대사, 정치정세
도 공부했고, 투쟁가도 배웠다.

3부 어머니 정정원 여사의 투쟁기

김윤기 열사 추도와 민주열사 추모 행사

유가협의 활동 중 하나가 열사들의 기일에 맞춰 추모하는 행사나 위령제를 지내는 일이다. 또한 민주열사가 늘어나는 상황에서 진상규명을 위한 투쟁도 그들의 중요한 활동이었다. 정정원 여사는 이런 행사가 있을 때는 되도록 빠짐없이 참석했다.

1990년 이후 김윤기 열사의 추도는 매년 4월 3일 기일에 맞춰 성남이나 국민대 김윤기열사기념사업회, 유가협, 인천5·3민주항쟁 동지들이 참여한 가운데 치러졌다. 이 행사는 2015년 4월 마석 모란공원으로 이장할 때까지는 금촌 기독교공원묘지에서 열렸다.

유가협은 매년 6월 10일을 전후로 민족민주열사·희생자 범국민 추모제를 치렀는데, 이외에 열사들의 기일에 맞춰 추모제를 개최했다. 또한 1992년 3월 숭실대에서 치러진 전국민족민주열사추모기념사업회, 1994년 6월 인천지역 민족민주열사 합동추모제, 2007년 6월 마석 모란공원에서 개최된 '민족민주열사·희생자 추모(기념)단체 수도권 대표자회의' 창립식 등 단체 결성식이나 행사에 참여하기도 했다. 특히 유가협은 민족민주열사·희생자추모(기념)단체연대회의와는 긴밀한 관계를 유지했다. 이외에도 열사들의 추모 행사 가운데 하나로 1992년 11월 유가협 후원회가 개최한 '민주열사를 위한 추모 문학의 밤' 행사에도 적극적으로 참여했다.

2007년 11월 11일 오전 10시 달마사에서 김윤기·김귀정·강민호·박종철·권희정·최응현·장현구 등의 위패를 모시고 천도재를 진행했다. 2009년 4월에는 서울교대에서 열린 박선영·남태현·안기남 합동 추모제에 참석했다. 그해 9월에는 양주 장흥 운경공원 소재 최우혁 열사의 묘지를 찾아 추모제에 참석했다.

노조 활동·노동운동 지지

방송법 날치기 통과 반대

2008년 12월 28일 오후 2시 정동 프란치스코교육회관 2층에서 열린 방송법·신문법 날치기 통과 반대를 촉구하며 파업 투쟁을 선언한 언론노조에 대한 지지 기자회견이 열렸다. 이 자리에는 정정원 여사를 포함하여 배은심·이소선·강영철·김수연·이석주·오영자·최봉규 등의 유가협 회원들이 함께했다. 당시 이명박 정부가 재벌의 방송 소유권을 허가하는 등 신문방송 7개 악법을 통과시켜 방송과 신문의 공공성을 크게 훼손할 우려가 심각하게 제기되었기 때문이다.

12월 29일 오후 4시 국회 앞 국민은행 근처에서 비상국민행동은 한나라당이 MB악법을 날치기 통과할 것이 확실시되는 가운데 기자회견을 열었는데, 이에 유가협 회원들과 함께 참석했다. 이날 기자회견을 마치고 6시부터 촛불문화제가 이어졌다.

용산 철거민 참사 유가족과 연대

2009년 1월 용산 철거민 참사가 일어난 후, 2010년 1월 355일 만에 희생자 장례식이 엄수될 때까지 유가협 회원들은 용산참사 유족들과 함께했다. 2009년 1월 용산 재개발 철거민 32명이 남일당 옥상에 망루를 세우고 농성하던 중 경찰이 특공대를 투입해 강제로 진압하려다 불이 나 철거민 5명과 특공대원 1명이 죽고, 철거민 9명과 특공대원 21명이 다치는 사건이었다. 이에 유가협 회원들은 희생자들의 합동분향소가 마련된 순천향대학병원 장례식장을 찾아가 유가족들과 전국철거민연합회(전철연) 관계자들을 위로하면서, 1987년 6월항쟁 이후 다시 국가 공권력이 사람의 목숨을 빼앗는 '야만의 시대'로 회귀한 것을 개탄스러워 했다.

이후에도 유가협 회원들은 용산 철거민들의 추모대회에 참석했고, 농성 현장을 찾아가 유가족을 위로했다. 2009년 5월 8일 어버이날을 맞아 유가협 회원들은 농성 현장을 찾았고, 합동으로 어버이날 행사를 진행했다. 5월 27일 오전 11시에 대한문 옆에서 이명박정권 용산철거민 살인진압 범국민대책위원회가 주최한 '용산참사 해결촉구, 정치검찰 규탄 기자회견'에 유가협 회

2009년 5월 8일 용산참사 현장을 찾아 일일 지지 농성을 하는
이한열 열사의 어머니 배은심 여사(왼쪽)와 정정원 여사(오른쪽)

원들과 함께 참석했다. 당시 배은심 여사는 "정부가 용산참사로 고통받고 있는 유가족들의 가슴 아픈 현실을 바로 알고, 돌아가신 분들을 제대로 장례 치를 수 있도록 조치해야 한다."라고 촉구했다.

6월 13일에는 용산 철거민 참사 현장에서 열린 열사추모문화제에 참석했다. 9월 1일 오후 3시 강영철·강선순·김정자 등 유가협 회원들과 함께 덕수궁 대한문 앞에서 열린 '불법적인 폭력연행 규탄 및 용산참사 해결촉구 기자회견' 자리에 참석했다. 9월 4일 오후 2시 유가협 회원 배은심·강영철·최봉규 등과 함께

서울지방경찰청 앞에서 열린 '삼보일배 종교행사 불법연행 경찰 규탄 기자회견' 자리에 참석했다. 용산 유가족들과 진보신당 등 정당 사회단체, 종교인들이 '용산참사 해결을 위한 삼보일배'를 진행하고자 했는데, 경찰이 이를 불법집회로 간주하는가 하면, 참석자들을 연행한 것을 규탄하고자 마련한 자리였다.

9월 8일 오전 10시 30분 명동성당 영안실에서 용산범대위 대표자회의, 집행책임자 연석회의가 진행되고, 12시에는 기자간담회가 열렸는데, 이날 용산범대위 박래군 집행위원장 등 3명이 경찰의 삼엄한 포위를 뚫고 순천향대학병원 장례식장을 빠져나온 뒤 명동성당 영안실에 집결했다는 소식을 접하고 유가협 배은심·전영희·최봉규·김혜수 등과 함께 명동성당을 찾았다.

그 외에도 2007년 11월 11일 오후 2시경 유가협 회원들과 함께 시청광장에서 진행 중인 백만민중총궐기대회에 참여했고, 행사가 끝난 후 유가협 깃발을 들고 대회 참가자들과 함께 광화문으로 진출하여 "비정규직 철폐, 한미 FTA 저지, 반전평화" 등을 외치며 거리 선전을 벌였다.

경기도 이천 민주공원 부지 투쟁

유가협은 민주화를 위해 죽어간 이들을 기억하고 그 역사를 후손에게 바로 전하는 것을 가장 우선적인 사업으로 삼았다. 이와 관련하여 유가협은 전국에 흩어져 있는 열사들의 묘를 한곳에 모아 '살아 있는 역사의 증언장', '민주주의 교육 현장'으로 만들고자 했다. 그 결과 2000년 김대중 정부 시기에 민주화운동기념 10대 과제 중 하나로 민주공원 조성이 선정되었다.

　2001년 민주화운동관련자명예회복및보상심의위원회(민주화운동보상심의위원회)의 국가기념사업및추모사업지원분과위원회가 출범하고, 유가협은 2002년 서울 도봉구 수유동과 2006년 인천시 숭악산 일대를 공원 유치 지역으로 신청했지만, 지역 주민의 반대와 부적합한 위치 등으로 무산되었다. 이후 이명박 정부 시기인 2006년에 경기도 이천시가 모가면 어농리 산 28번지 일대 10만m^2에 120기의 묘역을 조성하고 유영봉안소, 기념추모관 등을 세운다는 계획을 내놓았다.

　이에 대해 유가협 측은 민주화운동보상심의위원회에 민주공원의 진정한 의미에 걸맞은 모습으로 사업을 진행해 달라고 요청했고, 이천시가 제안한 건에 대해 해당 지자체의 자격 여부, 부지 및 시행 계획의 타당성을 확인하는 공청회를 요청했다. 하지만 위원회 측은 끝내 유가협 측의 의견을 무시한 채 일방적으로 사업을 추진했다. 그곳은 역사성·상징성이 거의 없을뿐더러 급경사에 맹지였고, 계곡이 네 곳이나 되어 장마철 침수가 우려되는 상황이었다.

유가협 측의 공청회 제안을 거부한 위원회는 2007년 12월 이천시가 제안한 부지를 민주공원으로 지정했다. 이후 사업은 일사천리로 진행되었다. 2010년에 민주공원 콘셉트 디자인 공모 실시 및 확정까지 마쳤다.

이런 상황에서 유가협은 2010년 11월 민주공원 안장 대상 유가족 41명의 연대 서명을 받아 졸속으로 추진 중인 민주공원에 "가묘 등 어떠한 표식도 만들지 말 것"을 요구하는 최종 입장서를 발표하고, 이를 국회 행안위 소속 위원실, 행정안전부, 대통령실에 보냈다. 당시 이천시는 이를 기회로 테마파크, 남이천IC 건설 등 지역 현안 사업을 일구고자 했다.

이러한 유가협 측의 반발에도 불구하고 2011년 1월 이천시의 민주공원 기본계획안이 통과되었다. 이후 형식적으로 몇몇 유가족을 참여시킨 공청회에서 이천시의 기본계획안을 반대하자 보수세력들과 마찬가지로 민주공원 설치를 반대하는 것으로 매도하기까지 했다.

이에 유가협은 2011년 1월 24일부터 31일까지 위원회에서 반대 농성을 벌였다. 그러면서 유가협은 〈위원회와 이천시는 졸속적인 민주공원 즉각 사죄하고 전면 재검토하라!〉라는 입장문을 발표했다. 자식과 남편의 죽음을 이대로 욕되게 할 수 없다는 절박한 심정에서였다.

민주공원은 유가족들의 숙원 사업이자 정부가 추진하고 있는 국책사업이다. 민주공원이 우리의 숙원인 이유는 전국에 흩어져 있는 죽어간 이들의 묘지를 한데 모아 국가적 기념을 하게 된다는 점에만 국한된 것이 아니다.

무엇보다도 죽어간 이들이 무엇을 외치다 죽었는지, 독재자들이 얼마나 잔인하게 민주주의를 짓밟았는지를 국민과 후손이 직접 보고 느끼는 민주주의와 역사의 살아 있는 교육장인 민주공원이 조성되어야 비로소 죽어간 이들의 죽음이 헛되지 않는다고 굳게 믿고 있기 때문이다.

우리의 이 같은 바람은 국민적 공감을 받으며 정부가 사업을 받아 국책사업으로 추진해 왔다. 그러나 역사와 민주주의의 산교육장이 되어야 할 민주공원은 현재 정부의 묵인 아래 지방자치단체의 경제적 이익만을 위한 들러리로 전락했다.

이천시는 민주공원을 유치할 때부터 남이천IC를 유치하기 위한 발판으로 삼았으며, 이천농업테마파크와 주변 골프장에 딸린 부속물로 만들었으며, 민주화운동보상심의위원회(위원회)는 이천시의 이러한 의도를 농업테마파크와 민주공원의 구획을 나누는 과정을 통해 사전에 알았음에도 불구하고 이를 숨겨왔고, 이후 지속해서 이천시와 용역업체의 노골적인 행위들을 은폐해 왔다.

우리는 민주공원의 시행 주체인 지방자치단체가 죽어간 이들의 삶과 정신을 얼마나 존중하고 민주공원 조성을 위해 자신의 노력을 얼마나 쏟을 것인지 그 의지를 확인하고자 유가족 된 도리로 수없이 공청회 개최를 촉구했지만, 위원회는 이를 철저히 거부했고, 오히려 공청회를 하자는 우리의 주장을 '민주공원을 광주로 끌고 가려고 한다.'고 호도하면서 이천시의 졸속적인 사업추진을 보장했다.

진입로도 없고 급경사에 4개의 계곡이 있어 우기에는 산사태로 유실될 우려가 크고, 중부고속도로를 정면으로 마주하고 있어서 소음이 심각하여 경건한 추모의 분위기를 조성하기 어렵다는 등 부지에 대한 문제 제기도 '과학기술이 좋아서 해결된다.'며 기만했고, '지금이 아니면 공원을 만들지 못하니 양자택일하라.'고 압박했다. 심지어 우리가 이 같은 위원회와 이천시를 비판하면 유가족 간의 갈등으로 빚어진 문제라면서 그 책임을 우리에게 전가하며 유가족들을 기만했다.

이천시는 자신들이 내놓은 현 부지로는 경사가 심하고 가용면적이 없다는 것이 드러나자, 유가족들을 선별 초청하여 형식적인 '공청회'를 열었고, 현 부지 주변의 사유지를 국민의 세금으로 매입하여 민주공원 주요시설 대부분을 건설하겠다는 계획을 발표했다. 세금 36억을 들여서 돈을 주고 사유지를 매입하여 민주공원을 만들 것 같으면 무엇 때문에 민주공원을 국책사업으로 유치신청을 받고, 공모를 진행하는가?

결국 애초에 이천시는 민주공원을 그 뜻에 맞게 만들 의도가 없었음은 물론이고, 민주공원을 종잣돈 삼아 이천테마파크를 얻었고 남이천IC를 얻었으며 사유지까지 국비로 매입하게 되었다. 위원회가 이를 방조했음은 물론이다.

죽어간 이들의 죽음을 이렇게까지 욕되게 하고 유가족들을 이렇게까지 이용할 수 있는 것인가! 파렴치한 장사꾼 같은 놀음 속에 남은 것은 죽어간 이들의 비통한 원한이며 유족들의 절망과 통곡뿐이다.

이해관계의 각축장으로 전락시켜 역사와 민주주의의 산교육장이 되어야 한다는 근본 취지를 훼손한 이천시와 위원회는 더 이상 민주공원을 추진할 자격도 없고 그 어떤 신뢰도 없다.

민주공원이 이 지경까지 이르게 한 책임을 지고 위원회와 이천시는 죽어간 이들과 유가족들 앞에 즉각 사죄하라!

아울러 민주공원을 다시금 근본 취지에 맞게 만들어 가기 위해서 졸속으로 추진해 온 현 민주공원을 전면 재검토하라!

우리의 정당한 요구를 위원회와 이천시는 귀담아듣고 실행에 옮기기를 강력히 촉구하는 바이다.

2011. 1. 25.

전국민족민주유가족협의회

위원회와 이천시가 '민주공원'을 추진, 완공한다고 해도 묘지를 이장하지 않을 것은 물론이고, '가묘를 포함한 어떠한 표식의 설치'도 반대하는 유가족

강영철(강민호) 강종학(강상철) 곽경자(심광보) 권오석(권희정)

김석진(김학수) 김수연(한상근) 김을선(정경식) 김인연(한희철)

김종국(김철수) 김진생(송상진) 김현국(김준배) 남종임(장재완)

노봉구(노수석) 류성열(류재을) 박래군(박래전) 박문숙(김병곤)

박성현(박태영) 박심배(박승희) 박영옥(이태춘) 박정기(박종철)

배은심(이한열) 백옥심(안치웅) 서화자(최응현) 양해만(양영진)

여규환(여정남) 오영자(박선영) 오진기(정상순) 이미선(박영진)

이본수(이경동) 이석주(이석규) 이소선(전태일) 장남수(장현구)

정낙헌(정성희) 정영자(신장호) **정정원(김윤기)** 조인식(박종만)

조찬배(조성만) 최광수(최덕수) 최봉규(최우혁) 한재용(한상용)

황정자(이철규) ● (41명. 가나다순)

● 괄호 안은 열사 이름. 밑줄과 강조 표시는 필자.

그럼에도 위원회는 본회의를 열어 기본계획안 및 설계 용역을 승인했다. 그 뒤 2011년 10월 27일 기공식을 진행하자, 유가협은 열사정신 훼손하는 이천 민주공원 건립사업 중단 및 기공식 항의 기자회견을 열었다.

〈기자회견문〉

이명박 정권은 열사정신을 훼손하는 이천 민주공원 건립사업을 즉각 중단하라!

오늘 우리는 이명박 정권에 대한 분노를 안고 이 자리에 섰다.

지난 4년 동안 총리실 소속 민주화운동관련자명예회복및보상심의위원회(이하 정부)와 이천시는 이천 모가면 어농리 일대에 민주공원 조성 준비를 해왔으며, 10월 27일에는 기공식을 진행한다.

민주공원은 세상을 바꾸고자 투쟁하다가 독재정권에 의해 죽어간 열사들의 묘지를 한데 모으고 그 정신을 담아내는 산교육장으로 국민과 후손의 가슴에 민주주의 정신이 깃들게 하자는 취지로 추진되어 온 국책사업이다. 그런데 이 민주공원이 이명박 정부 출범 이후 사업 취지가 완전히 변질되어 이명박 정부와 이천시의 이해관계 수단으로 전락했다.

2007년 민주공원의 추진 주체와 부지를 선정하는 과정 당시 유가족들은 '민주열사들의 정신을 제대로 담아낼 민주공원 추진 주체의 조건과 의지'를 확인할 공청회 등을 줄기차게 요구했다. 하지만 정부는 유가족들과 관련단체들을 철저히 배제한 채 밀실에서 민주공원(묘역)사업을 일방적으로 추진했다.

아니나 다를까 추진 주체가 이천시로 결정되자, 정부와 이천시는 도로에 인접한 평탄면은 이천농업테마파크 부지로, 경사가 심하여 공사 후 산사태가 날 가능성이 높은 맹지 악산을 민주공원 부지로 분할하는 것도 모자라 진입로조차 배정하지 않는 천인공노할 야합을 하였다. 이렇듯 민주공원이 이천시의 일방적인 이익 추구의 대상으로 전락한 것에 항의하여 올해 1월 유가족들이 사업의 전면 재검토를 요구하며 총리실 소속 민주화운동보상심의위원회에서 농성을 시작하자 이명박 정부는 회의실 문을 안에서 걸어 잠그고 사복경찰들을 동원해 유가족을 차단한 상태에서 이천민주공원 기본계획을 통과시켰다. 이들은 적반하장으로 그 이후에도 '지금 (이곳) 아니면 민주공원은 영영 만들지 못할 수도 있다.'고 하며 유가족들을 겁주면서 가용부지와 진입로를 확보한다는 이유를 내세워 국비로 민주공원 사업부지에 인접한 사유지를 매입하는 등 소위 인근 지역유지들의 땅장사에 거간꾼 역할까지 하고 있다.

한편 이명박 정부는 집권 이후 여러 이유를 걸어서 이천민주공원사업에 제동을 걸어오다가 노무현 정부에서 '배치기준과 경제적 타당성 결여'를 이유로 불허했던 남이천IC를 지난해 8월 27일 이천시가 재신청한 지 일주일 만에 '예상 교통량 2배, 이용 예상 인구 6배 증가'를 이유로 전격 승인한 이후 일사천리로 이천민주공원사업을 추진하기 시작했다. 이천시는 예상 교통량과 이용객이 늘어나는 근거로 수십만 명에 이르는 이천민주공원과 이천농업테마파크의 이용객을 내세웠다고 한다.

이렇듯 현재의 '민주공원사업'은 이천시의 파렴치한 작태에 덧붙여 이명박 대통령의 선산으로의 진입로 확보를 위해, 그리고 이상득 전 국회부의장의 목장 가격 상승으로 인한 막대한 경제적 이득을 보는 데 활용되는 신세로 전락해 버렸다.

우리는 '민주공원사업'이 이렇듯 이명박 일가와 이천시의 사리사욕을 채우는 수단으로 전락한 것에 분개하며 가슴 아파하고 있다.

민주화를 위해 자신을 희생한 열사들의 정신은 안중에도 없는, 아니 오히려 열사정신을 훼손하고 있는 민주화운동보상심의위원회와 이천시는 민주공원건립사업을 추진할 자격이 없다.

이에 민주공원건립사업은 당장 중지되어야 하며, 열사들의 정신을 바로 담는 민주공원을 조성하기 위해서는 추진 주체를 다시 올바로 세우는 것과 유가족과 민주화운동단체의 참여가 전제되어야 한다. 이 같은 과정이 없는 한, 우리는 현 이천민주공원에는 절대로 함께할 수 없으며, 이명박 정부와 이천시에 의해 완공이 된다 하더라도 열사들의 묘지를 이장하지 않을 것이며, 가묘를 포함한 어떠한 표식의 설치도 결단코 반대할 것이다.

2011. 10. 20.

전국민족민주유가족협의회

민족민주열사·희생자추모(기념)단체연대회의

열사정신 훼손하는 이천 민주공원 건립을 반대하며 '가묘를 포함한 일체의 표식의 설치'도 반대하는 민주화운동 유가족 명단

강영철(강민호) 강종학(강상철) 곽경자(심광보) 권오석(권희정)
김석진(김학수) 김수연(한상근) 김을선(정경식) 김인연(한희철)
김종국(김철수) 김진생(송상진) 김현국(김준배) 남종임(장재완)
노봉구(노수석) 류성열(류재을) 박래군(박래전) 박문숙(김병곤)
박성현(바태영) 박심배(박승희) 박영옥(이태춘) 박정기(박종철)

배은심(이한열) 백옥심(안치웅) 서화자(최응현) 양해만(양영진)

여규환(여정남) 오영자(박선영) 오진기(정상순) 이미선(박영진)

이본수(이경동) 이석주(이석규) 이소선(전태일) 장남수(장현구)

정낙헌(정성희) 정영자(신장호) **정정원(김윤기)** 조인식(박종만)

조찬배(조성만) 최광수(최덕수) 최봉규(최우혁) 한재용(한상용)

황정자(이철규)● (41명. 가나다순)

유가협의 끈질긴 투쟁과 여러 논란에도 불구하고 박근혜 정부 시기인 2014년 6월 이천시에 민주화운동기념공원이 조성되었고, 2024년 12월 현재 장기표·강경대·김귀정 등 63명의 민주열사가 잠들어 있다.

의문사 진상규명 촉구 및 의문사진상규명에관한특별법 제정 활동

유가협은 1988년부터 기독교회관에서 의문사 진상규명을 촉구하는 농성을 벌였다. 정정원 여사는 1990년 이후 관련 운동에 참여했다. 1994년 10월에 의문사 진상규명 촉구를 위해 국회 및

● 괄호 안은 열사 이름. 밑줄과 강조 표시는 필자.

　　　　　　　　　　　　　　　3부 어머니 정정원 여사의 투쟁기

민자당사에서 열린 집회에 참여하고, 각 당의 대표 및 의원을 대상으로 서명운동을 벌였다. 그해 11월에는 의문사 규명 국회 청원을 위해 언론사를 방문해 협조를 요청했으며, 의문사 진상 재조사 촉구를 위한 국회청원서를 제출했다. 그 결과 1997년 12월 대통령 후보 3인은 민족민주열사 명예 회복 의문사 진상규명 특별법을 공약으로 내걸기도 했다.

이후 의문사진상규명에관한특별법 제정은 급물살을 타게 되었다. 1998년 5월 추모연대가 '민주사회를 위한 변호사 모임(민변)'에 의문사 진상규명을 위한 특별법 시안 작성을 의뢰했고, 그해 8월에는 향린교회에서 '민족민주열사 명예회복과 의문의 죽음 진상규명을 위한 범국민추진위원회(열사 범추위)'가 결성되었다. 9월에는 국회에서 '특별법 제정을 위한 기자회견'을 여는가 하면, '민족민주열사 명예회복과 의문의 죽음 진상규명을 위한 특별법'을 국회에 청원했다.

유가협은 이에 그치지 않고 1998년 11월부터 '민족민주열사 명예회복과 의문의 죽음 진상규명을 위한 특별법' 제정을 위한 국회 앞 농성을 시작했다. 그런데 그해 12월 의문사 진상규명을 인권위원회에서 맡는다는 안이 추진되면서 의문사 진상규명 특별법은 입법 추진이 중단되었다.

그러나 인권위원회의 안이 좌절되면서 특별법 제정이 다시 추진되었다. 이 무렵인 1999년 3월 유가협 회원 7명은 의문사 진상규명 특별법 제정을 요구하면서 세종로 정부종합청사 후문에서 삭발식을 치렀다. 이후 여당인 국민회의가 특별법을 추진하겠다는 계획을 밝히면서 제정이 탄력을 받아 그해 8월 국민회의·자민련 공동 발의로 특별법이 국회에 제출되었고, 12월에 국회를 통과했다. 그리하여 다음 해인 2000년 10월 의문사진상규명위원회가 출범했다.

'민주화운동 관련자 명예회복 및 보상 등에 관한 법률'과 '민주유공자 예우에 관한 법률' 제정 활동

1998년 11월 유가협 회원들은 '민족민주열사 명예회복과 의문의 죽음 진상규명을 위한 특별법' 제정을 위해 국회 앞에서 농성을 시작했다. 그해 12월 '민주화운동 관련자 명예회복 및 보상 등에 관한 법률(민주화보상법)'이 국회에 제출됐고, 이는 국회 법사위원회에 상정되었다.

다음 해인 1999년 3월 민주화보상법이 국회 정무위원회에 상정되자, 유가협 회원들은 국민회의 당사 앞에서 특별법 제정을 위한 농성을 시작했다. 그해 7월 민주화보상법이 국민회의 당론으로 국회에 제출되어, 12월에 의문사진상규명에관한특별법과 함께 국회를 통과했다. 이후 유가협의 천막 농성은 422일 만에 막을 내렸다.

민주화보상법은 박정희 전 대통령의 3선을 목적으로 추진된 6차개헌(3선개헌)이 국회에서 발의된 1969년 8월 7일 이후 권위주의적 통치에 저항하다 불이익을 당한 민주화운동 관련자와 유족의 명예 회복과 보상을 주요 내용으로 한다.

민주화운동 대상자 기준은 '국가권력이 학교, 언론, 노동 등 사회 각 분야에서 발생한 민주화운동을 억압하는 과정에서 사용자나 기타의 자에 의해 행해진 폭력 등에 항거함으로써 결과적으로 국가권력의 통치에 항거한 경우'로, 국가권력에 직접 대항하는 것뿐만 아니라 국가권력의 압력에 의한 간접피해까지 포함했다.

이후 2000년 8월 국무총리 소속으로 '민주화운동관련자명예회복및보상심의위원회(민주화운동보상심의위원회)'가 설치되었다. 위원회는 민주화보상법 관련자 및 그 유족에 대한 명예 회복과 보상금 등을 심의·결정했다.

민주화운동보상심의위원회가 꾸려지고 나서 민주화보상법에 따라 명예 회복 및 보상 대상자 신청 접수가 시작되었다. 이 법의 대상자는 ① 유죄판결을 받은 자 중 30일 이상 구금된 자, ② 상이자 중 장해등급 '등외' 판정자, ③ 재직기간 1년 이상인 해직자 등이었다.

2000년부터 2004년까지 이어진 접수로 민주화운동을 인정받은 9,844명 중 4,988명이 보상금을 받았고, 사망자·행방불명자·부상자 등 829명은 지속적인 예우 대상으로 선정되었다.

2007년 1월 민주화보상법의 대상 시기가 1969년 8월 7일에서 한일회담 반대 운동을 전개한 1964년 3월 24일로 개정되면서 그해 7월부터 11월까지 민주화운동 관련자를 추가로 접수했다. 이에 총 1,247건의 신청서가 접수되어 심사가 진행 중이었는데, 2008년 1월 이명박이 대통령에 당선된 직후, 한나라당은 민주화운동보상심의위원회를 포함한 9개 위원회의 업무를 진실화해위원회에 이관시키는 내용의 법률 개정안을 국회에 제출했다.

이에 대해 전국교직원노동조합(전교조), 민주노총, 민변도 각각 성명서를 내고 과거사 관련 5개 위원회 폐지 방침이 "법률적으로도 문제점이 있다."면서 반발했는데, 유가협은 민주화운동정신계승국민연대와 더불어 2008년 1월 "한나라당이 발의한 '민주화운동 명예회복법 폐지' 법안을 즉각 철회하라."라는 기자회견을 여는가 하면, 2월에는 "한나라당은 민주화명예회복위원회 폐지 방침을 전면 철회하라!"라는 특별 성명을 발표했다.

〈특별 성명〉

이명박 대통령 당선자와 한나라당은 1월 21일 자로 민주화운동관련자명예회복및보상심의위원회(민주화명예회복위원회) 폐지 등 과거사 관련 위원회 통폐합 법안을 국회에 제출했다.

청천벽력과도 같은 소리에 우리 유가족들은 모든 일을 제쳐두고 국회로 달려가 여야 대표들, 행정자치위원장과 소속 의원들을 만나며 민주화명예회복위원회를 폐지하는 것은 역사를 거스르는 일이라고 강력히 항의했다.

여야의 합의로 민주화명예회복위원회 등 과거사 관련 위원회 통폐합 논의는 이번 회기에 다루지 않기로 했다지만, 이는 "통폐합 방침을 연기한 것"일 뿐, "전면 철회"한 것이 아니다.

독재자들에게 자식과 가족을 빼앗기고 설움의 눈물을 흘리며 살아야 했던 통한의 세월을 뒤로하고, 전국민족민주유가족협의회의 깃발 아래 죽어간 자식과 가족의 명예 회복과 진상규명을 위해 싸워온 지 벌써 22년째이다. 그 22년 동안 끊임없이 반민주적 공권력에 맞서 싸워왔으며, 여의도 국회 앞에서 422일간 천막농성을 진행하기도 했다. 그 결과 이제야 비로소 명예 회복과 진상규명이 이루어지고 있는데, 그 주무부처인 민주화명예회복위원회를 폐지하고 과거사 관련 위원회를 통폐합한다고 하니 우리보고 다시 자식과 가족을 빼앗기고 설움과 고통으로 허덕이던 시절로 돌아가란 말인가!

정부 위원회 운영의 효율성을 제고하기 위해서 과거사 관련 위원회들을 통폐합한다고 하는데, 이는 국민을 속이는 행위에 불과하다. 한나라당은 차라리 과거사 정리와 민주화운동이 눈엣가시라고 국민 앞에 솔직히 고백하라!

독재정권의 하수인으로 살면서 국민을 옥죄고 민주화운동가들을 죽음으로 내몰아왔던 주범이 자신들이라고 솔직히 고백하라!

대통령에 당선되기가 무섭게 민주화명예회복위원회 등 과거사 관련 위원회들을 통폐합하겠다는 이명박 당선자와 한나라당은 그 실체를 드러낸 것과 다름없다. 민주화명예회복위원회를 폐지하겠다는 한나라당에 대한 우리의 시각은 한나라당이 통폐합 법안을 전면 철회하지 않는 한 변함이 없을 것이다.

또한 다가오는 18대 총선에서 전국의 과거사 관련 유족단체들과 적극 연대하여 민주화명예회복위원회 등 과거사 관련 위원회 통폐합을 주장하는 한나라당 후보들에 대한 전면적인 대응 활동을 펼쳐 나갈 것이다.

비록 이 땅의 민주주의가 완성된 것은 아니나 이미 독재의 시대는 지나갔다. 우리는 한나라당의 집권이 독재정권의 재탄생을 의미하는 것이 아니기를 희망한다. 이는 이명박 대통령 당선자와 한나라당이 하기에 달렸으며, 예전 독재자들과 같이 민주주의를 교살하고, 민주화운동 역사를 지

우려 든다면 국민적 항쟁에 직면하게 될 것이다.

1. 이명박 당선자와 한나라당은 민주화명예회복위원회 폐지 방침을 전면 철회하라!
1. 이명박 당선자와 한나라당은 과거사 관련 위원회 통폐합 방침을 전면 철회하라!
1. 민주화의 나날에 쓰러져간 자식과 가족들의 염원이다! 민주주의 쟁취하자!

2008년 2월 23일

전국민족민주유가족협의회 22차 정기총회 참가자 일동

이석주(이석규) 강영철(강민호) 장남수(장현구) 서화자(신장호)

박명선(김용권) 백옥심(안치웅) 강선순(권희정) 전영희(김성수)

박현(박영진) 김수연(한상근) 이소선(전태일) 황규남(이재식)

정정원(김윤기) 신장호(정영자) 서화자(최응현) 곽경자(심광보)

조인식(박종만) 고순임(최덕수) 류성렬(류재을) 박심배(박승희)

배은심(이한열) 강종학(강상철) 김석진(김학수) 기세문(기혁)

남종임(장재완) 여규환(여정남) 이영교(하재완) 김진생(송상진)

김상모(김상원) 전영희(김성수) 우정학(박상구) 이기주(이덕인)

최봉규(최우혁) 허영춘(허원근) 황지익(박창수) 박희순(박태순)

김을선(정경식) 김준기(문승필) 정낙헌(정성희)●

이후 민주화명예회복위원회는 존치되었는데, 윤석열 정부가 들어선 이후인 2023년 1월 '과거사 관련 권고사항 처리 등에 관한 규정' 개정안에 따라 최종 폐지되면서 관련 업무는 '과거사관련업무지원단'에 통합되었다.

한편, 유가협은 '민주유공자 예우에 관한 법률(민주유공자법)' 제정을 촉구하고 있다. 이는 2020년 우원식 민주당 의원이 대표 발의한 법률이다. 골자는 2015년 시행된 민주화보상법에 따라 민주화운동을 인정받은 9,844명 중에서 사망자·행방불명자·부상자 등 829명(사망 136명, 상이 693명)과 그 유족 또는 가족을 예우하는 내용이다.

2021년 6월부터 유가협 회원들은 다시 민주유공자법 제정을 촉구하는 피켓을 들고 국회 앞을 찾았고, 그해 10월부터는 국회 앞 천막농성을 시작했다. 법안 논의가 뒷순위로 밀리거나 여야 간의 대치, 선거철 등의 이유로 법 제정이 미뤄지는 사이, 자식 등 가족을 민주화의 제단에 바친 유가족들은 유공자가 아닌 관련자로 불리다가 고령이 돼 세상을 떠났다.

2022년 6월 10일 제35주년 6·10민주항쟁 기념식이 정동의 대한성공회 서울주교좌성당에서 개최되었는데, 시작 1시간 전에 유가협 회원들이 '민주유공자법 제정 없는 기념식'에 항의하는

● 괄호 안은 열사 이름. 밑줄과 강조 표시는 필자.

3부 어머니 정정원 여사의 투쟁기

민주유공자법 제정을 촉구하며
삭발하는 정정원 여사

삭발식을 진행했다. 이날 장현구 열사의 아버지인 장남수 유가
협 회장을 비롯해 권희정 열사의 어머니 강선순, 김윤기 열사의
어머니 정정원, 강상철 열사의 아버지 강종학, 김학수 열사의 아
버지 김석진, 박종철 열사의 형 박종부, 박종만 열사의 부인 조
인식 등 유가족 7명이 삭발했다. 삭발식이 진행되는 동안 참가
자들은 '민주유공자법 제정하라'는 구호를 여러 차례 외쳤고, 삭
발식을 마친 가족들의 손을 잡아 말없이 가슴에 안았다.

　이날 민주유공자법 제정 촉구를 위한 유가협 삭발식 기자회
견문이 발표되었다.

우리 전국민족민주유가족협의회는 6월항쟁 기념일을 맞아 삭발식을 진행하였습니다.

오늘처럼 기뻐해야 할 날에 우리가 나서서 삭발한 것은 이 땅의 민주주의가 더 이상 상처받지 않고, 역사에 올바로 기록되기를 바라는 마음에서입니다.

오늘 6월 10일은 이 땅의 민주화를 앞당긴 6월항쟁 35주년을 기리는 날입니다. 하지만 우리 유가협 회원들은 남들처럼 마냥 기뻐할 수가 없었습니다. 우리 유가협 회원들은 우리의 가족을 이 땅의 민주 제단에 바쳐야 할 수밖에 없었고, 이후 먼저 가신 이들의 완전한 명예 회복을 위해 한평생을 투쟁으로 살아온 사람들입니다. 그러나 그 노력도 헛되이 아직도 제대로 된 명예 회복이 이뤄지지 않고 있습니다.

1999년 12월 422일간의 여의도 국회 앞 천막농성을 통해 '민주화운동 관련자 명예회복 및 보상 등에 관한 법률'을 통과시키고도 23년이 지나도록 '민주화운동 관련자'라는 명칭에서 한 치 앞도 나가지 못한 채, 유가족들이 원하는 '국가유공자'라는 정상적인 호칭으로 불리지 못한 채 지금에 이르고 있습니다.

작년 5월 국가보훈처가 호국 보훈의 달을 맞아 국민이 생각하는 보훈에 대한 개념을 묻는 조사에서 75.8%가 민주화운동을 보훈의 대상이라고 답할 정도로 국민의 인식 또한 민

3부 어머니 정정원 여사의 투쟁기

주열사들을 국가유공자로 지정하는 데 찬성하고 있습니다.

이에 유가협 회원들은 지난해 6월항쟁 34주년을 맞아 '민주유공자법 제정 없는 6월항쟁 기념식은 의미가 없다.'는 뜻으로 항의 시위를 시작하여, 이제 국회 앞에서 항의 시위를 벌인 지도 일 년이 다 되었으며, 지난 10월부터 시작한 여의도 국회 앞 천막농성은 8개월째 접어들고 있습니다.

하지만 이러한 유가협 회원들의 노력에도 불구하고 이 나라의 국가를 운영하는 대통령을 비롯한 행정부나 법을 만드는 국회의원들은 아무런 대책을 내오지 못하고 있습니다.

이러한 상황에서 '6월항쟁 국가 기념식'을 아무리 번듯하게 치른들 무슨 소용이 있겠습니까? 그것도 한두 해도 아니고 '10주년이다', '20주년이다', '30주년이다' 해가며 수십억 원씩 돈을 써가며 기념식을 치른들, 이 땅의 민주주의를 위해 산화해 가신 민주열사들을 제대로 대우하지 못하고 있는데, 그럴듯하게 형형색색으로 생색만 내는 행사를 100년을 치른들 무슨 소용이 있겠습니까?

오늘 기념식장 앞에 뿌려진 우리 유가협 부모님들의 잘려나간 머리카락은 가족을 잃은 슬픔에 더해 이 나라의 민주 제단에 뿌려진 피에 대해 무심한 국가에 대한 강력한 항의의 표현입니다. '이렇게 민주화의 영령들을 홀대한다면 누가 민주주의를 위해 목숨 걸고 싸우겠느냐?'는 우리 사회를 향한 교훈을 전하는 일이기도 합니다.

가족을 잃은 설움도 큰데 그 아픔에 더해 삭발까지 해야 한다는 사실이 너무도 기가 막혔습니다. 그러나 알아서 나서야 할 국가는 이리저리 핑계만 대고, 법을 만들어야 할 국회는 조금만 기다려 달라고 외려 우리 유가족들을 설득하려 들고 있으니, 더 이상 참고 있을 수만은 없었습니다.

지난 5월 말부터는 '민주유공자법 제정을 위한 1만인 선언운동'을 시작했습니다. 시작하자마자 노동자, 농민, 빈민, 여성 등 사회 각계각층의 참여가 이뤄지고, 이어 사회 저명인사들과 시민사회단체들의 대표자들이 서명을 이어가고 있습니다. 서명 과정에서 '아직도 민주열사들이 국가유공자로 대우받지 못하고 있는지 몰랐다.'라며, 부끄럽다며 서명에 참여하는 분도 많았습니다.

이제는 정말 국가가 나서야 합니다. 국회가 나서야 합니다. 삭발식까지 감행한 유가족들의 참담한 심정을 안다면, 철면피가 아닌 이상 더 이상 외면하고 있을 수 없을 것입니다. 이제 민주항쟁의 달 6월이 가기 전 민주유공자법 제정을 위해 나서주길 간절히 바랍니다.

2022년 6월 10일

민주유공자법 제정을 위한 유가협 삭발식 참가자 일동

3부 어머니 정정원 여사의 투쟁기

2023년 4월 11일, 정정원 여사를 비롯한 유가협 회원들은 국회 앞에 또다시 천막을 치고 단식 농성을 시작했다. 한 해 전의 삭발식 이후로도 국회와 정부는 여전히 묵묵부답인 상황에서 마냥 기다릴 수는 없기에 시작한 농성이었다. 장남수 회장을 시작으로 유가협 회원들이 이어가며 민족민주열사·희생자 범국민 추모제가 열리는 6월 10일까지 단식하기로 했다. 단식 농성 18일째가 되던 4월 29일, 5일 동안 단식하던 정정원 여사가 쓰러져 병원으로 옮겨졌다. 그의 단식은 또 다른 유가협 회원이 이어갔다.

민주화보상법이 발의된 1998년부터 20여 년이 지났지만, 유가족은 여전히 이런저런 손가락질을 받곤 한다. 누군가는 모르고, 누군가는 일부러 열사와 유가족을 모욕한다. 그래도 열사의 뜻을 잇고 국가로부터 인정받으려는 유가족의 열정은 여전하다. 유가족이 바라는 민주유공자법은 민주화운동을 하다 희생된 노동자와 농민과 학생이 국가유공자로 인정받지 못한 데 대한 비판에서 시작됐다. 이미 특별법이 마련된 4·19혁명과 5·18민주화운동 외에도 민주화운동을 하다 사망하거나 행방불명되거나 다친 사람을 유공자로 인정하고, 본인과 가족에게 의료 등을 지원하자는 것이 민주유공자법이다.

그 법이 제정되기를 간절히 바라며 투쟁하는 동안 유가협 회원들은 어느덧 노쇠해졌고, 전태일 열사의 어머니 이소선, 박종

2023년 4월 11일 여의도 국회 앞에서 개최한 민주유공자법 제정 촉구 및
유가협 부모님 단식 농성 돌입 기자회견 모습으로, 왼쪽에서 세 번째가 정정원 여사

철 열사의 아버지 박정기, 이한열 열사의 어머니 배은심 등이 자식들 곁으로 떠났다. 현재 남아 계신 유가족은 정정원 여사를 비롯하여 회장 장남수(장현구 열사 아버지), 회원 류성렬(류재을 열사 아버지), 강선순(권희정 열사 어머니) 등이다. 그렇게 여든 살이 넘은 유가협 회원들이 민주유공자법 제정을 요구하며 단식 농성을 했다.

다음 해인 2024년 1월 31일, 유가협은 민주유공자법제정추진단 소속 국회의원들과 함께 국회 본청 앞에서 민주유공자법 제정을 촉구하는 전국 결의대회를 열었다. 그 후 채 석 달이 지나지 않은 4월 17일에 박종철 열사의 어머니인 정차순 여사가 별

3부 어머니 정정원 여사의 투쟁기

2024년 5월 27일 민주유공자법 제정을 촉구하기 위해
국회 순례 삼보일배하는 정정원 여사

세하면서 민주유공자법을 더는 미룰 수 없으며, 제21대 국회 회기 내에 처리해야 한다는 목소리가 더욱 커졌다.

그해 5월 27일, 유가협은 민주유공자법 제정을 촉구하는 국회 순례 삼보일배를 진행했다. 이틀 뒤인 5월 29일에는 용산 대통령실 앞에서 정정원, 오영자, 강선순 여사 등 유가협 회원들이 윤석열 대통령의 민주유공자법 거부권 행사에 항의했다. 이날 정정원 여사는 민주화를 위해 희생한 유공자들의 명예를 회복해 달라고 요구했다.

2024년 4월 국회 정무위원회는 야당 단독으로 '민주유공자 예우에 관한 법률'을 국회 본회의 직회부를 의결했다. 그해 5월 28일 민주유공자법은 더불어민주당 주도로 통과되었지만, 윤석열 대통령은 이에 대해 거부권을 행사했다.

3. 민족민주열사·희생자 범국민 추모제 활동

1987년 6월부터 석 달간 이어진 반정부·민주주의 항쟁을 기념하기 위해 1990년 6월 10일 국민연합 주최로 성균관대 금잔디 광장에서 전국민주화운동유가족협의회 회원 70여 명과 백기완 민연추공동대표 등 재야인사, 박석무·박찬종 의원 등 평민당과 가칭민주당 의원, 학생, 노동자 등 2,500여 명이 참석한 가운데 제1회 민족민주열사·희생자 범국민 추모제가 열렸다.

이날 참석자들은 1987년 6월 시위 도중 최루탄 파편에 머리를 다쳐 숨진 연세대생 이한열 등 지난 1970년부터 지금까지 분신, 투신 등으로 숨진 112위의 영정에 분향했다. 추모제를 마친 오후 5시께 영정을 든 유가협 회원들을 선두로 거리 행진에 나서려다 교문 앞에서 경찰이 최루탄을 터뜨리며 저지하자, 6시께부터 화염병 1,000여 개와 돌 등을 던지며 2시간 동안 격렬한 시위를 벌였다.

이날부터 정정원 여사는 2024년 6월 서울시청 앞에서 열린

1990년 6월 10일 성균관대에서 열린 제1회 민족민주열사·희생자 범국민 추모제를
마친 후 소복 차림으로 112위의 영정을 들고 행진하는 유가족(위)과
2024년 6월 8일 서울광장에서 열린 제33회 민족민주열사·희생자 범국민 추모제
(왼쪽에서 다섯 번째가 정정원 여사)

제33회 범국민 추모제까지 한 번도 빠짐없이 김윤기 열사의 영정을 들고 행사에 참여했다.

〈표〉 역대 민족민주열사·희생자 범국민 추모제 현황

회수	일시	장소	내용
제1회	1990. 06. 10.	성균관대 금잔디광장	경찰 봉쇄를 뚫고 합동추모제 개최.
제2회	1991. 06. 15.	성균관대 금잔디광장	141인 합동추모제 실시. 학생, 시민 등 3,500여 명 참석.
제3회	1992. 06. 13.	연세대 노천극장	155위 추모제 실시. 학생, 시민 등 2,000여 명 참석. 민중생존권 탄압 규탄과 지방자치 단체장 선거 쟁취를 위한 서울시민대회 개최.
제4회	1993. 06. 12.	경희대 노천극장	항일민족해방열사, 반미자주화투쟁열사, 사회민주화투쟁열사, 4월혁명열사, 5·18민중항쟁열사 등 합동추모제 행사로 치러짐.
제5회	1994. 06. 11.	한양대 노천극장	시민, 학생 등 3,000여 명 참석. 참민주화와 쌀 개방 저지를 위해 총력을 다할 것 결의.
제6회	1995. 06. 10.	성균관대 금잔디광장	민주운동에 헌신한 241명 합동추모제. 민족사의 정통성 회복과 군부독재 잔재 청산, 국보법 철폐와 평화협정 체결, 노동탄압과 공안정국 조성을 통한 지자체 악용 음모 규탄.
제7회	1996. 09. 21.	대학로 마로니에광장	제1차 민족민주열사·희생자 추모 및 기념 주간 선포.
제8회	1997. 09. 06.	서대문 독립공원	제2차 민족민주열사·희생자 추모 및 기념 주간 선포.
제9회	1998. 09. 19.	서대문 독립공원	제3차 민족민주열사·희생자 추모 및 기념 주간 선포. 추모 585위.

회수	일시	장소	내용
제10회	1999. 06. 12.	서대문 독립공원	추모 주간 선포. 1960년대 이후 민주화, 통일, 민중생존권 투쟁 등의 과정에서 산화해간 열사들과 독재정권에 의해 숨지고도 진상이 규명되지 못한 희생자들을 추모.
제11회	2000. 06. 10.	종묘공원	매향리 사격장 폐쇄와 미군 학살만행 진상규명을 촉구. 국가보안법 폐지, 주한미군문제 해결, 민중생존권 보장 등 해결과제 제시.
제12회	2001. 06. 09.	서대문 독립공원	민주화운동정신계승국민연대 주관, 제12회 민족민주열사·희생자 범국민 추모제 행사준비위 주최.
제13회	2002. 06. 08.	서대문 독립공원	추모사가 끝난 후 민주공원 후보지로 '서울 수유동 북한산 국립공원' 안을 수용 발표.
제14회	2003. 06. 10.	서대문 독립공원	열사들의 선별 없는 명예 회복, 철저한 의문사 진상규명을 요구하며 민족민주열사·희생자 범국민 추모제를 개최.
제15회	2004. 06. 10.	서대문 독립공원	민족자주반전평화 실현, 신자유주의 반대, 국가보안법 철폐, 양심수 전원 석방·수배 해제 선언.
제16회	2005. 06. 11.	광화문 열린공원	범국민 추모 주간. 전경 버스로 막힌 공간에서 추모제 진행.
제17회	2006. 09. 16.	광화문 열린공원	추모 주간. 보수단체들이 민주열사 명단에 간첩 활동 경력이 있는 인사가 다수 포함되었다고 주장하며 추모제 저지 집회.
제18회	2007. 10. 13.	광화문 열린공원	추모 주간. 남북정상선언 실천을 위한 국가보안법 폐지 선포대회.
제19회	2008. 09. 27.	광화문	이명박 정부 출범 후 첫 범국민 추모제 및 열사정신 계승대회 개최. 거리 행진은 경찰 측에서 행진으로 인한 교통 혼잡 우려와 타단체 행사 일정과 겹친다는 이유로 불허.

3부 어머니 정정원 여사의 투쟁기

회수	일시	장소	내용
제20회	2011. 06. 11.	서울광장	이명박 정권의 총체적 역주행, 억압과 수탈이 극에 달하는 상황에서도 민중의 저항과 투쟁은 끊임없이 이어져 왔다며 민중의 힘을 결집하는 민중총궐기 투쟁을 전개할 것 결의.
제21회	2012. 06. 10.	서울광장	행사 후 '더 이상 죽이지 마라'는 구호를 가슴에 담고 대한문 쌍용차정리해고희생자 분향소, 반도체노동자의 생명과 노동 기본권을 압살하는 삼성건물, 청와대 방향으로 민중올레 진행.
제22회	2013. 06. 08.	광화문광장	추모제를 마치고 참석자들이 광화문광장을 출발해 정부서울청사를 돌아 대한문 앞까지 걷는 민중올레 행사를 열 계획이었으나 보수단체와의 충돌에 대비해 현장에 투입된 경찰에 가로막혀 세종문화회관까지만 행진.
제23회	2014. 06. 07.	서울역광장	유가족과 각계 단체 소속 회원 등 500여 명 참석.
제24회	2015. 06. 07.	청계광장	유족 100여 명과 시민사회단체 성원 500여 명이 모여 열사들의 정신을 기리며 넋을 위로하고 산 자들이 그 정신을 계승해 투쟁하겠다고 다짐.
제25회	2016. 06. 04.	광화문광장	추모제 개최 이후 세월호 분향소와 시청광장의 고 한광호 동지 분향소까지 범시민걷기대회 진행.
제26회	2017. 06. 10.	서울광장	6월항쟁 30주년, 촛불혁명 원년 선포. 오후 1시에는 종묘공원 앞에서 고등학생을 포함한 100여 명의 학생열사 추모제가 사전행사로 진행되어 종각에서 노제를 지낸 후 서울광장으로 이동.
제27회	2018. 06. 09.	서울광장	오후 1시 용산구 남영동 대공분실터에서 전국대학민주동문회협의회와 전대협 동우회 등이 학생열사 추모제를 진행한 후 시청까지 행진.

회수	일시	장소	내용
제28회	2019. 06. 08.	청계광장	추모식에 앞서 오후 1시께 유가협은 692명의 영정을 들고 지하철 1호선 동대문역 인근에서 청계광장까지 추모 행진.
제29회	2020. 10. 16.	코로나19로 인해 온라인 진행	애초 6월 7일에서 9월 12일로, 다시 10월 16일로 연기됨. 서울 중구 정동 민주노총에서 열림.
제30회	2021. 10. 30.	마석 모란공원	코로나19로 가장 큰 피해를 본 민중진영의 모든 세력이 참여하는 추모제로 진행.
제31회	2022. 06. 19	서울광장	윤석열 정부에서 강고해질 불평등체제를 타파하자는 다짐과 민주주의의 후퇴 방지를 위해 민주유공자법을 제정해야 한다는 주장 제기.
제32회	2023. 06. 10.	서울광장	추모제 참가자 1,000여 명은 오후 12시께부터 민주화운동 열사와 희생자 633명의 영정을 들고 보신각에서 행진을 시작해 광화문사거리를 지나 본행사가 열리는 시청역 광장에 도착.
제33회	2024. 06. 09.	서울광장	경복궁 옆 열린송현 녹지광장에 모였던 참석자들이 희생자들의 영정을 들고 서울시청을 향해 행진.

3부 어머니 정정원 여사의 투쟁기

오래오래 살리는 소원

오빠 가신 지 얼마 지나지 않아 전화벨이 울렸다. "여보세요, 저 윤기 고등학교 서예부 동창인데, 윤기 있나요?" 벗의 죽음을 모르는 낯선 목소리에 반가움이 넘쳤고, 나는 한동안 응답하지 못했다. "저…… 오빠 얼마 전에 돌아가셨어요……." 내가 말 못한 순간만큼 전화기 너머의 목소리도 침묵했다.

잘 버리지 못하는 나는 오빠의 몇 안 남은 흔적들을 꼭 품고 지냈다. 국민대학교 구내 서점 포장지로 싼 《역사학 입문》 책장을 넘기다가 짧은 머리카락 한 가닥을 발견했다. '혹시 오빠 머리카락이라면…….' 체세포 복제 양 돌리와 송아지 영롱이가 세상을 떠들썩하게 하던 시절이었다. 사별 하나 가슴에 박힌 사람이라면 나처럼 남몰래 맹랑한 꿈을 꾸었을지 모른다. '이 머리카락으로 오빠를 되살릴 수 있을까…….'

요새는 AI가 뭐든 곧잘 만든다. 엉성한 점으로 남은 사진 속, 화석처럼 굳은 얼굴도 엊그제 찍은 동영상처럼 말하고 움직이게 한다. 가짜 티 없는 가상이 현실과 진짜를 다툰다. 부스러질 듯 낡은 사진을 업로드하고, 정성을 쏟아 프롬프트를 입력하고 '오빠 닮은' 무언가를 기대하며 엔터를 친다. "가상이라도 좋은데, 이 눈매가 아닌데, 이 미소가 아닌데……."

젊은 죽음은 남은 가족 일상 여기저기에 깊은 싱크홀을 만든다. 빨려 들어가 못 나올 것 같은 어두운 구멍이 두려우면서도 어느새 푹 파인 그 가운데 들어앉아 망자의 잔해를 헤집고 있다.

"살리고 싶다. 살리고 싶다."

어머니는 문명과 기술로 '재생'을 시도한 내 방식과 다르게 오빠를 살리신다. 사람이 울다가, 울다가, 또 울면 눈물에서 먼지가 난다. 그래도 '잊히는 건 두 번 죽이는 일'이라 무명의 이름 '김윤기'를 부르고, 부르고, 또 부르신다. 키운 세월보다 더 오래 아들 대신 사신다. "윤기가 별걸 다 시킨다. 담 타기도, 삭발도, 단식도 시키니 말이다." 가업은 부모에게서 자식으로 내려가지만, 우리 집은 자식의 일이 부모의 일로 올라갔다. 오빠가 하던 투사를 엄마가 하신다.

촛불처럼 흔들리다 꺼질지 모르는 기억들, 누렇게 삭아가는 종이 위의 기록들, 뼈에 큰 바람이 들어 언제 주저앉을지 모르는 다리들.

'살리고 싶은' 간절한 소원이 세월에 정말 지기 전에 이루어졌다. '평전'이 태어났다.

살 대신 책으로 오래 살라고 어머니의 새 아들, 딸이 되어 준 '모두'가 만들어 준 덕분이다. 삶과 죽음이, 과거와 현재가 서로 살리고 도운 덕분이다. 그래서 가족은 늘 할 말이 같다. "이렇게 와 줘서 고마워요." 지겨워도 어쩔 수 없다. "잊지 않아서 정말 고마워요."

"허, 윤기 짜식~ 저만 늙지도 않고, 오래오래 살겠네."

막내 선미

윤기가 윤기에게

스물여섯 살의 한 청년이 살다 갔다. 김윤기다. 모교인 국민대학교 민주광장에는 '고 김윤기 노동해방 열사 추모비'라고 새겨진 그의 작은 추모비가 있다. 1992년 한참 늦은 나이에 입학하여 어느덧 30여 년이 흘렀고, 지금껏 모교에 있으니 매년 보아온 추모비이지만, 한편에 서 있는 돌비에 불과했다. 재학 당시 매년 그를 기리는 추모행사가 열렸고 교내 시위도 있었으며, 축제 때는 그와 관련한 주점도 열린 것으로 기억한다. 하지만 어느 것 하나 나에게는 작은 움직임에 불과했기에 참여하지도 않았고, 관심조차 없었다.

그러다 2024년 5월 말 우연히 김윤기기념사업회(회장 유길용) 모임에 참석한 이후로 그는 나에게 다가왔다. 처음에는 우리 대학 민주화운동사를 집필하는 데 도움을 주고자 했는데, 김윤기 열사 평전 집필에 동참하게 되면서 그를 만나게 되었다. 그해 6월 김윤기 열사 추모도서 발간위원회(위원장 김영준)가 꾸려졌다. 구성원이 다채로웠다. 유길용 회장을 비롯하여 김윤기 열사와 함께 인천5·3민주항쟁 때 옥고를 치른 김수영, 성남노동운동 동지 김영준, 청문회 동기 이선화, 후배 김창덕, 동생 김선미 등이다. 역사를 공부하고 가르치고 있다는 이유만으로 내가 대표 집필자가 되었다.

궁리 끝에 주어를 '나'로 하고 책 제목을 '윤기가 윤기에게'로 잠정했다. 2024년 12월 그가 환갑을 맞이하는 것을 기려, 잔치는 아니지만 그에게 평전이나마 헌정하고픈 마음에서였다. 어머니 정정원 여사를 만나 그의 얘기를 들었고, 위원들이 각자 김윤기 열사와의 기억을 되살리고 주위의 선후배들로부터 일화를 물어다 주었다. 또한 덕진노조에서 생사고락을 같이했던 부위원장 이영숙, 인천5·3민주항쟁 당시 함께 옥고를 치른 이재영 등의 증언은 내용을 더욱 알차게 해줬다. 이렇듯 그의 이름을 불러주면서 뼈대가 갖춰졌고 글이 채워졌다. 집필을 시작한 지 10개월 만에 김학원 휴머니스트 대표의 도움으로 이 책이 세상에 빛을 보게 되었다.

이 책을 집필하면서 내내 머릿속에서 맴돌던 질문이 있었다. 그가 떠난 지 30여 년이 흘렀는데 꿈꿨던 세상이 되었는가. 노동 현장에서 사람 사는 세상을 만들고자 희생하신 분들을 얼마나 알고 있는가. 우리는 그들을 어떻게 기억해야 하는가. 예전 말로만 떠들던 나에게 민주주의를 실천하겠다며 노동 현장으로 떠나갔던 친구들이 떠오르면서 한때 잊었던 그들을 다시금 생각하게 되었다. 김윤기 열사를 내 안으로 받아들이면서 노동운동의 역사를 기록할 수 있게 되어 나의 죗값을 조금이나마 덜 수 있었다. 그들 모두에게 고맙다는 인사와 함께 이 책을 바치고 싶다.

2025년 3월

대표 집필자 이계형

그들은 왜 위장 취업자가 되었나?

2024년 늦가을 바람이 심한 날, 편집위원 회의에 합류했다. 초고가 막 나올 즈음이었다. 그로부터 5개월이 지났다. 2025년 봄바람을 맞으며 《나는 스물여섯, 덕진양행 노조위원장입니다》, 김윤기의 책을 세상에 내놓는다. 공동의 작업으로 펴내는 책일지라도 창작자에 버금가는 누군가의 집요한 공력이 필요하다. 이계형 교수의 열정과 헌신이 없었다면 지금의 구성과 내용으로 이 책을 내놓을 수 없었을 것이다. 영화로 치면 공지영 작가가 우정 출연했다. 추천의 글을 청탁했더니, "아침부터 눈물이 나네."라는 답장에 이어 '전혀, 상투적이지 않은' 우정의 글을 보내왔다. 윤기의 동생 선미 씨에게는 가족으로서 겪으며 느낀 감정을 편하게 써보라고 청했다. 두 분의 글을 청해 앞과 뒤에 넣은 것은 모두 발행인이 저지른 일이지만, 아마도 윤기가 이 책을 펼쳤다면 두 분의 글을 무엇보다 반겼을 것이다. 출판은 많은 사람의 손을 거칠수록 힘들다. 마감일을 한참 지나서도 여기저기에서 수정 요구가 이어졌다. 4월 3일, 윤기의 기일로 발행일을 정해놓은 터라 주어진 시간 안에서 최선을 다할 수밖에 없었다. 휴머니스트의 황서현 주간, 김태형 실장, 김선경 편집장이 바쁜 와중에 1980년대식 야근과 밤샘 노동의 공력을 쏟은 덕에 약속한 날에 책을 내놓을 수 있었다. 아쉽고 모자란 부분은 전적으로 윤기의 책을 책임지겠다고 자임한 발행인 탓이다.

윤기와 나는 공통점이 있다. 1960년대에 태어나 박정희 군부 시대에 유년과 청소년 시절을 보냈고, 1980년대 전두환 군부 치하의 대학에 입학했다. 대학생 신분으로 군부에 맞서다 감옥에 갔고, 출소 후에는 복학의 길을 접고 노동 현장에 들어가 노조를 만들어 노동자의 권익을 위해 싸웠다. 내가 그보다 두 해 앞섰을 뿐, 여기까지 우리는 같은 삶을 살았다. 윤기와 나만이 아니다. 나의 아내도, 선배도, 동료도, 후배도 모두 같은 삶을 살았다. 그들 중에는 공장에 다니다 연탄가스로 생을 마친 후배도 있고, 수사기관의 압박으로 건물에서 뛰어내려 생을 던진 선배도 있고, 충격과 상처로 정신병원에 입원하거나 프레스에 손이 잘린 동료도 있다. 그 당시 노동운동의 현장에서는 우리를 '학출 노동자'라 불렀고, 사회에서는 '위장 취업자'라 불렀다. '위장 취업자'라는 말은 당시에 안기부, 치안본부, 검찰이 만들고 언론이 퍼트

리면서 박정희 시대의 '위장 간첩'에 이어 사회체제를 위협하는 불순세력의 대체어로 자리 잡았다. 그만큼 1980년대의 '위장 취업자'는 수적으로도 엄청났고, 이들의 활동은 노동 현장뿐만 아니라 사회 전체에 새로운 변화의 흐름을 이끌면서 당시 군부 집권 세력에게 가장 위협적인 존재였다. 그런데 당시 윤기를 비롯한 그토록 많은 대학생은 왜 '위장 취업자'의 길에 들어섰을까? 그들은 과연 어떤 생각으로 지금보다 훨씬 보장된 '대졸자의 길'을 포기하고 가족의 희생과 기대를 배신하며 공장으로 들어갔을까? 그들로 인해 우리 사회에는 어떤 변화가 있었을까? 그들의 가족은, 친구들은, 어떤 삶의 변화를 맞았을까?

　윤기의 옛 동지이자 윤기 평전의 발행인으로서 독자들이 이 책을 통해 윤기의 죽음만큼 윤기의 삶에 주목하길 기대한다. 우리가 부른 '열사'라는 말도, 저들이 덧씌운 '위장 취업자'라는 말도 잠시 걷고 '실명의 김윤기' 이야기에 귀를 기울이다 보면 비로소 늦게나마 그의 짧았지만 순수하고 열정 가득했던 인간다운 삶을 마주할 수 있을 것이다. 윤기가 머리말을 직접 썼다면 아마도 이렇게 마무리했을 것이다. "이 책은 나의 이야기, 나의 평전만이 아니다. 나와 동시대를 함께했던 수많은 동지, 그들의 이야기이며 그들의 평전이다. 그들에게 이 책을 바친다."

휴머니스트 발행인 김학원

김윤기 열사 연보

1964. 12. 18.	아버지 김진행과 어머니 정정원의 장남으로 출생
1977. 02. 08.	창신국민학교 졸업
1980. 02. 25.	대광중학교 졸업
1983. 02. 11.	보성고등학교 졸업
1983. 03. 02.	국민대학교 무역학과 입학, 청문회 제15기 가입
1984.	청문회 1학기 총무부장, 2학기 학술부장
1985.	교내 학생운동 주력
1986. 05. 03.	인천5·3민주항쟁 참여, 연행
1986. 05. 05.	구속
1986. 05. 31.	인천지법에 기소
1986. 06.	인천소년교도소 수감
1986. 09. 06.	인천지법 결심공판, 검찰 5년 구형
1986. 09. 26.	인천지법 법정 판결, 징역 1년 선고
1986. 10.	영등포교도소 이감, 수형번호 4255번
1986. 12. 23.	서울고법 제2심 재판 징역 1년 확정, 상소권 포기
1987. 01. 13.	대전교도소 이감
1987. 05. 14.	대전교도소 만기 출소
1987. 07. 10.	인천5·3민주항쟁 관련자 특별 사면 및 복권
1987. 10. 23.	국민대학교 경상대학 무역학과 4학년 제적
1988. 07.	성남시 하대원동의 소규모 봉제공장 덕진양행 입사
1988. 08. 21.	아버지 김진행 병환으로 별세
1988. 11. 30.	덕진노동조합 결성(노조 조합원 38명) 공표, 위원장으로 선출됨
1988. 12. 02.	노동조합 설립 신고, 회사 측에 요구사항 전달

1988. 12. 03~07.　제1~4차 교섭 결렬

1988. 12. 08.　회사 측이 노조위원장 김윤기, 부위원장 이영숙 폭행

1988. 12. 09.　파업 철야농성 시작, 회사 측은 휴업 선언

1988. 12. 14.　노사 합의. 노조 활동 보장, 폭력 관리자 사과, 휴업 철회 등

1989. 01. 07.　공장 2층에 노조 사무실 마련하고 현판식 거행, 축문 낭독

1989. 01. 26.　회사 측, 서울 길동으로 공장 이전 대자보 게시

1989. 01. 28.　노조 측, 쟁의 발생 신고

1989. 02. 01.　노조 측, '공장 이전 철회 투쟁 체제'로 전환

1989. 02. 16.　노조 측, '이전 철회 파업 투쟁'으로 전환

1989. 02. 19.　회사 측, 휴업 공고. 노동해방 머리띠 착용 후 제1차 교섭

1989. 02. 25.　노조 탄압 분쇄 및 공장 이전 철회 투쟁 결의대회 개최

1989. 03. 01.　파업 장기화 대비 성남노협 일일 찻집 열어 홍보 및 파업기금 모금

1989. 03. 06.　서울 길동 본사에서 항의 농성

1989. 03. 08.　회사 측, 직장 폐쇄 신고 및 전화 단선

1989. 03. 09.　덕진노동조합 설립 100일 기념 '횃불의 밤' 개최

1989. 04. 01.　'딸들아 일어나라!' 파업기금 마련과 노동자 연대를 위한 하루 찻집 개최

1989. 04. 03.　제11차 교섭 중 공장 이전 철회하라며 분신. 고 김윤기 열사 분신대책
　　　　　　　위원회 결성. 고 김윤기 열사 추모 범시민대회 개최

1989. 04. 04.　분신대책위, 〈분신투쟁속보〉 제1호 발행

1989. 04. 09.　성남시청 직원 등이 장례위·노조원 집단 구타, 장례식 무기한 연기, 규
　　　　　　　탄 집회 개최

1989. 04. 21.　평민당 인권위원장과 대책위 중재로 교섭 타결

1989. 04. 23.　신구전문대에서 민주노동자장 거행, 파주 금촌 기독교공원묘지 안장

김윤기 열사 연보

1989. 06. 05.	성남 김윤기열사기념사업회 준비위 발족
1989. 07. 09.	성남 김윤기열사기념사업회 준비위, 파주 기독교공원묘지에 김윤기 열사 묘비 제막
1989. 12. 23.	성남 김윤기열사기념사업회 출범, 사무실 현판식(1997년 해산)
1990. 05. 01.	국민대 민주광장에 고 김윤기 노동해방 열사 추모비 제막
1999. 04. 02.	4·3북악열사합동추모제, 김윤기 열사 10주기 추모제(국민대 교내)
2001. 02. 26.	민주화운동 관련자 인정
2009. 04. 03.	김윤기 열사 20주기 추모의 밤(국민대 복지관 제1공연장)
2010. 02. 24.	국민대 명예 졸업증서 수여
2015. 04. 06.	마석 모란공원으로 이장
2019. 04. 06.	김윤기 열사 30주기 추모제(국민대 종합복지관 B101호실)
2024. 03. 23.	김윤기기념사업회(회장 유길용) 출범
2025. 04. 03.	《나는 스물여섯, 덕진양행 노조위원장입니다—청년 노동운동가 김윤기 평전》 발간

발간에 도움을 주신 분들

추모도서 발간위원회

위원장: **김영준**(성남 김윤기열사기념사업회 이하 '성남 김기사')

위원: 대표 집필 **이계형**(국민대 교수, 국민대 국사 92) 외 6인

권용석(국민대 사회 11), **권재형**(국민대 전자공학 82, 청문회), **김선미**(가족), **김수영**(5·3
동지회, 연세대 83), **이갑진**(국민대 금속공학 84), **이선화**(국민대 의상 83, 청문회)

참관: **유정길**(현 김윤기기념사업회 회장, 국민대 건축 79), **김창덕**(현 김윤기기념사업회
사무총장, 국민대 법학 84)

집필 도움

고성범 국민대 무역 79, 우리역사연구회

공정석 국민대 경제 83, 청문회

권영학 성남 에이스침대 조합원

권오광 서울시립대 78, 5·3동지회

김관용 국민대 무역 85, 청문회

김춘형 국민대 무역 79, 청문회

민춘기 5·3동지회, 인하대 85

박순자 성남 김기사 회장, 덕진양행노조
　　　　 제2대 위원장

박응수 국민대 국문 83, 학보사

신윤덕 국민대 국문 84 청문회

유민석 국민대 국문 81, 청문회

유왕선 국민대 국사 82, 민속굿연구회

이경숙 국민대 영문 83, 청문회

이숙희 국민대 국사 83, 우리역사연구회

이승민 5·3동지회, 서울대 79

이승용 국민대 국사 82, 민속굿연구회
　　　　 (1984년 국민대 부학생회장)

이영숙 성남 김기사, 덕진양행노조 부위
　　　　 원장

이인숙 국민대 영문 83, 청문회

이재영 5·3동지회, 인천대 83

이재준 국민대 경제 79, 청문회
　　　　 (1985년 국민대 총학생회장)

이호영 성남 김기사

천경순 국민대 국사 82, 민속굿연구회

허윤정 국민대 국문 84, 청문회

홍종승 국민대 무역 84, 청문회

황국진 국민대 물리교육 89, 청문회

*1980년대 후반 성남지역 노동운동 및 성남노협 설립과 관련한 내용(138~145쪽)은 '노동자역
사 한내(hannae.org)' 자료에 도움을 받았습니다.

이미지 출처 및 소장처

이미지 출처 및 소장처

나는 스물여섯, 덕진양행 노조위원장입니다

청년 노동운동가 김윤기 평전

1판 1쇄 발행일 2025년 4월 3일

기획 김윤기기념사업회
지은이 이계형

발행인 김학원
발행처 (주)휴머니스트출판그룹
출판등록 제313-2007-000007호(2007년 1월 5일)
주소 (03991) 서울시 마포구 동교로23길 76(연남동)
전화 02-335-4422 **팩스** 02-334-3427
저자·독자 서비스 humanist@humanistbooks.com
홈페이지 www.humanistbooks.com
유튜브 youtube.com/user/humanistma **포스트** post.naver.com/hmcv
페이스북 facebook.com/hmcv2001 **인스타그램** @humanist_insta

편집주간 황서현 **편집** 김선경 **디자인** 김태형
조판 홍영사 **용지** 화인페이퍼 **인쇄** 정민문화사 **제본** 정민문화사

ⓒ 김윤기기념사업회·이계형, 2025

ISBN 979-11-7087-313-6 03990